作者简介

　　夏昊晗，德国波恩大学法学博士，中南财经政法大学法学院副教授，硕士研究生导师，中南司法案例研究中心研究员，《私法研究》（CSSCI 来源集刊）副主编，湖北省民法学研究会理事，湖北省法学教育研究会理事，具有多年的律师和公司法务工作经验。研究兴趣集中于民商法，于核心期刊发表多篇学术论文，并被诸多知名微信公众号转载。授课深入浅出，直击考点，擅长用浅显易懂的原理帮助学生举一反三，理论和实务的结合也让授课变得更加生动和符合法考的考情！

KEEP AWAKE
觉晓教育

2022年觉晓法考培优系列

民法主观题

知识点+小案例

夏昊晗◎编著　　觉晓法考◎组编

中国政法大学出版社

2022·北京

图书在版编目（ＣＩＰ）数据

2022 年觉晓法考培优系列.民法主观题：知识点+小案例/夏昊晗编著；觉晓法考组编.—北京：中国政法大学出版社，2022.2
ISBN 978-7-5764-0375-6

Ⅰ.①2… Ⅱ.①夏… ②觉… Ⅲ.①民法－中国－资格考试－自学参考资料 Ⅳ.①D92

中国版本图书馆 CIP 数据核字(2022)第 029895 号

出　版　者	中国政法大学出版社
地　　　址	北京市海淀区西土城路 25 号
邮寄地址	北京 100088 信箱 8034 分箱　邮编 100088
网　　　址	http://www.cuplpress.com（网络实名：中国政法大学出版社）
电　　　话	010-58908285(总编室) 58908433（编辑部） 58908334(邮购部)
承　　　印	北京鑫海金澳胶印有限公司
开　　　本	787mm×1092mm　1/16
印　　　张	11.5
字　　　数	290 千字
版　　　次	2022 年 2 月第 1 版
印　　　次	2022 年 2 月第 1 次印刷
定　　　价	45.00 元

CSER高效学习模型

　　传统机构没有搭建教学体系的能力，只贩卖老师讲知识点的课件，缺失搭框架、刷题、记忆等环节；听完课不会做题、知识点散、后期没有背诵资料，学习效果很差！

　　觉晓坚持每年投入上千万，组建 名师+高分学霸 教学团队，按照 C（讲考点→理解）→S（搭体系→不散）→E（刷够题→会用）→R（多轮背→记住）学习模型设计教学产品，让你学习效果提高 1.97 倍。

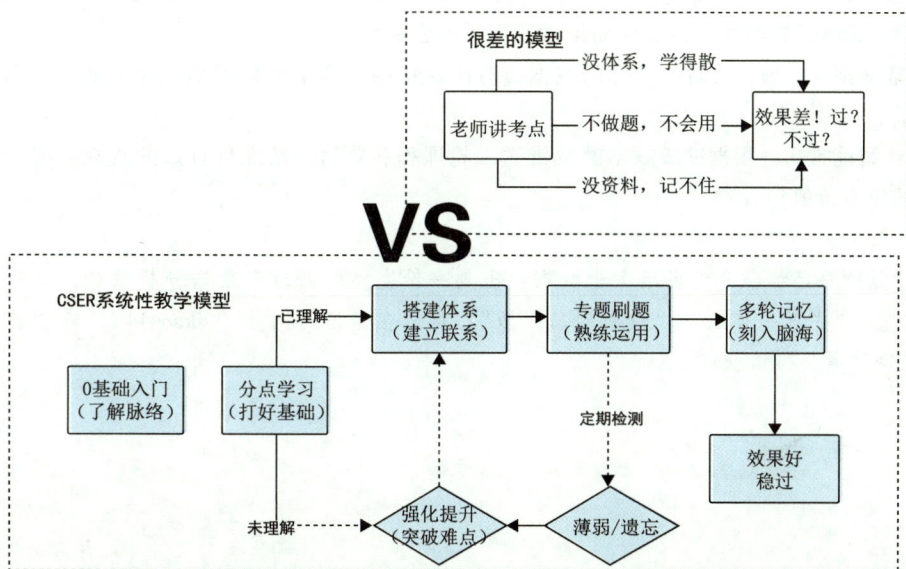

很差的模型

没体系，学得散

老师讲考点　　不做题，不会用　　效果差！过？不过？

没资料，记不住

VS

CSER系统性教学模型

已理解　　搭建体系（建立联系）　　专题刷题（熟练运用）　　多轮记忆（刻入脑海）

0基础入门（了解脉络）　　分点学习（打好基础）

定期检测

效果好稳过

未理解　　强化提升（突破难点）　　薄弱/遗忘

　　前面理解阶段跟名师，但后面记忆应试阶段，高分学霸更擅长，这样搭配既能保证理解，又能应试；时间少的在职考生可以直接跟学霸高效应试。

　　同时，知识要成体系性，后期才能记住，否则学完就忘！因此，觉晓有 推背图，诉讼流程图 等产品，辅助你建立知识框架体系，后期可以高效复习！

觉晓坚持数据化学习

觉晓已经实现听课、刷题、模考、记忆全程线上化学习；在学习期间，觉晓会进行数据记录，自 2018 年 APP 上线，觉晓已经积累了上百万的数据，并有十多万过线考生的精准数据。

觉晓有前百度、腾讯、京东等大厂的 AI 算法团队，建模分析"过线考生" VS "没过线考生"的数据差异，建立"过考模型"，其应用层包括：

1. 精准的数据指标，让你知道过过线每日需要消耗的"热量、卡路里"，有标准，过线才稳！

2. 按照数据优化教学产品，一些对过线影响不大的科目、知识点就减少，重要的要加强；课时控制，留够做题时间，因为中后期做题比听课更重要！

3. 精准预测分数，实时检测你的数据，对比往年相似考生数据模型，让你知道，你这样学下去，最后会考几分！

4. AI 智能推送，根据过线数据模型推送二轮课程和题目，精准且有效的查缺补漏，让你的时间花的更有价值！

注：觉晓每年都会分析当年考生数据，出具一份完整的通过率数据分析报告，每年有三份"客观题版""主客一体版""主观题二战版"，可以在微信订阅号"sikao411"，或"蒋四金法考""觉晓法考"微博获取。

目 录
Contents

民法主观题考点

重点章节/考点	真题考查/新增	具体考点
物与物权	2012	1. 物权优先效力（物权优先债权）
	2011	2. 物权法定原则（违反后果）
基于法律行为的物权变动	2017、2016、2014、2010	**1. 基于法律行为的物权变动模式（不动产、动产包含特殊动产）**
	2015	2. 预告登记
善意取得	2015、2010	**善意取得（构成及其后果）**
占有	2009	占有返还请求权
担保共性问题	2021	1. 担保合同的效力（公司对外担保）
	2012	2. 担保物权的物上代位性
	新增	3. 担保从属性（含借新还旧）
	新增	4. 反担保
抵押权	2020、2012	1. 动产/不动产抵押权的追及
	2011	2. 动产浮动抵押
	2020 新疆延期、2020	**3. 动产抵押中的正常买受人（正常经营活动）和未登记抵押权的关系**
	2020 新疆延期	4. 房地一体
	新增	5. 抵押物转让
质权	2017	**1. 动产质权**（质权人返还质物）
	2019	2. 权利质权
留置权	2016	留置权的成立要件
保证	2017	1. 保证方式
	新增	2. 保证期间、撤诉（含共同保证的保证期间及责任承担）

续表

重点章节/考点	真题考查/新增	具体考点
担保并存	2020、2015	1. 混合担保（权利行使、追偿）
	2011	2. 共同抵押（定性与权利行使）
	新增	3. 担保物权顺位（含价款优先权）
非典型担保	2020、2019、2018、2017、2016	1. 用物抵债性质认定（让与担保、后让与担保等）
	新增	2. 保理合同
	新增	3. 融资租赁合同
	新增	4. 保兑仓
债的保全	2020、2019	债权人撤销权（诉讼地位、构成要件）
不当得利	2016	不当得利的构成要件
合同概述	2020 新疆延期、2012、2010	1. 合同相对性
	2012、2009	2. 无名合同的判断以及适用规则
合同成立与效力	2020	1. 要约（商品房买卖广告定性）
	2018、2017、2016、2014、2012、2011、2010	2. 有效（知情≠恶意、不违法、无权代理/表见代理、表见代表、法人登记）
	2015、2011	3. 物权区分下的合同效力（责任承担）
	2019	4. 以物抵债协议的效力
	2016	5. 让与担保（合同的效力、债权人处分担保财产）
	2016、2015、2010	6. 无权处分的合同效力
	2014、2011、2010	7. 多重数卖的合同效力
合同的履行	2018	1. 同时履行抗辩权
	2011	2. 不安抗辩权、先履行抗辩权
	2015	3. 诉讼时效抗辩权（中止、中断）
	2020	4. 夫妻共同债务认定和处理
	2020、2013	5. 第三人代为清偿
	2012	6. 不真正利益第三人合同
合同的解除	2018、2011	1. 合同解除条件（法定解除、约定解除）
	2018	2. 委托合同的解除
	2014	3. 情势变更可解除合同
	新增	4. 违约方合同解除权

续表

重点章节/考点	真题考查/新增	具体考点
合同的变更	2012、2011	免责的债务承担、债物加入
缔约过失责任	2021	缔约过失责任构成
违约责任	2020、2015、2014、2013、2012、2010	1. 违约责任的构成、相对性与侵权责任
	2015、2014、2013、2011	2. 违约责任承担方式（包含预约合同的违约责任）
	2020	3. 惩罚性赔偿（不适用房屋）
	2010	4. 违约金和定金条款的适用
买卖合同	2020新疆延期、2017、2010	1. 买卖合同的风险负担（原则、在途、违约责任承担）
	2017	2. 标的物孳息归属
赠与合同	2020	赠与合同的撤销（公益性质）
民间借贷合同	2012	自然人借款合同成立
租赁合同	2021	1. 非法转租合同效力 2. 买卖不破租赁 3. 房屋承租人的优先购买权
	2013	4. 转租（租赁合同中代为清偿请求权）
	2013、2009	5. 出租人维修义务 6. 租赁装饰装修物处理
	2009	7. 不定期租赁（定性和任意解除） 8. 房屋租赁合同中的法定承受
	新增	9. 房屋承租人的优先承租权
建设工程施工合同	2018	工程价款优先权
侵权法总则	2021、2021延期	1. 纯粹经济损失
	2013	2. 过错原则承担侵权责任（构成）
	新增	3. 精神损害赔偿（违约）
具体侵权行为	2021	1. 安保义务人责任
	2021、2021延期	2. 物件损害责任
	2016、2014、2013	3. 用人单位责任
	2020、2013	4. 产品责任

第一章
合同的成立与效力

历年真题考点与考查方式	
2020 年	购房人 F 如何让寻求救济？（要约）
2019 年	"以物抵债" 协议的效力如何？（以物抵债）
2018 年	1. 乙公司草拟补充协议并加盖甲公司公章的行为是否属于表见代理？如果甲公司能够证明补充协议是乙公司私自起草并加盖公章，G 省 C 市仲裁委的仲裁裁决效力如何？为什么？（自己代理）
	2. 甲公司与丙公司签订的委托合同是否有效？崔某在合同上签字的行为属于什么性质的行为？为什么？（法定代表人）
2017 年	问 3：甲、庚的房屋买卖合同是否有效？庚是否已取得房屋所有权？为什么？（知情不意味着恶意串通）
2016 年	问 1：甲与乙关于将汽车让与给债权人乙作为债务履行担保的约定效力如何？为什么？乙对汽车享有什么权利？（让与担保合同的效力）
	问 2：甲主张乙将汽车出卖给丙公司的合同无效，该主张是否成立？为什么？（让与担保中债权人处分担保财产）
	问 4：丁与戊的租赁合同是否有效？为什么？丁获得的租金属于什么性质？（无权处分不影响合同的效力）
2015 年	问 4：如甲在预告登记后第二天又与第三人签订房屋买卖合同，该合同是否有效？为什么？（物权不变动不影响买卖合同效力）
	问 6：甲擅自处分共有财产，其妻李某能否主张买卖合同无效？是否可以主张房屋过户登记为无效或者撤销登记？为什么？（无权处分不影响买卖合同的效力）
2014 年	问 2：甲、丙之间的房屋买卖合同效力如何？考查甲、丙之间合同效力时应当考虑本案中的哪些因素？（知情不意味着恶意串通）
	问 3：2 月 12 日，甲、乙之间对原合同修改的行为的效力应当如何认定？为什么？
	问 4：乙的诉讼请求是否应当得到支持？为什么？（确认合同无效）
	问 7：丙热水器的毁损，应由谁承担赔偿责任？为什么？（表见代理）

续表

历年真题考点与考查方式	
2011 年	问 3：甲公司与丙公司达成的备忘录效力如何？为什么？
	问 4：丙公司与戊公司签订房产买卖合同效力如何？为什么？（物权未变动不影响买卖合同效力、多重买卖不影响买卖合同效力）
2010 年	问 2：甲公司与丁、戊公司签定的转卖大蒜的合同的效力如何？为什么？（多重买卖不影响买卖合同效力）
	问 6：甲公司与乙公司签订的绿豆买卖合同效力如何？为什么？（被代理人以履行合同的方式追认无权代理）
	问 7：丙公司将绿豆转卖给己公司的买卖合同的效力如何？为什么？（无权处分不影响买卖合同的效力）

第一节　合同的成立

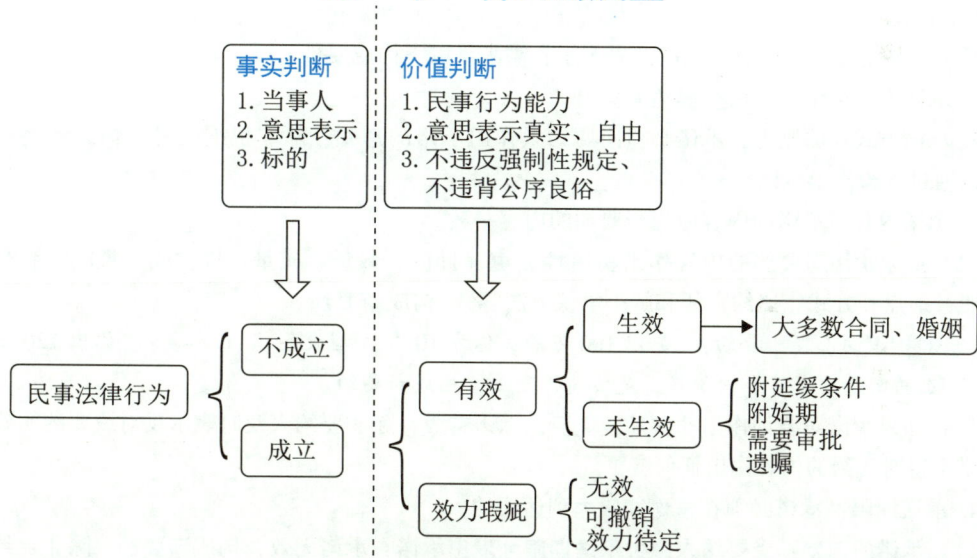

【民事法律行为成立、有效、生效关系图】

合同的订立，通常要经过要约与承诺的过程。一方当事人的要约与另一方当事人的承诺达成一致，意味着双方当事人形成合意，合同即告成立。

一、合同的订立：要约与承诺

（一）要约

要约，是希望与他人订立合同的意思表示，需满足以下构成要件：

1. 向希望与之订立合同的受要约人作出。

2. 内容具体且确定：受要约人只要表示接受即可成立合同，所以要约的内容必须包含合同的必备内容。

3. 具有订立合同的目的并表明一经承诺即受拘束的意思。

【示例】甲对乙说："愿以 100 万购买你方 10 台 A 型设备。"内容具体确定，且有受拘束的意思，构成要约。

【比较】要约邀请，是希望他人向自己发出要约的表示。

1. 要约邀请与要约的根本区别在于：前者并无受拘束的意思，而后者有受拘束的意思。

2. 常见的要约邀请形式，如拍卖公告、招标公告、招股说明书、寄送的价目表、商业广告和宣传等。（商业广告和宣传的内容符合要约条件的，构成要约。）

3. 商品房的销售广告和宣传资料为要约邀请，但是出卖人就商品房开发规划范围内的房屋及相关设施所作的说明和允诺具体确定，并对商品房买卖合同的订立以及房屋价格的确定有重大影响的，构成要约。该说明和允诺即使未载入商品房买卖合同，亦应当为合同内容，当事人违反的，应当承担违约责任。（类似：物业服务人公开作出的有利于业主的服务承诺，为物业服务合同的组成部分。）

【示例】甲开发商大力宣传自己的楼盘为市重点 A 中学的"学区房"，乙为了小孩读书遂购房。若购房后发现小区并非 A 中学学区房，乙可以请求甲承担违约责任。

（二）承诺

承诺，是受要约人同意要约的意思表示，需满足以下构成要件：

1. 承诺人：承诺只能由受要约人作出。

2. 承诺方式：原则上，承诺必须向要约人作出承诺的通知；除非根据交易习惯或者要约表明可以通过行为作出承诺。

3. 承诺内容：承诺的内容应当与要约的内容一致。

（1）如果承诺对要约的内容作出实质性变更（标的、数量、质量、价款或者报酬、履行期限、履行地点和方式、违约责任和解决争议方法等），构成新要约。

【示例】甲向乙发出要约："愿以 100 万购买你方 10 台 A 型设备。"乙回复："你出 120 万我就卖。"乙的回复改变了合同价款，是实质性变更，构成新要约。

（2）如果承诺对要约作出非实质性变更，承诺有效，除非要约人及时表示反对或要约明确表明承诺不得对要约的内容作出任何变更。

4. 承诺期限：承诺必须在承诺期限内到达要约人。

（1）承诺的迟发：受要约人超过承诺期限才发出承诺：承诺无效，构成新要约，除非要约人及时通知承诺有效。

（2）承诺的迟到：受要约人在承诺期限内发出承诺，按照通常情形能够及时到达要约人，但因其他原因致使承诺逾期到达要约人：承诺有效，除非要约人及时通知受要约人不接受该承诺。

5. 受拘束意思：承诺必须表明受要约人决定与要约人订立合同，具有受拘束的意思。

二、合同成立的时间

1. 原则：承诺生效时，即承诺到达要约人时，合同成立。

2. 特殊情形

（1）合同书：当事人采用合同书形式订立合同的，自当事人均签名、盖章或者按指印时合同成立。（在签名、盖章或者按指印之前，当事人一方已经履行主要义务，对方接受时，该合同成立。）

（2）确认书：当事人采用信件、数据电文等形式订立合同，要求签订确认书的，签订确认书时，合同成立。

（3）互联网：当事人一方通过互联网等信息网络发布的商品或者服务信息符合要约条件的，对方选择该商品或者服务并提交订单成功时，合同成立，但是当事人另有约定的除外。

三、合同成立的地点

1. 原则：承诺生效的地点为合同成立的地点。

采用数据电文形式订立合同的，收件人的主营业地为合同成立的地点；没有主营业地的，其住所地为合同成立的地点。当事人另有约定除外。

2. 特殊情形

如果约定签订地和实际签字地不一致，以约定的地点作为合同成立地。采用合同书形式订立合同的，最后签名、盖章或者按指印的地点为合同成立的地点。

第二节　合同的生效与有效

一、原则：合同成立即生效

基于私法自治，合同（法律行为）原则上成立即生效，除非法律另有规定或者当事人另有约定。

1. 一般成立要件＝当事人＋标的＋意思表示

2. 特别成立要件

（1）要式行为：须满足法定或者约定的形式。

（2）实践行为：须实际交付标的物，如定金合同、保管合同、借用合同、自然人之间的借款合同。

二、民事法律行为的生效

（一）一般生效要件（＝有效要件）

1. 当事人具有相应的民事行为能力

2. 意思表示真实、自由

3. 内容合法妥当：不违反法律、行政法规的强制性规定，不违背公序良俗。

【注意】法律行为是否成立，是一个事实判断问题，而法律行为是否生效，是一个价值判断问题；基于私法自治，法律行为原则上成立即生效，除非法律另有规定或者当事人另有约定。

（二）特别生效要件

一些民事法律行为成立后"未生效"，需要具备特定的生效要件后才能"生效"。已经成立尚未生效的民事法律行为，被称为未生效民事法律行为。

1. 类型

（1）附延缓条件和附始期的法律行为，条件成就或期限届至时生效。

（2）需批准生效的法律行为，自批准后生效，即批准是法定生效条件。如中外合资、合作经营企业的合同，向外国人转让专利的合同等。

（3）遗嘱行为，自**遗嘱人死亡时**生效。

三、未生效的民事法律行为

未生效的法律行为，是指已经成立，但是尚不具备特定的生效要件的法律行为。

（一）未生效民事法律行为的类型

1. 附延缓条件和附始期的法律行为，**条件成就**或**期限届至**时生效。

【比较】附条件法律行为中的"条件"用于**控制法律行为效力**。在日常用语中，附义务法律行为中的义务常用"条件"进行表述，但是此条件并非附条件法律行为中的条件，因为此条件并非用于控制法律行为效力，而是令一方当事人履行一定义务。例如，父亲向儿子承诺："我送给你一辆车，条件是你每周回家一趟。"儿子表示接受，则在父子之间成立附义务赠与合同，赠与合同立即生效，父亲负有义务赠送一辆车给儿子，儿子负有义务每周回家一趟，此为附义务的法律行为。

2. 需批准生效的法律行为，自**批准后**生效，即批准是法定生效条件。如中外合资、合作经营企业的合同，向外国人转让专利的合同等。

3. 遗嘱行为，自**遗嘱人死亡时**生效。

（二）未生效民事法律行为的拘束力

1. 民事法律行为**未生效，并非无效**，其已具备法律行为的有效要件，对双方具有**一定的拘束力**，任何一方不得擅自撤回、解除、变更。

2. 需批准生效的合同在批准之前未生效，但是合同中的报批义务（包括未履行报批义务的违约责任）条款**独立生效**；一方因另一方不履行报批义务，可以请求解除合同并请求其承担合同约定的相应违约责任。当然，在**未生效前，一方不能请求对方履行主要合同义务**。

【注意】法律行为只要不存在效力瑕疵，即并无导致其无效、可撤销或者效力待定的事由，即为有效，而有效的法律行为可能已经生效，也可能尚未生效。

第三节　无效的合同

【重点法条】

《民法典》

第 144 条　【无民事行为能力人实施的民事法律行为的效力】无民事行为能力人实施的民事法律行为**无效**。

第 146 条　【通谋虚伪表示】行为人与相对人以虚假的意思表示实施的民事法律行为**无效**。以虚假的意思表示隐藏的民事法律行为的效力，依照**有关法律规定**处理。

第 153 条　【违反强制性规定与违背公序良俗的民事法律行为的效力】违反法律、行政法规的强制性规定的民事法律行为无效。但是，该强制性规定**不导致该民事法律行为无效的除外**。

违背公序良俗的民事法律行为**无效**。

第 154 条　【恶意串通】行为人与相对人恶意串通，损害他人合法权益的民事法律行为无效。

第 155 条　【无效、被撤销的民事法律行为自始无效】无效的或者被撤销的民事法律行为**自**

始没有法律约束力。

第 156 条　【民事法律行为部分无效】民事法律行为部分无效，**不影响其他部分效力的**，其他部分仍然有效。

一、民事法律行为无效的含义

无效的民事法律行为，是指该行为缺少有效要件，**自始、当然、确定、绝对、全部无效**，当事人所追求的法律效果无法实现。

1. 自始无效：民事法律行为无效，原则上**溯及至行为实施之时**，而非导致行为无效的因素被发现之时或法院确认法律行为无效之时。

2. 当然无效：民事法律行为无效，不必经过法院的无效宣告程序，**任何人都可以主张**；一方依无效法律行为向对方主张权利时，即使对方当事人未以行为无效进行抗辩，法院也应当依照职权直接认定行为无效，判决驳回诉讼请求。

【注意】正是因为民事法律行为无效是当然无效，合同效力属于人民法院**依职权审查**的范围，不受当事人诉讼请求限制。即使双方均认为合同有效，人民法院也可认定合同无效。

3. 确定无效：民事法律行为终局无效，**不因任何事由转变**为有效。

4. 绝对无效：民事法律行为无效，**对任何人而言均为无效**。

5. 全部无效：只要存在无效事由，**法律行为整体无效**。即使无效事由仅存在于法律行为的一部分，也是如此。

【注意】部分无效作为例外：基于私法自治，法律应尽可能尊重当事人的意志，让法律行为按照当事人内心所追求的发生效力。故而，**民事法律行为部分无效，不影响其他部分效力的，其他部分仍然有效**。①超过 20 年的租赁合同，仅超过部分无效；②超过 20% 的定金合同，仅超过部分不产生定金的效力；③合同无效的，不影响合同中有关解决争议方法的条款的效力。

【说明】民事法律行为无效的根本原因在于**有损公益**，故而法律对于此种法律行为给予最严厉的否定评价，直接规定行为无效，让当事人无法遂其心愿。当然，通谋虚伪表示无效，是因为当事人双方均无意使之发生效力。

二、民事法律行为无效的事由

1. 违反**法律、行政法规**的**效力性强制性**规定

（1）只有全国人大及其常委会制定的**法律**和国务院制定的**行政法规**才可以作为认定法律行为无效的依据，**不得**以规章和地方性法规为依据。

（2）只有违反法律和行政法规中的**效力性**强制性规定，才会导致法律行为无效。

（3）应当认定为效力性强制性规定的情形：①强制性规定涉及**金融安全、市场秩序、国家宏观政策**等公序良俗的；②交易**标的禁止买卖**的，如禁止人体器官、毒品、枪支等买卖；**违反特许经营**规定的，如场外配资合同；③**交易方式严重违法**的，如违反招投标等竞争性缔约方式订立的合同；④**交易场所违法**的，如在批准的交易场所之外进行期货交易。

（4）与效力性强制性规定相对应的是**管理性**强制性规定，违反此种强制性规定，**不会导致行为无效**。关于**经营范围、交易时间、交易数量**等行政管理性质的强制性规定，一般应当认定为管理性强制性规定。如法人超越经营范围订立的合同有效，除非违反了法律行政法规的禁止、限制或特许规定。

【说明】如何识别效力性与管理性强制性规定，虽然在实务上具有重大意义，但是特别复杂。就法考而言，可以对此问题简化处理，记住法律行为无效和法律行为不会因某种因素而无效的情形即可。例如，出租人未通知承租人行使优先购买权，不影响出租人与第三人之间买卖合同的效力。

2. 违反公序良俗

（1）公序良俗，是公共秩序和善良风俗的简称。所谓**公共秩序**，是指直接涉及公共利益而应由全体社会成员共同遵守的基本规范；所谓**善良风俗**，是指全体社会成员所公认且共同遵从的基本社会伦理道德。

（2）违反公序良俗的常见行为类型

①损害人格尊严的行为。如离婚协议限制一方配偶再婚或生育；劳动合同约定限制结婚或生育；劳动合同约定工伤概不负责条款。

②过度限制行为自由或经济自由。如在委托律师代理诉讼的合同中，约定委托人未经律师同意不得撤诉、接受调解或者和解。

③危害家庭秩序。如断绝亲子关系的协议；约定离婚后未直接抚养子女的一方不得探望子女的协议；代孕协议。

④违背性道德。如包养协议；以维持两性关系为目的的赠与行为；为结束恋爱关系而约定支付分手费或者青春损失费。

⑤危害政治公序。如犯罪嫌疑人被羁押后，其家属与律师约定以"捞人"成功为条件的报酬和"公关"费用支付约定；约定一方不举报另一方犯罪的"封口费"。

⑥危害竞争秩序。如招投标中串通投标人之间的围标协议；帮忙解决入学就读指标的委托协议。

⑦射幸行为。如赌博、打赌。经国家特许经营的射幸行为除外，例如彩票合同。

【说明】法律、行政法规中的效力性强制性规定，系立法者为维护公共秩序而设，但立法者的理性是有限的，不可能预见一切反社会的行为而预设规则，故而法律以具有相当弹性的违反公序良俗无效规则进行**兜底**，司法实务亦常借道该规则认定合同无效。例如，规章并非认定法律行为无效的依据，但是如果规章的内容涉及**金融安全**、**市场秩序**、**国家宏观政策等公序良俗**的，**可以认定该法律行为因违反公序良俗而无效**。

3. 欠缺行为能力

无民事行为能力人实施的民事法律行为无效。即使其实施的是**纯获利益的行为也无效**。

4. 通谋虚伪表示

（1）构成要件

①当事人双方的意思表示虚伪，即当事人双方的表示行为与其内心真意不一致。

②当事人知道彼此的意思表示虚伪。

③当事人就虚伪表示达成合意。

（2）法律效果

①**通谋虚伪表示无效**。

②如果存在隐藏行为，隐藏行为的效力另行判断。

【示例】甲乙签订房屋买卖合同，约定价款800万元；为避税，双方另外签订一份房屋买卖合同，约定价款500万元。价款500万元的房屋买卖合同只是表面行为（俗称"阳合同"），系通谋虚伪表示，无效；价款 800 万元的房屋买卖合同作为隐藏行为（俗称"阴合同"），系双方的真实意思表示，并无其他无效事由，有效。

5. **恶意串通**

（1）构成要件

①法律行为客观上损害了他人的合法权益。

②当事人实施法律行为时存在损害他人合法权益的**共同主观故意**（通谋）。

（2）法律效果：恶意串通损害他人合法权益的行为，显然违反公序良俗，**无效**。

【示例】甲欠乙 500 万元，被乙起诉至法院。为规避后续可能发生的强制执行，经与好友丙商议，甲将房屋以市价出售给丙，并过户，丙将价款汇付给甲在美国读书的儿子丁。甲与丙之间的房屋买卖合同因恶意串通而无效。

【注意】**知情不等于恶意串通**。民法上的"恶意"有两种含义：一是**观念主义的恶意**，即指明知某种情形的存在，侧重于行为人对事物的认知；二是**意思主义的恶意**，指动机不良，侧重于行为人主观意志上的应受谴责性。**只有意思主义的恶意构成恶意串通的"恶意"**。

【示例】甲欲将其珍藏的一副名画以 50 万元价格出售给乙，但尚未付款交画。丙闻讯后向甲表示愿以 80 万元价格购入。甲当即表示同意，并在收款后将名画交付给丙。丙虽对甲乙的买卖合同知情，但丙并未与甲恶意串通损害乙的权益，甲将名画出售给丙也符合价高者得的市场规律，因此甲丙的合同有效。

【比较】一般认为，恶意串通双方当事人的**意思表示是真实的**，只不过是为了损害他人的合法权益。例如，债务人为逃避债务，将不动产真实转让给自己的亲属。通谋虚伪表示，当事人双方的**意思表示是虚假的**，至于是否为了损害他人的合法权益，在所不问。例如，债务人为逃避债务，将不动产虚假转让给自己的亲属，但依然由自己占有使用。

第四节　可撤销的合同

【重点法条】

《民法典》

第 147 条　【重大误解】基于重大误解实施的民事法律行为，行为人有权请求人民法院或者仲裁机构予以撤销。

第 148 条　【欺诈】一方以欺诈手段，使对方在违背真实意思的情况下实施的民事法律行为，受欺诈方有权请求人民法院或者仲裁机构予以撤销。

第 149 条　【第三人欺诈】第三人实施欺诈行为，使一方在违背真实意思的情况下实施的民事法律行为，对方知道或者应当知道该欺诈行为的，受欺诈方有权请求人民法院或者仲裁机构予以撤销。

第 150 条　【胁迫】一方或者第三人以胁迫手段，使对方在违背真实意思的情况下实施的民事法律行为，受胁迫方有权请求人民法院或者仲裁机构予以撤销。

第 151 条　【显失公平】一方**利用**对方处于**危困状态、缺乏判断能力**等情形，致使民事法律行为**成立时显失公平**的，**受损害方**有权请求人民法院或者仲裁机构予以撤销。

可撤销的民事法律行为，是指因意思表示不真实或者不自由而允许当事人撤销的民事法律行为。

【说明】民事法律行为可撤销的根本原因在于表意人的意思表示不真实或者不自由，又因仅涉及该表意人的私益，法律将该民事法律行为的命运交由该**表意人**来决定，即**赋予其撤销权**。

【注意】可撤销法律行为在被撤销前有效；在被撤销后自始无效，法律后果与法律行为无效一样。故而，可撤销是**未决的有效**。

一、可撤销事由

（一）重大误解

重大误解，是指行为人在作出意思表示时对意思表示的内容发生了具有**交易上重要性**的**认识错误**，并且因该错误**无意**作出了**不真实**的意思表示，即表示出来的意思与其内心真意不一致。

1. 构成要件

（1）表意人的**内心意思与外在表示不一致**，且表意人**不自知**。

（2）内心意思与外在表示不一致的原因是表意人产生了具有**交易上重要性的认识错误**。

认识错误必须同时具备主观上和客观上的重要性。**主观上的重要性**，是指**表意人**如果知道相应的真实情况就不会作出该意思表示；**客观上的重要性**，是指**一般理性人**处于表意人的位置时，如果知道相应的真实情况也不会作出该意思表示。

（3）表意人的认识错误存在于**意思表示作出之时**。

重大误解的成立，以行为人表意当时内心意思与外在表示不一致为前提。故而，交易之后认为物非所值，不成立重大误解。

2. 主要类型

（1）对**行为性质**的错误认识。例如：误把买卖当赠与；误把租赁当借用。

【示例】甲欲将小狗卖给其邻居乙，问："我家狗狗生了好几只小狗，给你一只要不要?"不明就里的乙以为是赠与，遂欣然接受。

（2）对**当事人**的错误认识：包括对当事人同一性和当事人性质的错误认识。只有在法律行为注重当事人的同一性或者性质时，即当事人同一性或者性质具有主观和客观上的重要性时，对当事人的错误认识才构成重大误解。例如，委托合同、保证合同等法律行为注重对方当事人的身份或信用，如果存在误认，则可成立重大误解。

【示例】①甲错将丙当作乙，并与之订立委托合同；②甲误以为债务人丙系乙，而为其债务提供保证；③甲误以为乙系自己的私生子，遂以一套住房相赠。

（3）对**标的物**的错误认识，包括对标的物同一性、性质等的错误认识。标的物的性质，是指标的物本身所具有的、影响标的物价值的事实上和法律上的属性和关系。例如，标的物的产地、品种、材质、质量、真伪等。

【示例】误将 A 画当作 B 画予以出售；误将赝品当作真品购入；误以为赛马 A 曾赢得过比赛，故以重金买下。

（4）说错、写错、拿错。例如，欲以 1000 元出售电动自行车，误说成 100 元。

【注意】表意人的使者错误传达意思表示时，表意人可以主张重大误解。

3. 解释先行于撤销

因重大误解而实施的法律行为可以撤销，而是否成立重大误解是意思表示解释的结果。故而，在适用重大误解规则之前，必须**先进行意思表示的解释**，此即所谓的"**解释先行于撤销**"。

有时候，从表面上看，出现了内心真意与表示行为的不一致，但经由意思表示的解释，可能发现并不成立重大误解。

（1）意思表示解释的结果可能是：双方当事人**未达成合意**，此时合同根本**不成立**，不存在重大误解的问题。例如：甲与乙签订土豆供应合同。甲以为买卖的是山药，因为其老家将土豆称之为山药，而乙对此并不知情。因甲与乙并未达成买卖土豆的合意，所以土豆供应合同根本不成立。

（2）意思表示解释的结果可能是：双方当事人已经达成合意，只是合同文本出现了误载，此时**误载不害真意，不成立**重大误解。例如：甲与乙就 A 手表的买卖达成口头协议，甲在草拟的合同中将 A 手表误写成 B 手表。

4. 排除成立重大误解的情形

（1）**动机错误**。因为动机存在于当事人内心，外人无从得知。如果允许以动机错误为由主张成立重大误解，则交易安全荡然无存。例如，甲听说单位要分房，于是到建材市场购买了一批装饰材料，结果单位并没有分房。甲不得以重大误解为由撤销买卖合同。

（2）**典型的风险行为**。例如，在赌石活动中，买家以 10 万元购入，结果发现是价值亿元的翡翠，卖家不得主张成立重大误解，因为这是卖家应当自行承担的商业风险。

（3）**保证行为**。因对债务人的偿债能力判断错误而提供保证，保证人不得主张成立重大误解，因为保证旨在承担债务人不能偿债的风险。

（4）表意人发出对己不利的错误表示，但是**受领人知悉后愿意以表意人的真意为内容订立**合同。例如，甲欲以 1000 元出售某物于乙，却误说为 100 元，乙欣然同意。如果乙知悉实情后愿意出价 1000 元，则甲基于诚信原则不得主张成立重大误解。

（5）表意人**表示出来的意思较其内心真意对其更为有利**。甲欲以 100 元出售某物于乙，却误说为 1000 元，乙欣然同意。基于诚信原则，甲不得主张成立重大误解。

（6）对标的物**价值本身的错误认识**。因为这是当事人一方应当自行承担的商业风险。例如，甲误以为乙的二手车价值 60 万元，遂以 45 万元购入，其实该车市值仅 30 万元。若无特殊情况，商家标价错误，例如，误将价值 19999 元的商品标价为 1.9999 元，成立重大误解。

（7）**对行为能力的错误认识**。民事行为能力的制度功能在于保护无、限制民事行为能力人，未成年人保护恒优先于交易安全。故而，应根据实际行为能力来确定民事法律行为的效力。例如，17 岁的甲少年老成，看上去像 30 岁。乙误以为其系成年人，将二手摩托车出售给甲。乙不得主张成立重大误解，甲乙之间的买卖合同因甲属于限制行为能力人而效力待定。

（二）欺诈

欺诈，是指一方当事人故意告知对方虚假情况，或者故意隐瞒真实情况，诱使对方当事人作出与其内心真意不符的意思表示。

1. 构成要件

（1）欺诈行为：包括积极欺诈和消极欺诈。前者指故意告知虚假情况；后者指故意隐瞒真实情况。

【注意】消极欺诈的成立以当事人**负有告知义务**为前提。例如，劳动者在应聘过程中隐瞒自己的婚姻状态，用人单位不得以劳动者欺诈为由撤销劳动合同，因为是否结婚属于劳动者隐私，且与劳动合同的签订无关，劳动者并无如实告知的义务。

（2）因果关系：相对人**因欺诈而陷入错误**+相对人**因错误而作出与其内心真意不符的意思表示**（双重因果关系）。

【示例】甲将其别墅出售给乙，但是未告诉乙别墅内曾经发生过恶性刑事案件。①若乙对此知情，则甲不构成欺诈，因为乙没有因欺诈而陷入认识错误。②若乙对此不知情，但乙对"凶宅"并不忌讳，则甲依然不构成欺诈，因为乙并没有因错误认识而作出与其内心真意不符的意思表示。

（3）欺诈具有不正当性。

（4）故意：实施欺诈行为的故意+使相对人因此陷入认知错误并基于错误作出意思表示的故意（**双重故意**）。

【注意1】重大误解与欺诈的区别：当事人均存在错误认识，但是重大误解是**自发**形成的，欺诈是**外力**造成的；在欺诈成立的情形，表意人产生错误的原因在于欺诈行为，此时不成立重大误解。

【注意2】民事行为能力的制度功能在于保护无、限制民事行为能力人，无、限制民事行为能力人保护恒优先于交易安全。故而，即使无、限制民事行为能力人采取欺诈手段，使相对人误以为其系完全行为能力人，进而与其签订合同，不应以欺诈为由认定民事法律行为可撤销，而应根据**实际行为能力来确定民事法律行为的效力**。

2. 第三人欺诈：第三人实施欺诈行为，**相对方知道或者应当知道**该欺诈行为的，受欺诈方有权请求法院或仲裁机构撤销。

【示例】蒋某在古董市场上以假充真。受骗的李某去找蒋某退货时发现自己的仇人杨某也在蒋某处购买玉石，便主动上前表明玉石是真品，蒋某未置可否，杨某信以为真，便购买了一块玉石。蒋某知道李某在骗杨某，故被骗的杨某有权请求法院或者仲裁机构撤销合同。

【注意】一方当事人的代理人、履行辅助人欺诈，直接**视为该方当事人欺诈**，与其是否知情**无关**。

（三）胁迫

胁迫，是指行为人以给另一方当事人或者第三人造成损害为要挟，使另一方当事人因陷于恐惧而违背内心真意作出意思表示的行为。

1. 构成要件

（1）胁迫行为：以造成损害相威胁。

①威胁损害的对象不限于受胁迫人本人和其近亲属，只要**足以使受胁迫人因该人将受损害而陷入恐惧**即可。

②胁迫人可以是当事人一方，也可以是第三人。在第三人胁迫的情形，**无论当事人一方是否知道或者应当知道**，另一方**均可以**主张撤销。

【比较】第三人欺诈，要求**相对方知道或者应当知道**欺诈行为，受欺诈方才可以撤销。第三人胁迫之所以与第三人欺诈区别对待，是因为胁迫对于自由意志的影响更大、违法程度也更高。

（2）因果关系：相对人**因胁迫而陷于恐惧**+相对人**因恐惧而作出意思表示**（双重因果关系）。

（3）胁迫行为具有不法性。

①目的合法、手段不法。例如，甲开车撞伤了乙，乙威胁甲，若不赔偿医药费就绑架甲的儿子。

②目的不法、手段合法：例如，甲威胁乙，若乙不为甲运输毒品，便向公安机关举报乙的故

意杀人罪。

③手段与目的均合法，但是手段与目的之间的关联不法。包括甲在内的数人均欲购买乙之房屋，甲威胁乙，若乙不将房子卖给自己，便向公安机关举报乙的故意杀人罪。

（4）故意：实施胁迫行为的故意+使相对人因此陷于恐惧并基于恐惧作出意思表示的故意（**双重故意**）

【注意】**欺诈和胁迫竞合**的时候，认定为**胁迫**。

【示例】甲威胁乙，若乙不借钱给自己，甲就将乙偷税的证据交给税务部门，乙只好借钱给甲。其实，甲并无乙偷税的证据。甲既欺诈了乙，又胁迫了乙，但是乙是出于恐惧作出了借钱的意思表示，而非因被骗陷入错误认识才借钱的。因此，甲的行为构成胁迫而非欺诈。

（四）显失公平

显失公平，指一方**利用**对方**处于危困状态、缺乏判断能力**等情形，致使法律行为成立时双方权利义务**严重失衡**，明显违反公平、等价有偿原则。

1. 客观要件：法律行为成立时当事人双方权利义务严重失衡。

【注意】显失公平的判断时点，是**法律行为成立时**。法律行为成立后发生的变化导致双方的权利义务严重失衡，不构成显失公平，有可能成立情势变更。

【示例】甲与乙签订股权转让合同，约定甲以1.5亿元将其持有的A公司股权转让给乙。合同履行完毕后，因A公司成功上市，甲转让给乙的股权市值高达10亿元。甲不得以显失公平为由主张撤销。

2. 主观要件：显失公平的原因，是因为一方**利用**对方**处于危困状态、缺乏判断能力**等情形。

【注意】不能单纯着眼于双方权利义务是否严重失衡，还必须**注意其原因**。例如，在赌石活动中，以500元购买的原石，即使切开后发现其为价值亿元的翡翠，也并不成立显失公平，因为此种结果是赌石活动中双方均应自行承担的风险，并非是买方利用卖方处于危困状态、缺乏判断能力等情形造成的。

【示例】甲在人迹罕至的野外被毒蛇咬伤，被乙无意中发现。甲央求乙送其至最近的医院治疗，乙表示同意，但是要求支付10万元的报酬，甲无奈之下只好同意。存在一方利用对方处于危困状态致使法律行为成立时双方权利义务严重失衡，故甲可以显失公平为由主张撤销合同。

二、撤销权的行使

【重点法条】

《民法典》第152条【撤销权的消灭】有下列情形之一的，撤销权消灭：

（一）当事人自**知道或者应当知道**撤销事由之日起**一年内、重大误解**的当事人自知道或者应当知道撤销事由之日起**九十日内**没有行使撤销权；

（二）当事人受胁迫，**自胁迫行为终止之日起一年内**没有行使撤销权；

（三）当事人知道撤销事由后明确表示或者以自己的行为表明放弃撤销权。

当事人自民事法律行为**发生之日起五年内**没有行使撤销权的，撤销权消灭。

撤销事由	撤销权人	除斥期间	
重大误解	误解方	当事人自知道或者应当知道撤销事由之日起**90日**内	自民事法律行为**发生之日起** 5 年内
欺诈	受欺诈方	当事人自知道或者应当知道撤销事由之日起**1 年**内	
胁迫	受胁迫方	**自胁迫行为终止之日起** 1 年内	
显失公平	受损害方	当事人自知道或者应当知道撤销事由之日起**1 年**内	

【注意】 可撤销法律行为的撤销权在性质上属于**形成诉权**，只能通过**诉讼或仲裁**方式行使，不能以通知的方式行使。

【示例】 甲与乙于 2016 年 10 月 1 日签订合同。直到 2021 年 5 月 1 日，甲方知自己被乙欺诈。此时仍未超过自民事法律行为发生之日起计算的 5 年期间，可主张撤销权。如果甲要以欺诈为由申请撤销合同，则其应在 2021 年 10 月 1 日之前向法院提出。

第五节　效力待定的合同

【重点法条】

《民法典》

第 145 条 【限制民事行为能力人实施的民事法律行为的效力】限制民事行为能力人实施的**纯获利益**的民事法律行为或者**与其年龄、智力、精神健康状况相适应**的民事法律行为有效；实施的其他民事法律行为经法定代理人**同意或者追认后有效**。

相对人可以催告法定代理人自收到通知之日起**三十日**内予以追认。法定代理人**未作表示的**，视为**拒绝追认**。民事法律行为被追认前，**善意相对人有撤销的权利**。撤销应当以**通知**的方式作出。

第 168 条 【自己代理与双方代理】代理人不得以被代理人的名义与自己实施民事法律行为，但是被代理人同意或者追认的除外。

代理人不得以被代理人的名义与自己同时代理的其他人实施民事法律行为，但是被代理的双方同意或者追认的除外。

第 171 条 【无权代理】行为人没有代理权、超越代理权或者代理权终止后，仍然实施代理行为，未经被代理人追认的，对被代理人不发生效力。

相对人可以**催告**被代理人自收到通知之日起**三十日**内予以追认。**被代理人未作表示的，视为拒绝追认**。行为人实施的行为被追认前，**善意相对人**有**撤销**的权利。撤销应当以**通知**的方式作出。

行为人实施的行为未被追认的，善意相对人有权请求行为人**履行债务**或者就其受到的损害请求行为人赔偿。但是，**赔偿的范围不得超过被代理人追认时相对人所能获得的利益**。

相对人**知道或者应当知道**行为人无权代理的，相对人和行为人按照各自的**过错**承担责任。

第 172 条　【表见代理】行为人没有代理权、超越代理权或者代理权终止后，仍然实施代理行为，相对人有理由相信行为人有代理权的，代理行为有效。

效力待定的民事法律行为：是指在未被追认之前，既非有效，也非无效，处于不确定状态的法律行为；若被追认，法律行为确定生效；若被拒绝追认，法律行为确定无效。故而，效力待定是未决的无效。

【说明】民事法律行为效力待定的原因是当事人一方欠缺行为能力或代理权，又因仅涉及当事人的私益，故而法律将决定该民事法律行为命运的权利交给欠缺行为能力者的法定代理人或者被代理人，即赋予其追认权。

一、限制行为能力人实施的依法不能独立实施的法律行为

1. 限制民事行为能力人实施的依法不能独立实施的民事法律行为，效力待定。例如，年仅 14 岁的甲花费 10 万元打赏主播。

限制民事行为能力人可以独立实施：①纯获利益的民事法律行为；②与其年龄、智力、精神健康状况相适应的民事法律行为。

2. 法定代理人的追认权

（1）法定代理人有权追认或者拒绝追认效力待定的法律行为。

（2）追认权的性质为形成权，以通知方式行使，追认的意思表示到达相对人时生效，无须相对人的同意即可发生法律效力。

（3）法定代理人的追认将使法律行为溯及至其成立之时生效；拒绝追认则使法律行为溯及至其成立之时无效。

3. 相对人的催告权和善意相对人的撤销权

（1）相对人的催告权：相对人可以催告法定代理人或者被代理人自收到通知之日起 30 日内予以追认。法定代理人或者被代理人未作表示的，视为拒绝追认。

（2）善意相对人的撤销权

①善意，是指相对人不知道也不应当知道行为人为限制行为能力人。

②善意相对人可以在法定代理人追认之前撤销法律行为，而不用被动地等待。

③撤销权性质上是形成权，以通知方式行使，不必以诉讼或者仲裁方式行使，有别于可撤销法律行为的撤销。

④一经撤销，法律行为自始无效，法定代理人不能再追认。

二、无权代理人实施的法律行为

代理，是指代理人在代理权限内以被代理人名义与第三人（相对人）实施民事法律行为，该民事法律行为的效果归属于被代理人的制度。

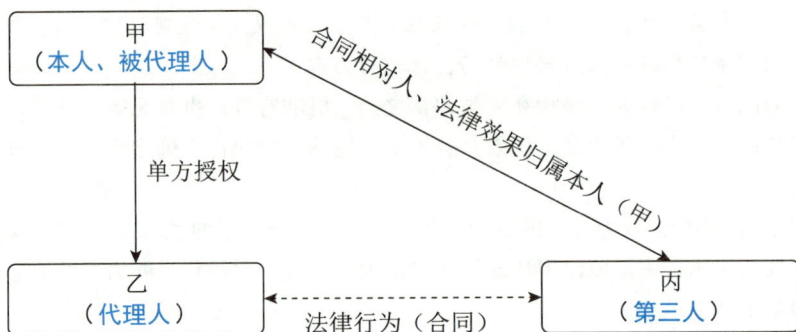

甲（本人、被代理人）
单方授权
乙（代理人）
丙（第三人）
法律行为（合同）
合同相对人、法律效果归属本人（甲）

（一）代理的构成要件

代理=行为的可代理性+代理人独立的意思表示+以被代理人名义+具有代理权

1. 行为的可代理性

（1）可以代理的行为限于民事法律行为。事实行为不存在代理的问题。如甲委托乙为其写一部玄幻小说，玄幻小说的写作为事实行为，不构成代理。

（2）并非任何民事法律行为均可代理。依照法律规定、依其性质或者当事人约定应由本人亲自实施的民事法律行为，不得代理。例如，具有人身性质的行为不得代理。

【示例】法考界名师甲因同时接到两家学校的法考讲座邀请，故委托自己的助理乙替自己去其中一个学校开办讲座，乙不构成代理。

2. 代理人独立的意思表示

代理人必须独立发出或者受领意思表示。

【区分】代理人与使者的区别：代理人独立作出意思表示，在代理权限范围内有一定的自由决定空间，故而代理人至少须具有限制行为能力，且意思表示是否存在瑕疵，应就代理人进行判断。与之不同的是，使者不能独立作出意思表示，仅能传达他人的意思表示，故而使者不需要具有行为能力，意思表示是否存在瑕疵，应就本人进行判断。

3. 以被代理人名义（显名主义）

（1）原则：代理人必须以被代理人名义实施民事法律行为。因为代理行为的法律效果由被代理人承受，第三人必须知道自己是在与谁进行交易。

（2）例外：坚持显名主义是为了保护第三人，如果第三人不在乎交易相对人是谁，则代理人没有必要以被代理人的名义出现。此时存在两种可能性：①代理人不必向第三人披露自己的代理人身份，例如甲受乙之委托去超市代购面包；②代理人虽然向第三人披露自己的代理人身份，但是未披露被代理人具体为谁，且第三人并不在乎被代理人是谁。

4. 行为人具有代理权

行为人在代理权限范围内实施法律行为。

【比较】代理与相关概念的区分

代理 VS

- 冒名行为 → 冒名是两方 代理是三方 → 冒名行为不是代理，行为人伪造他人的公章、合同书等，假冒他人的名义实施民事法律行为的，被冒名者不担责

- 代表 → 代理是两方 代理是三方 → 法定代表人是代表，不是代理【注意】法定代表人以法人名义实施的法律行为是代表行为，其他人以法人名义实施的法律行为只可能是代理行为。

- 处分 → 代理是以被代理人（本人）名义：处分是以自己名义 → 处分是以发生物权变动为其效力的行为例：出卖自己的房屋

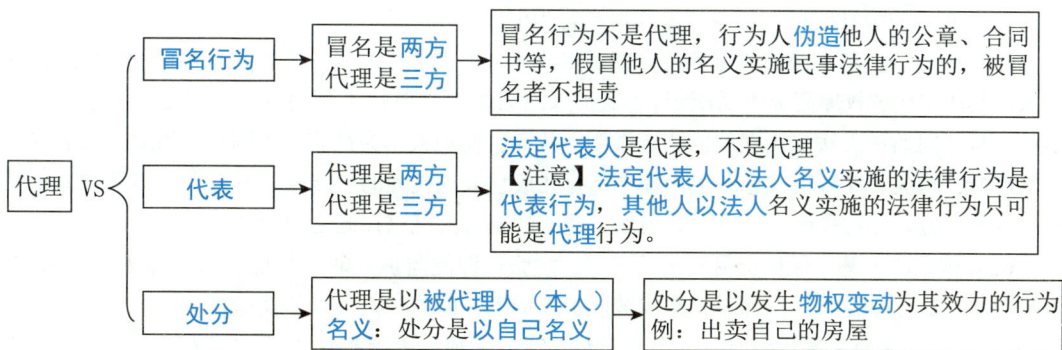

（二）狭义无权代理

1. 无权代理，是指具备代理的其他要件，唯独缺乏代理权，包括行为人没有代理权、超越代理权或代理权终止。例如，甲擅自以乙公司名义与丙公司签订食用油买卖合同。

【注意】数人为同一代理事项的代理人的，原则上应当共同行使代理权。其中一人或者数人未与其他代理人协商，擅自行使代理权的，构成无权代理。

【比较】无权代理是缺乏代理权却以他人名义实施法律行为；无权处分是没有处分权却以自己名义处分他人之物。例如：甲出国留学，将自己的金毛犬交给乙照顾。①若乙谎称金毛犬系自己所有出卖给丙，构成无权处分。②若乙以甲的名义将金毛犬出卖给丙，此为无权代理。

2. 无权代理的法律效果

无权代理人实施的法律行为效力待定：

（1）被代理人追认：产生如同有权代理的效果，代理行为的法律效果由被代理人承受。

【注意】被代理人已经开始履行合同义务或者接受相对人履行的，视为对合同的追认。

（2）被代理人未追认：代理行为对被代理人不发生效力。

①善意相对人：相对人不知道也不应当知道行为人缺乏代理权的，则其有权请求行为人履行债务或者就其受到的损害请求行为人赔偿。但是，赔偿的范围不得超过被代理人追认时相对人所能获得的利益。

【说明】之所以赔偿的范围不得超过被代理人追认时相对人所能获得的利益，是因为相对人的最佳利益状态应当就是行为人具有代理权的情形，相对人不能因行为人欠缺代理权获得额外的利益。

②恶意相对人：相对人知道或者应当知道行为人缺乏代理权的，则相对人和行为人按照各自的过错承担责任，即相对人可以请求行为人赔偿其损害，但是应当根据自己的过错程度减少损害赔偿额。

【注意1】无权代理人主张相对人恶意的，应当承担举证责任。

【注意2】与欠缺行为能力的情形一样，被代理人享有追认权，相对人享有催告权、善意相对人享有撤销权，规则完全一致。

【讨论】监护人非为被监护人的利益，不得处分被监护人的财产。

1. 判断是否为了维护被监护人的利益，应以一个处于与监护人同等情景下的理性人的判断为标准，不能以财产的得丧为唯一标准。通常认为，为被监护人求学、就医处分其财产，属于为其利益；以被监护人名下的房产为第三人的债务提供抵押担保、利用被监护人的财产进行高风险投资行为（炒股等），属于非为其利益。

2. 监护人非为被监护人利益处分其财产行为的效力：

（1）观点一，基于保护被监护人尤其是未成年人的考虑，主张：监护人是被监护人的法定代理人，其法定代理权原则上不受限制；"监护人除为维护被监护人利益外，不得处分被监护人的财产"构成对监护人法定代理权的法定限制；故而，监护人非为被监护人利益以被监护人名义处分其财产，构成无权代理，且法定代理中不存在成立表见代理的可能性，只有等待被监护人取得完全行为能力，由其决定是否追认。当然，善意的相对人可以在此之前撤销。

（2）观点二，基于保护交易安全的考虑，主张：即使监护人非为被监护人利益处分其财产，也不影响外部行为的效力，若因此造成被监护人损害，由监护人予以赔偿即可。

【说明】法考真题采纳观点一。其合理性在于，未成年人保护优先于交易安全保护，采纳观点二，将导致被监护人的财产保护沦为空话。

【示例】甲、乙协议离婚，约定由甲抚养6岁的独生子丙，夫妻共有的A房赠与给丙，并办理了过户登记手续。其后，甲因生意失败意志消沉，染上了毒瘾。为筹措资金购买毒品，甲以丙的名义将A房出售给丁并办理了过户登记手续。本案中，甲为购买毒品出售其子丙的房屋，属于非为其利益处分其财产，其行为构成无权代理，故而买卖合同效力待定。丙可于成年后进行追认，善意的丁则可以在此之前撤销合同，以避免买卖合同效力长期处于不确定状态。

（三）表见代理

1. 表见代理，指行为人缺乏代理权，仍以被代理人名义实施法律行为，相对人有理由相信行为人有代理权的，产生有权代理的法律效果。

【说明】之所以无权代理产生有权代理的效果，是基于保护交易安全的考虑。

2. 构成要件

（1）行为人无代理权；

（2）存在行为人具有代理权的权利外观；例如，行为人持有被代理人出具的授权委托书、加盖公章的空白合同书等。

【注意】权利外观是否存在由相对人举证证明。

（3）相对人善意信赖权利外观且无过失；

【注意】由被代理人举证证明相对人知道或者因过失而不知道。

（4）权利外观的形成可归责于被代理人。

权利外观的形成可归责于被代理人的典型情形：①代理终止后，被代理人未及时收回介绍信、授权委托书、盖有合同专用章或者公章的空白合同书；②被代理人向第三人表明其授予代理权给行为人，但事实上并未授权，或者事后撤回了授权；③无代理权人以被代理人名义订立合同，被代理人知道而未作表示；④法人或非法人组织对其工作人员职权范围有限制，但第三人不知道（法人或者非法人组织对执行其工作任务的人员职权范围的限制，不得对抗善意相对人）。

权利外观的形成不可归责于被代理人（即不构成表见代理）的典型情形：①行为人伪造他人的公章、合同书或者授权委托书等。②被代理人的公章、合同书或者授权委托书等遗失、被盗，或者与行为人特定的职务关系终止，并且已经以合理方式公告或者通知，相对人应当知悉。

【说明】保护交易安全固然重要，但是也不能完全无视被代理人的利益。在权利外观的形成不可归责于被代理人时，仅仅因为相对人善意无过失就让被代理人承受法律行为的效果，自然缺乏正当性。

【示例】夏教授通过A保险公司营业部购买机动车第三者责任险，在出险理赔时才发现保单系营业部工作人员甲伪造的。甲伪造的保单在内容和形式上与真保单一模一样，并且加盖了伪造的保险公司业务专用章，普通人无从辨别。虽然保单和章均是伪造的，但是依然成立表见代理，因为交易是在 A 保险公司的营业部进行的，夏教授有理由相信保单是真实的，而 A 保险公司对此权利外观的形成显然具有可归责性。

3. 法律效果

（1）产生有权代理的法律效果，被代理人承受代理行为的法律效果。

（2）被代理人因此遭受损失的，可以向无权代理人请求赔偿。

三、代理人滥用代理权的行为

1. 滥用代理权的行为类型

（1）自己代理：代理人以被代理人的名义与自己实施民事法律行为。

（2）双方代理：代理人同时代理当事人双方，即代理人以被代理人的名义与自己同时代理的其他人实施民事法律行为。

2. 滥用代理权的法律后果

事先经被代理人同意，则法律行为有效；否则效力待定，被代理人享有追认权。

四、法定代表人超越代表权限的行为

【重点法条】

《民法典》

第 61 条 【法定代表人】依照法律或者法人章程的规定，代表法人从事民事活动的负责人，为法人的法定代表人。

法定代表人以法人名义从事的民事活动，其法律后果由法人承受。

法人章程或者法人权力机构对法定代表人代表权的限制，不得对抗善意相对人。

第 65 条 【法人登记事项的对抗效力】法人的实际情况与登记的事项不一致的，不得对抗善意相对人。

1. 法定代表人，是指依照法律或者法人章程的规定，代表法人从事民事活动的负责人。

2. 法定代表人以法人名义所实施的行为，属于代表行为。（法定代表人以个人名义所实施的行为，法律后果自然由其个人承受。）

3. 法定代表人在代表权限范围内实施代表行为，属于有权代表行为，其法律后果由法人承受。

4. 法定代表人超越代表权限实施代表行为，属于无权代表行为。

（1）如果相对人善意，即不知道也不应当知道法定代表人超越权限，则成立表见代表，此时产生有权代表的法律效果。

【注意】法人章程或者法人权力机构对法定代表人代表权的限制，不得对抗善意相对人；法人的实际情况与登记的事项不一致的，不得对抗善意第三人。

【示例1】甲公司章程规定，公司对外借款须经股东会决议。其后，甲公司法定代表人王某未经股东会决议，以甲公司名义向不知情的乙公司借款 1000 万元。王某超越内部权限限制，构成无权代表，但是善意的乙公司应受到保护，成立表见代表，借款合同对甲公司发生效力。

【示例 2】甲公司法定代表人王某因工作重大失误被解除职务。在甲公司申请工商变更登记法定代表人期间，王某以甲公司名义向不知情的乙公司借款 1000 万元。王某已经被解除法定代表人职务，其行为构成无权代表，但是因为尚未办理工商变更登记，善意信赖工商登记的乙公司应当受到保护，借款合同对甲公司发生效力。

（2）如果相对人恶意，即知道或者应当知道法定代表人超越权限，则无权代表行为效力待定。法人追认，则产生有权代表的法律效果；法人未追认，则法律行为对法人不发生效力，由法定代表人自己承担责任。

第六节　民事法律行为无效、被撤销、不生效力的法律后果

【重点法条】

《民法典》

第 155 条　【无效、被撤销的民事法律行为自始无效】无效的或者被撤销的民事法律行为自始没有法律约束力。

第 157 条　【民事法律行为无效、被撤销及确定不发生效力的后果】民事法律行为无效、被撤销或者确定不发生效力后，行为人因该行为取得的财产，应当予以返还；不能返还或者没有必要返还的，应当折价补偿。有过错的一方应当赔偿对方由此所受到的损失；各方都有过错的，应当各自承担相应的责任。法律另有规定的，依照其规定。

民事法律行为无效、被撤销或者确定不发生效力后，无法产生当事人所追求的法律效果，双方当事人的利益状况应恢复至法律行为实施之前的状态。

1. 返还财产：行为人因民事法律行为取得的财产，应当予以返还。

【注意】双务合同无效、被撤销、不生效力时，标的物返还与价款返还互为对待给付，双方应当同时返还（意味着可以行使双务合同的同时履行抗辩权）。

2. 折价补偿：不能返还或者没有必要返还的，应当折价补偿。

3. 赔偿损失：有过错的一方应当赔偿对方由此所受到的损失；各方都有过错的，应当各自承担相应的责任。

【注意】此处的赔偿责任指的是缔约过失责任，当事人所承担的缔约过失责任不应超过合同履行利益。

【知识点分析思路总结】

第一步，是否存在合同无效、可撤销、效力待定、未生效等合同瑕疵事由？

YES→回答合同效力类型（无效、可撤销、效力待定或者未生效合同），并说明其瑕疵事由；NO→进入第二步。（注意：问合同效力如何，通常不必再去考虑是否满足合同的成立要件）

【总结】无效的重要情形：

1. 主合同无效，担保合同无效。

2. 关于独立担保的约定无效（独立保函除外）。

3. 流担保条款无效，例如流押条款。

4. 预先放弃诉讼时效抗辩权的约定无效。

5. 发包人与承包人约定放弃或限制建设工程价款优先受偿权，损害建筑工人利益的，无效。

6. 未取得商品房预售许可证订立的商品房预售合同无效。

7. 以违章建筑为标的订立的房屋租赁合同无效。

8. 格式条款的无效：

（1）不合理地免除或减轻自己责任、加重对方责任、限制对方主要权利。（提供格式条款的一方对免除或者减轻其责任等与对方有重大利害关系的条款未履行提示或者说明义务，致使对方没有注意或者理解该条款的，对方可主张该条款不成为合同内容。）

（2）电子商务经营者以格式条款约定消费者支付价款后合同不成立。

9. 合同中的下列免责条款无效：

（1）造成对方人身损害的；

（2）因故意或者重大过失造成对方财产损失的。

【总结】部分无效的情形：

1. 超过 20 年的租赁合同，仅超过部分无效；

2. 超过 20% 的定金合同，仅超过部分不产生定金的效力；

3. 合同无效的，不影响合同中有关解决争议方法的条款的效力。

第二步，是否存在不会导致合同效力瑕疵的特殊情形？

YES→回答合同有效，并说明该特殊情形不会导致合同无效；NO→进入第三步。

【总结】不影响合同效力的重要情形：

1. 无权处分不影响买卖合同的效力。

2. 侵害优先购买权不影响合同的效力。

3. 未办理登记不影响不动产抵押合同的效力。

4. 违反禁止转让约定转让抵押财产不影响买卖合同的效力。

5. 多重买卖不影响买卖合同的效力。

6. 多重租赁不影响租赁合同的效力。

7. 未办理登记不影响租赁合同的效力。

8. 未经出租人同意转租，不影响承租人与第三人之间转租合同的效力。

9. （有代表权或者代理权）真人假章不影响合同的效力。

10. 不得仅以超越经营范围确认合同无效。

11. 被宣告死亡人若未死亡，其实施的法律行为效力不受影响。

第三步，回答合同有效，并说明当事人具有相应的行为能力、意思表示真实、不违法背俗，基于私法自治，应当认定合同有效。

【主观题小案例】

案例 1：甲与夜总会签订《业务承揽协议书》，约定：甲通过招揽"小妹"组建团队为夜总会顾客提供有偿陪侍服务，帮助增加包厢和酒水等消费额，夜总会向其支付销售金额的 30% 作为报酬。其后，因夜总会出尔反尔，甲起诉至法院，请求夜总会按照约定支付报酬。夜总会承认的确未支付报酬，但是提出分期支付。

问题 1：该《业务承揽协议书》效力如何？为什么？

问题 2：甲的请求能否得到法院支持？为什么？

案例 2：甲公司与乙公司签订股权转让合同，约定甲公司应于合同签订后一个月内向其母公司履行报批义务，合同自甲公司的母公司批准之日起生效；甲公司未及时履行报批义务，则应向乙公司支付违约金 500 万元。其后，甲公司迟迟未向其母公司报批。

问题 1：乙公司能否请求甲公司办理股权变更手续？为什么？

问题 2：乙公司能否请求甲公司支付违约金？为什么？

案例 3：甲因公出差，委托邻居乙照看其宠物狗。乙谎称宠物狗系自己所有，高价出售给丙。

问题：乙与丙之间的买卖合同效力如何？为什么？

案例 4：甲与乙签订借款合同，约定：乙向甲提供借款 1000 万元，借期一年，利率 10%；甲将其房屋过户给乙，若甲到期付清本息，则乙再将房屋过户给甲，否则乙可以拍卖房屋并就其价款优先受偿。合同签订后，甲依约将房屋过户到乙的名下。

问题：甲乙之间关于房屋的约定是否有效？为什么？

案例 1—问题 1：该《业务承揽协议书》效力如何？为什么？

答案：无效。因为，该《业务承揽协议书》所载内容违反公序良俗。法条依据为《民法典》第 153 条第 2 款。

案例 1—问题 2：甲的请求能否得到法院支持？为什么？

答案：不能。《业务承揽协议书》因违反公序良俗而无效。即使夜总会未以无效进行抗辩，法院也应当依照职权认定协议无效，判决驳回甲的诉讼请求。

案例 2—问题 1：乙公司能否请求甲公司办理股权变更手续？为什么？

答案：不能。股权转让合同在甲公司的母公司批准之前尚未生效，乙公司不能请求甲公司履行股权变更登记的主要合同义务。法条依据为《民法典》第 502 条第 1 款。

案例 2—问题 2：乙公司能否请求甲公司支付违约金？为什么？

答案：能。股权转让合同在甲公司的母公司批准之前尚未生效，但是合同中的报批义务和违约金条款独立生效。法条依据为《民法典》第 502 条第 2 款、第 507 条。

案例 3—问题：乙与丙之间的买卖合同效力如何？为什么？

答案：有效。乙擅自出售甲的宠物狗，属于无权处分，但是无权处分不影响买卖合同的效力。法条依据为《民法典》第 143 条。

案例 4—问题：甲乙之间关于房屋的约定是否有效？为什么？

答案：有效。因为，甲乙具有相应的行为能力、意思表示真实、不违法背俗，基于私法自治，应当认定让与担保约定有效。法条依据为《民法典》第 143 条。

第二章
合同的履行

历年真题考点与考查方式	
2021 年	甲公司提出 60 万元的维修费抵销租金的主张，法院应当认为是抗辩还是反诉处理？为什么？（抵销）
2020 年	丑能否替乙公司归还 1500 万元的债务，以避免自己的房产被拍卖？如果能，丑在替乙公司归还 1500 万元的债务后，能否向子主张权利？（第三人代为清偿）
	甲公司股东 A 在未与妻子商量的情况下，负担保证债务，该债务是否属于夫妻共同债务？为什么？（夫妻共同债务）
2018 年	甲公司是否有权解除与乙公司的合同？为什么？（同时履行抗辩权）
2015 年	问 7：甲对其妻李某的请求所提出的时效抗辩是否成立？为什么？（诉讼时效抗辩权）
2013 年	问 1：由于张某拖欠租金，王某要解除与张某的租赁合同，李某想继续租用该房屋，可以采取什么措施以抗辩王某的合同解除权？（第三人代为清偿）
2012 年	问 2：丙有权请求乙支付甲消费的款项但不得请求甲支付其消费的款项，其法律含义是什么？乙可否以甲不支付其消费的款项为理由，拒绝向丙付款？为什么？（不真正利益第三人合同）
2011 年	问 5：丁公司是否有权拒绝履行支付 400 万元的义务？为什么？（不安抗辩权）
	问 6：丁公司是否有权请求甲公司在自己未支付 400 万首付款的情况下先办理房产过户手续？为什么？（先履行抗辩权）

第一节　合同履行的规则

一、履行主体

（一）第三人代为清偿/履行

基于债的相对性，原则上只能由债务人向债权人清偿，第三人无权代债务人向债权人清偿。满足以下条件，例外允许第三人代为清偿/履行。

1. 构成要件

（1）债的**性质允许**第三人代为清偿。

（2）债权人与债务人**无相反约定**。

（3）第三人有为债务人**清偿的意思**，且债权人**未拒绝**第三人代为清偿。

【注意】第三人对履行债务具有合法利益的，债权人无权拒绝。

【示例】甲将房屋出租给乙，经甲同意，乙将房屋转租给丙。如果乙不按时支付租金，丙可以代乙将租金支付给甲，且甲不可以拒绝。因为，丙对乙是否按时支付租金具有合法利益：如果乙不按时支付租金，经甲催告后在合理期限内仍不支付，甲可以解除租赁合同，丙就必须另觅住处。

2. 法律效果

（1）债权人和债务人之间：债权债务关系因第三人清偿而**消灭**。

（2）第三人和债务人之间：第三人可以向债务人**追偿**。（第三人基于赠与意思代为清偿的除外）。

（3）第三人与债权人：债权人接受第三人履行后，其对债务人的债权转让给第三人（法定债权让与），但是债务人和第三人另有约定的除外。

（4）第三人履行有瑕疵的，由**债务人承担违约责任**（基于合同相对性）；但债务人对第三人履行不知情的除外。

【总结】第三人可以代为清偿的法定情形：

1. 承租人拖欠租金的，次承租人可以代承租人支付其欠付的租金和违约金。（限于合法转租，否则出租人有权拒绝）。

2. 抵押财产买受人的涤除权：受让人可以代替债务人清偿债务，消灭抵押权。

（二）连带债务

债务人一方为二人以上，若每一个债务人按照自己的**份额**对外负担债务，则为按份债务；若每一个债务人**均需对外负担全部债务，**则为**连带债务**。

1. 连带债务的外部效力

（1）每一个债务人均有履行全部债务的义务。

【注意】因连带债务人的责任较重，连带债务必须由**法律规定或者当事人约定**。

（2）连带债务人之间关于份额的**内部约定，不能对抗债权人**。

2. 连带债务的内部效力

（1）各债务人按照份额分担。连带债务人的内部分担份额，有约定从约定，难以确定的视为份额相同。

（2）实际承担债务超过自己份额的连带债务人，有权就超出部分在其他连带债务人未履行的份额范围内向其**追偿**，并相应地享有债权人的权利，但是不得损害债权人的利益。

①其他连带债务人对债权人的抗辩，可以向该债务人主张。

②被追偿的连带债务人不能履行其应分担份额的，其他连带债务人应当在相应范围内按比例分担。

③绝对效力事项：对连带债务人中的一人发生效力的事项，对其他连带债务人**也发生效力**。

a. 履行、抵销或者提存。

b. 免除：部分连带债务人的债务被债权人免除的，在该连带债务人应当承担的份额范围内，其他债务人对债权人的债务消灭。

【注意】对于其他债务人应当承担的份额，被免除债务的连带债务人依然对债权人承担连带责任，只不过在内部可以全额追偿。

c. 混同：部分连带债务人的债务与债权人的债权同归于一人的，在扣除该债务人应当承担的份额后，债权人对其他债务人的债权继续存在。

d. 债权人受领迟延。

e. 诉讼时效中断。

【示例 1】 甲车与乙车行驶在道路上，恰巧同时撞伤行人丙，法院判决赔付 10 万元费用，甲、乙各承担 70% 和 30%。此为按份责任，丙只能请求甲和乙分别承担 7 万元和 3 万元。

【示例 2】 甲货车挂靠在乙公司，乙公司收取管理费。后来甲货车撞了行人丙，法院判决赔付 10 万元费用，甲乙承担连带责任。丙可以自由选择请求甲或乙承担 10 万，也可以请求甲和乙一起承担 10 万。甲乙再按内部份额分担损失。

【示例 3】 甲货车挂靠在乙公司，乙公司收取管理费。甲乙内部约定，若发生事故，则甲承担债务的 30%，乙承担 70%。后来甲货车撞了行人丙，法院判决赔付 10 万元费用，甲乙承担连带责任。某日丙表示免除甲的债务。①甲乙内部的份额约定对丙没有约束力，甲乙对丙承担连带责任。②免除属于绝对效力事项，乙对丙的债务在甲应当承担的 3 万元范围内消灭，故而乙对丙的债务为 7 万元。②甲的 3 万债务虽然被免除，但是依然要对丙的 7 万元债务承担连带责任。

（三）日常家事代理与夫妻共同债务

【重点法条】

《民法典》

第 1064 条 【夫妻共同债务的认定】夫妻双方共同签名或者夫妻一方事后追认等共同意思表示所负的债务，以及夫妻一方在婚姻关系存续期间以个人名义为家庭日常生活需要所负的债务，属于夫妻共同债务。

夫妻一方在婚姻关系存续期间以个人名义超出家庭日常生活需要所负的债务，不属于夫妻共同债务；但是，债权人能够证明该债务用于夫妻共同生活、共同生产经营或者基于夫妻双方共同意思表示的除外。

1. 夫妻双方互相有日常家事代理权

（1）夫妻一方因家庭日常生活需要而实施的民事法律行为（如交电费、买家用物品等），对夫妻双方发生效力，但是夫妻一方与相对人另有约定的除外。

（2）夫妻之间对一方可以实施的民事法律行为范围的限制，不得对抗善意相对人。

2. 夫妻共同债务

共同债务（共同意思表示/共同生活）	个人债务（非共同意思表示/非共同生活）
1. 双方共同签字或一方事后追认等共同意思表示所负的债务； 2. 婚内以个人名义为家庭日常生活需要所负的债务； 3. 婚内以个人名义超出家庭日常生活需要所负的债务，但债权人能证明该债务用于夫妻共同生活、共同生产经营或者基于夫妻双方共同意思表示的债务； 4. 夫妻一方婚前以个人名义所负的债务，但债权人能够证明所负债务用于婚后家庭共同生活的债务。	1. 夫妻书面约定夫妻财产分别所有，婚姻期间，一方以个人名义负债，且债权人知道夫妻双方存在该约定的； 2. 夫妻一方与第三人恶意串通，虚构债务的； 3. 夫妻一方从事赌博、吸毒等违法活动所负债务； 4. 一方在婚姻期间以个人名义超出家庭日常生活需要所负债务，债权人不能证明债务用于夫妻共同生活、共同生产经营或者基于夫妻共同意思表示。

二、履行标的

（一）选择之债

简单之债		债的标的仅有一个，无选择可能性的债。（标的物可能有多个）
选择之债	含义	债的标的有数个，债务人只需履行其中一个，有选择可能性的债。
	选择权人	原则上为债务人，除非法律另有规定、当事人另有约定或另有交易习惯。
	选择权的转移	享有选择权的当事人在约定的期限内或履行期限届满未作选择，经催告后在合理期限内仍未选择的，选择权转移至对方。
	选择权的行使	1. 当事人行使选择权应当及时通知对方，通知到达对方时，标的确定。标的确定后不得变更，但经对方同意的除外。
		2. 享有选择权的当事人不得选择不能履行的标的，但是不能履行是由对方造成的除外。

【示例】甲与乙订立买卖合同，约定甲以 30 万元的价格将相机或油画出卖给乙。①甲可以选择交付相机或油画，属于选择之债。②如果甲到期没选，经乙催告后还不选，则选择权转移给乙。③如果甲选择了相机，就不能再换成油画，因为甲的选择让选择之债转变成了简单之债。

（二）部分履行

1. 债权人可以拒绝债务人部分履行债务，但是部分履行不损害债权人利益的，不得拒绝。

2. 债务人部分履行债务给债权人增加的费用，由债务人负担；部分履行可能产生违约责任。

（三）多交付标的物

1. 债权人有权接收多交部分，并按照约定的价格支付价款。

2. 债权人有权拒绝接收多交付的部分，但应及时通知出卖人。可代管多交付部分，保管的合理费用由债务人承担。

三、履行地点、期限和费用

对于履行地点、期限和费用，有约定从约定；没有约定或者约定不明确：协议补充>合同相关条款、交易习惯>如下规则：

（一）履行地点

1. 给付货币的，在接受货币一方所在地履行；

2. 交付不动产的，在不动产所在地履行；

3. 其他标的，在履行义务一方所在地履行。

（二）履行期限

1. 未约定履行期限：债务人可以随时履行，债权人也可以随时请求履行，但是应当给对方必要的准备时间。

2. 约定履行期限后又提前履行

（1）在明确约定履行期限的情形，债权人可以拒绝债务人提前履行债务，但是提前履行不损害债权人利益的，不得拒绝。

（2）债务人提前履行债务给债权人增加的费用，由债务人负担；提前履行不存在违约责任的问题。

（三）履行费用

由履行义务一方负担；因债权人原因增加的履行费用，由债权人负担。

四、清偿抵充

（一）数笔债务：先还的是哪一笔债务？

甲欠乙数笔种类相同的债务，且甲的履行不足以清偿全部债务。此时，需要判断：甲的履行清偿的是数笔债务中的哪一笔？

约定>债务人指定>已到期债务>缺乏担保/担保最少的债务>负担较重的债务>债务到期顺序>债务比例

（二）一笔债务：先还的是哪一部分？

甲欠乙一笔债务，该笔债务由主债务（本金）、利息和实现债权产生的费用三部分组成。甲只履行了一部分，不足以清偿全部债务，那么甲所清偿的是本金、利息、还是费用？

约定>费用>利息>本金

【示例】 甲公司向乙公司承租了 A 房屋，并且曾向乙公司借款 50 万元。某日，甲公司向乙公司转账 30 万元。甲公司主张系支付租金，乙公司主张系偿还借款。如果法院最终未能形成心证，法院应当按照清偿抵充规则处理。

第二节　涉他合同的履行

合同具有相对性，依法成立的合同原则上只能约束合同当事人双方，而不能及于第三人。不过，法律规定了一些特定情形突破了合同的相对性。

一、向第三人履行的合同

【重点法条】

《民法典》

第 522 条　【利益第三人合同】当事人约定由债务人向第三人履行债务，债务人未向第三人履行债务或者履行债务不符合约定的，应当向债权人承担违约责任。

法律规定或者当事人约定第三人可以直接请求债务人向其履行债务，第三人未在合理期限内明确拒绝，债务人未向第三人履行债务或者履行债务不符合约定的，第三人可以请求债务人承担违约责任；债务人对债权人的抗辩，可以向第三人主张。

1. 不真正利益第三人合同

（1）当事人约定由债务人向第三人履行债务。

（2）债务人未向第三人履行债务或者履行债务不符合约定的，应当向债权人而非第三人承担违约责任。

【说明】 之所以称为不真正利益第三人合同，是因为合同给了第三人利益，但并没有赋予第三人直接请求债务人履行的权利。

2. 真正利益第三人合同，是指法律规定或者当事人约定第三人可以直接请求债务人向其履行债务的合同。

【注意】基于私法自治，第三人可以拒绝。只要第三人未在合理期限内明确拒绝，视为第三人接受。

（1）债务人未向第三人履行债务或者履行债务不符合约定的，第三人可以请求债务人承担违约责任；债务人对债权人的抗辩，可以向第三人主张。

（2）不真正利益第三人合同与真正利益第三人合同的根本区别在于：是否赋予第三人对债务人直接的履行请求权。

【示例1】甲在 A 花店订购了 1 束玫瑰花，并与 A 花店约定由花店直接交给其女友乙。后 A 花店因花成本上涨而违约，拒不交货。甲与 A 花店没有约定乙有履行请求权，成立不真正利益第三人合同，乙不能请求 A 花店交付玫瑰花，也无权请求 A 花店承担违约责任，只有甲可以请求 A 花店交付玫瑰花或者承担违约责任。

【示例2】甲在 A 花店订购了 1 束玫瑰花，并与 A 花店约定由花店直接交给其女友乙，且乙可以直接请求花店履行。乙得知后欣然同意。后 A 花店因花成本上涨而违约，拒不交货。甲与 A 花店约定了乙有履行请求权，成立真正利益第三人合同，甲和乙都可以请求 A 花店交付玫瑰花，或者请求花店承担违约责任。

二、由第三人履行的合同

【重点法条】

《民法典》

第 523 条　【由第三人履行的合同】当事人约定由第三人向债权人履行债务，第三人不履行债务或者履行债务不符合约定的，债务人应当向债权人承担违约责任。

1. 当事人约定由第三人向债权人履行债务。

【注意】由第三人履行的合同，是为第三人设定义务，当然需要经过第三人同意。

2. 第三人不履行债务或者履行债务不符合约定的，由债务人而非第三人向债权人承担违约责任。

第三节　诉讼时效抗辩权

诉讼时效，是指权利人在法定期间内不行使权利，义务人可以拒绝履行义务的民事法律事实。

一、诉讼时效的法定性

诉讼时效具有法定性，诉讼时效的期间、计算方法以及中止、中断的事由均由法律规定。因此，关于诉讼时效的规定属于强制性规范。当事人不能另行约定，而且当事人对诉讼时效利益的预先放弃无效。

二、诉讼时效的适用范围

诉讼时效适用于请求权，不适用于支配权、抗辩权和形成权。

债权请求权	原则上均适用诉讼时效
	例外不适用诉讼时效的情形： 1. 支付赡养费、抚养费、扶养费请求权（"救命钱"什么时候都可以要） 2. 存款本息请求权、债券本息请求权（要求国家、银行还钱不受时间限制） 3. 基于投资关系产生的缴付出资请求权（要求股东缴付出资不受时间限制） 4. 业主大会请求业主缴付公共维修基金（为了业主的公共利益）
物权请求权	原则上不适用诉讼时效，例如： 1. 请求停止侵害、排除妨碍、消除危险 2. 不动产物权和登记的动产物权返还原物请求权
	唯一例外：未登记的动产返还原物请求权适用诉讼时效
占有保护请求权	不适用诉讼时效，适用 1 年除斥期间

三、诉讼时效的起算

普通诉讼时效为 3 年。

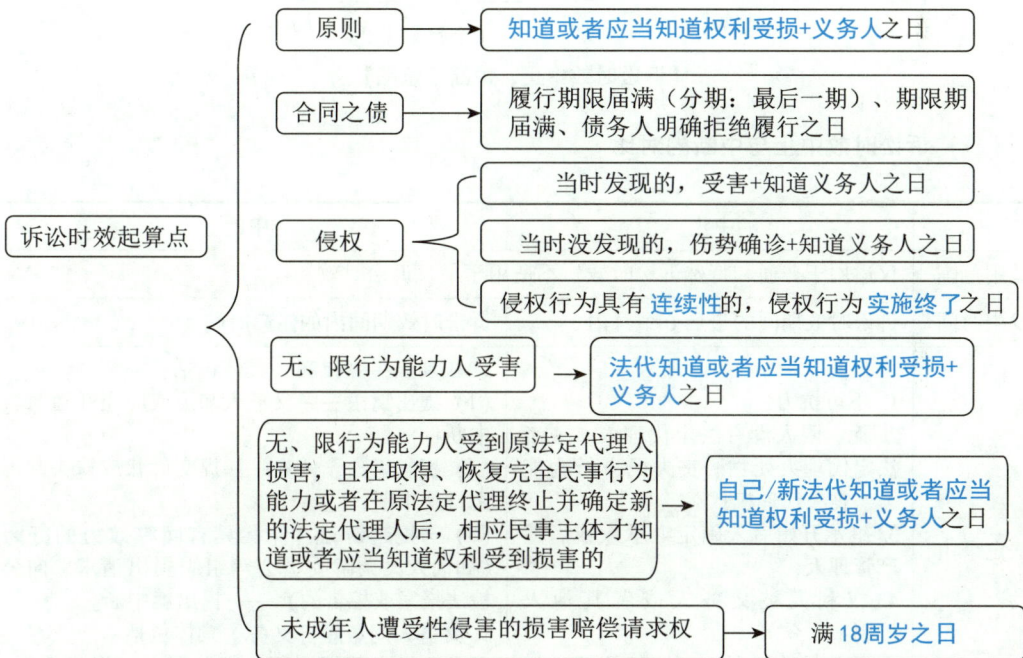

四、诉讼时效的中止和中断

【重点法条】

《民法典》

第 194 条 【诉讼时效中止】在诉讼时效期间的最后六个月内，因下列障碍，不能行使请求权的，诉讼时效中止：

（一）不可抗力；

（二）无民事行为能力人或者限制民事行为能力人没有法定代理人，或者法定代理人死亡、丧失民事行为能力、丧失代理权；

（三）继承开始后未确定继承人或者遗产管理人；

（四）权利人被义务人或者其他人控制；

（五）其他导致权利人不能行使请求权的障碍。

自中止时效的**原因消除之日起满六个月**，诉讼时效期间届满。

第195条　【诉讼时效中断】有下列情形之一的，诉讼时效中断，从中断、有关程序终结时起，诉讼时效期间**重新计算**：

（一）权利人向义务人提出履行请求；

（二）义务人同意履行义务；

（三）权利人提起诉讼或者申请仲裁；

（四）与提起诉讼或者申请仲裁具有同等效力的其他情形。

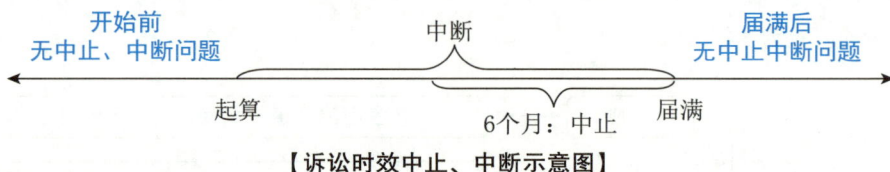

【诉讼时效中止、中断示意图】

（一）诉讼时效中止与中断的对比

	中止	中断
适用范围	仅适用于普通和特殊诉讼时效，不适用于最长诉讼时效。	
发生时间	诉讼时效期间的最后6个月内	诉讼时效期间内的**任意时间**
法定事由	1. 不可抗力； 2. 无、限人没有法定代理人，或者法定代理人死亡、丧失民事行为能力、丧失代理权； 3. 继承开始后未确定继承人或者遗产管理人； 4. 权利人被义务人或者其他人控制； 5. 其他导致权利人不能行使请求权的障碍。	1. **权利人主张权利**，具体包括： （1）**提出请求**——义务人知道或应当知道时就中断； （2）**提起诉讼、仲裁**——提交诉状或口头起诉之日就中断； （3）**与提起诉讼、仲裁具有同等效力的行为**（如向人民调解委员会等组织提出请求、向公检法报案或控告的）——提出就中断。 2. **义务人同意履行义务**，具体包括： 义务人作出分期履行、部分履行、提供担保、请求延期履行、制定债务清偿计划等承诺或者行为的，自义务人同意履行之日起中断。
法律效果	停止计算诉讼时效期间，自中止事由消除之日起**继续**计算6个月的诉讼时效期间。剩余诉讼时效期间不足6个月的，也以6个月进行计算。	自**中断事由消除之日**起**重新**计算诉讼时效。
【注意】 诉讼时效的中断和中止，均没有次数限制。		

（二）诉讼时效中断的涉他效力

1. 针对同一债权，<u>部分中断，全部中断</u>：如甲欠乙 10 万元逾期不还，现甲同意还 5 万，则 10 万债权全部发生诉讼时效中断的效力。

2. 针对连带之债，<u>一人中断，全部中断</u>：如甲和乙对丙因产品侵权而需承担连带赔偿责任共计 20 万元，丙要求甲赔偿 10 万元。丙的行为导致甲和乙对丙负担的连带债务诉讼时效均中断。

3. 债权人提起代位权诉讼：对债权人的债权和债务人的债权均发生诉讼时效中断的效力。

4. 债权转让：诉讼时效从债权转让通知到达债务人之日起中断。

5. 债务承担：构成对原债务人债务承认的，从债务承担的意思表示到达债权人之日起中断。

五、诉讼时效期间届满的法律效果

【重点法条】

《民法典》

第 192 条　【诉讼时效期间届满的法律效果】诉讼时效期间届满的，义务人可以提出不履行义务的抗辩。

诉讼时效期间届满后，义务人同意履行的，不得以诉讼时效期间届满为由抗辩；义务人已经自愿履行的，不得请求返还。

第 193 条　【禁止依职权适用诉讼时效】人民法院<u>不得主动</u>适用诉讼时效的规定。

1. 诉讼时效期间届满，义务人获得<u>诉讼时效抗辩权</u>，即义务人可以诉讼时效已过为由拒绝履行。如果义务人行使诉讼时效抗辩权，法院应当判决<u>驳回</u>原告（权利人）的<u>诉讼请求</u>。

【注意】①诉讼时效期间届满并<u>不会导致债权本身消灭</u>，权利人<u>仍有权起诉</u>，法院不得以超过诉讼时效为由不予受理。②诉讼时效抗辩权是<u>需当事人主张</u>的抗辩权。当事人未提出诉讼时效抗辩，人民法院不应对诉讼时效问题进行释明或主动适用诉讼时效的规定。如果义务人没有行使诉讼时效抗辩权，法院应当判决支持原告（权利人）的<u>诉讼请求</u>。

2. 义务人<u>可以放弃诉讼时效抗辩权</u>。一旦放弃，不得反悔。

3. 义务人应当在<u>一审期间</u>提出诉讼时效抗辩。在一审中<u>未提出</u>的，在<u>二审中</u>不得再提出（基于<u>新的证据</u>能够证明已过诉讼时效的除外），在<u>再审中</u>也不得再提出。

第四节　双务合同的履行抗辩权

【重点法条】

《民法典》

第 525 条　【同时履行抗辩权】当事人互负债务，<u>没有先后履行顺序</u>的，应当<u>同时履行</u>。一方在对方履行之前有权拒绝其履行请求。一方在对方履行债务不符合约定时，有权<u>拒绝</u>其<u>相应</u>的履行请求。

第 526 条　【先履行抗辩权】当事人互负债务，<u>有先后履行顺序</u>，应当先履行债务一方未履行的，<u>后履行一方有权拒绝</u>其履行请求。先履行一方履行债务不符合约定的，后履行一方有权<u>拒绝</u>其<u>相应</u>的履行请求。

第527条 【不安抗辩权】应当先履行债务的当事人，有确切证据证明对方有下列情形之一的，可以中止履行：

（一）经营状况严重恶化；

（二）转移财产、抽逃资金，以逃避债务；

（三）丧失商业信誉；

（四）有丧失或者可能丧失履行债务能力的其他情形。

当事人没有确切证据中止履行的，应当承担违约责任。

第528条 【不安抗辩权的行使】当事人依据前条规定中止履行的，应当及时通知对方。对方提供适当担保的，应当恢复履行。中止履行后，对方在合理期限内未恢复履行能力且未提供适当担保的，视为以自己的行为表明不履行主要债务，中止履行的一方可以解除合同并可以请求对方承担违约责任。

一、同时履行抗辩权

同时履行抗辩权：没有先后履行顺序，当事人应同时履行。一方没有履行，对方可拒绝其履行请求。

1. 构成要件

（1）当事人基于同一双务合同互负对待给付义务；

①原则：一方的主给付义务与对方的主给付义务构成对待给付义务；

②例外：一方的从给付义务与对方的主给付义务不构成对待给付义务，除非从给付义务的履行与合同目的实现有密切关系。

【示例】甲在乙商场订购了1台49999元的黑米电视机，先支付了8000元定金，双方约定商场交付电视机时甲付尾款。黑米公司总部将电视机发给乙商场时忘记将说明书一并发出，甲试图以此为由拒绝支付尾款。乙交付电视机和甲支付价款都属主给付义务，构成对待给付义务；乙交付说明书和甲支付价款不构成对待给付义务。

（2）双方债务没有先后履行顺序；

（3）双方债务履行期限均已届至；

（4）请求履行的一方未履行自己的债务或者履行不适当。

2. 行使效力

（1）主张同时履行抗辩权后，有权拒绝履行相应部分。

【示例】乙向农户甲订购100颗土鸡蛋，总价200元，约定一手交钱一手交蛋。后甲到期只交付了50颗土鸡蛋。甲表示半个月后再交付剩下的50颗蛋，同时请求乙支付全部价款200元。此时，甲可主张同时履行抗辩权，仅支付（已交付的）50颗土鸡蛋相应的100元价款。

（2）只能暂时拒绝履行，而不能永久消灭对方请求权；不构成违约，是合法行使权利。

【注意】若合同一方起诉请求履行，另外一方享有并主张同时履行抗辩权，则法院应当作出同时履行判决。

二、先履行抗辩权（顺序履行抗辩权）

先履行抗辩权：有先后履行顺序，先履行一方没有履行，后履行一方可拒绝其履行请求。

1. 构成要件

（1）当事人基于同一双务合同互负对待给付义务；

（2）双方债务有先后履行顺序；

（3）双方债务履行期限均已届至；

（4）先履行一方未履行自己的义务或者履行不适当。

2. 行使效力

（1）后履行一方可以主张先履行抗辩权，拒绝履行相应部分。

（2）只能暂时拒绝履行，而不能永久消灭对方请求权；不构成违约，是合法行使权利。

三、不安履行抗辩权

不安履行抗辩权：有先后履行顺序，先履行一方有证据证明后履行一方存在丧失或可能丧失履行债务能力的情形，有权中止履行。

1. 构成要件

（1）当事人基于同一双务合同互负对待给付义务；

（2）双方债务有先后履行顺序；

（3）应当先履行一方有确切证据证明对方存在丧失或可能丧失履行债务能力的情形，包括：①经营状况严重恶化；②转移财产、抽逃资金，以逃避债务；③丧失商誉；④其他。

2. 行使效力

第一步：先履行一方中止履行并及时通知对方，中止履行不构成违约；

第二步：对方在合理期限内恢复履行能力或提供担保，不安履行抗辩权消灭，先履行一方应当恢复履行。

对方在合理期限内未恢复履行能力且未提供担保：视为以自己的行为表明不履行主要债务，构成预期违约，中止方可以解除合同，并可以请求对方承担违约责任。

【知识点分析思路总结】

某某是否有权请求某某履行合同？某某是否可以拒绝某某的履行请求？

第一步，合同是否有效？NO→请求不成立/无法得到法院支持，或者对方有权拒绝；YES→进入第二步；

第二步，看是否是请求合同一方当事人履行？NO→原则上请求不能成立，除非是真正利益第三人合同或内部约定不对第三人生效。YES→进入第三步；

第三步，看当事人一方是否享有抗辩权/抗辩？NO→请求成立，可以请求履行；YES→请求不能成立。其中常考的是双务合同的抗辩权、诉讼时效抗辩权。

1. 双务合同的抗辩权：

（1）是否存在先后履行顺序？YES→先履行抗辩权或者不安履行抗辩权→进入；（2）NO→同时履行抗辩权

（2）谁主张抗辩权？后履行方→先履行抗辩权；先履行方→不安履行抗辩权

2. 诉讼时效抗辩权：时效届满，可以拒绝履行。

【总结】典型的抗辩权/抗辩

1. 诉讼时效抗辩权

2. 同时履行抗辩权、先履行抗辩权、不安履行抗辩权

3. 一般保证人的先诉抗辩权

4. 保证人可以主张债务人对债权人的抗辩

5. 连带债务人承担债务后向其他连带债务人追偿时，其他连带债务人对债权人的抗辩，可以向该债务人主张。

6. 利益第三人合同中，债务人对债权人的抗辩，可以向第三人主张。

7. 代位权诉讼中，次债务人对债务人的抗辩，可以向债权人主张。

8. 债权让与中，债务人对让与人的抗辩，可以向受让人主张。

9. 免责的债务承担中，新债务人可以主张原债务人对债权人的抗辩。

【主观题小案例】

案例 1：甲公司与乙公司签订设备买卖合同，约定乙公司将 A 设备出售给甲公司，价款 500 万元，同时约定，合同签订后一周内甲公司支付 200 万元的首付款，乙公司收到首付款后三日内交付设备，尾款于设备验收合格后一周内支付。次日，甲公司与丙公司签订设备买卖合同，约定甲公司将 A 设备出售给丙公司，价款 550 万元。后因甲公司未依约定按时支付首付款，乙公司未交付设备给甲公司，而 A 设备是丙公司急需的生产设备。

问题 1：甲公司要求乙公司交付设备，乙公司能否拒绝？为什么？

问题 2：丙公司向乙公司提出代甲公司支付 200 万元的首付款，乙公司能否拒绝？为什么？

问题 3：若甲公司依约支付了首付款，而乙公司未约交付设备，丙公司能否请求乙公司交付设备？为什么？

案例 2：甲男与乙女结婚时约定：婚后任何一方为家庭生活需要支出 5000 元以上的费用，须事先经对方同意。2022 年 2 月 20 日，不顾甲的强烈反对，乙向丙购买了一台九成新的跑步机，价款 6000 元。在丙送货上门时，甲拒绝付款。2021 年 6 月 1 日，甲乙因感情破裂离婚，双方约定：财产双方均分，对外负债 100 万元由甲独自承担。

问题 1：甲是否有权拒绝付款？为什么？

问题 2：在甲无力偿还 100 万元债务时，债权人能否请求乙偿还？为什么？

问题 3：如果乙向债权人偿还了 100 万元的债务，乙能否向甲全额追偿？为什么？

案例 3：甲向乙借款 100 万元，到期日为 2018 年 12 月 31 日。2022 年 5 月 1 日，乙起诉至法院，请求甲偿还借款。

问题 1：对于乙的请求，甲是否有权拒绝？为什么？

问题 2：如果甲提出自己没钱偿还，法院能否以诉讼时效已过为由判决驳回乙的诉讼请求？为什么？

案例 4：甲向乙借款 100 万元，到期日为 2018 年 12 月 31 日。2021 年 12 月 25 日，乙将借款债权转让给丙，并于 2021 年 12 月 28 日通知了甲。丙于 2022 年 5 月 1 日起诉至法院，请求甲偿还借款。甲主张诉讼时效已过，拒绝偿还借款。

问题：甲的主张能否得到法院支持？为什么？

案例 1—问题 1：甲公司要求乙公司交付设备，乙公司能否拒绝？为什么？

答案：能。甲公司作为先履行债务一方应先付款却未付款，对此乙公司可以主张先履行抗辩权，拒绝甲公司的交付请求。法条依据为《民法典》第 526 条。

案例 1—问题 2：丙公司向乙公司提出代甲公司支付 200 万元的首付款，乙公司能否拒绝？为什么？

答案：不能。丙公司对履行支付首付款的债务具有合法利益，有权向债权人乙公司代为履行，乙公司无权拒绝。法条依据为《民法典》第 524 条第 1 款。

案例 1—问题 3：若甲公司依约支付了首付款，而乙公司未约交付设备，丙公司能否请求乙公司交付设备？为什么？

答案：不能。丙公司与乙公司之间并无合同关系，基于合同的相对性，丙公司无权请求乙公司交付设备。

案例 2—问题 1：甲是否有权拒绝付款？为什么？

答案：无权。夫妻一方因家庭日常生活需要而实施的民事法律行为对夫妻双方发生效力，甲乙之间约定超过 5000 元的消费需要对方同意属于内部约定，不得对抗善意相对人丙，因此甲无权拒绝付款。法条依据为《民法典》第 1060 条。

案例 2—问题 2：在甲无力偿还 100 万元债务时，债权人能否请求乙偿还？为什么？

答案：能。甲乙关于对外负债 100 万元由甲独自承担的内部约定只对甲乙双方具有法律约束力，对债权人没有法律约束力。法条依据为《民法典》第 1065 条第 2 款。

案例 2—问题 3：如果乙向债权人偿还了 100 万元的债务，乙能否向甲全额追偿？为什么？

答案：能。甲乙关于对外负债 100 万元由甲独自承担的内部约定对甲乙具有法律约束力，乙承担债务后可依约定向甲追偿。

案例 3—问题 1：对于乙的请求，甲是否有权拒绝？为什么？

答案：有权。2018 年 12 月 31 日至 2022 年 5 月 1 日，时间已超过三年，诉讼时效已经届满，甲享有诉讼时效抗辩权。法条依据为《民法典》第 192 条第 1 款。

案例 3—问题 2：如果甲提出自己没钱偿还，法院能否以诉讼时效已过为由判决驳回乙的诉讼请求？为什么？

答案：不能。当事人未提出诉讼时效抗辩，法院不得主动适用诉讼时效的规定。法条依据为《民法典》第 193 条。

案例 4—问题：甲的主张能否得到法院支持？为什么？

答案：不能。诉讼时效已经于债权转让通知到达甲之时中断，诉讼时效期间需要重新计算，至丙起诉之时尚未届满 3 年。法条依据为《民法典》第 195 条。

第三章
物权的变动

历年真题考点与考查方式	
2017 年	问 3：甲、庚的房屋买卖合同是否有效？庚是否已取得房屋所有权？为什么？（不动产物权变动）
2016 年	问 3：丙公司请求乙将汽车登记在自己名下是否具有法律依据？为什么？（特殊动产的物权变动）
2015 年	问 3：如甲不按合同交付房屋并转移房屋所有权，预告登记将对乙产生何种保护效果？（预告登记）
	问 6：甲擅自处分共有财产，其妻李某能否主张买卖合同无效？是否可以主张房屋过户登记为无效或者撤销登记？为什么？（善意取得）
2014 年	问 1：01 号房屋的物权归属应当如何确定？为什么？（不动产物权变动）
2010 年	问 1：大蒜运至丙公司时，所有权归谁？为什么？（动产物权变动）
	问 8：甲公司是否有权要求己公司返还绿豆？为什么？（善意取得）

第一节　基于法律行为的物权变动

一、区分原则

【重点法条】

《民法典》

第 215 条　【区分原则】当事人之间订立有关设立、变更、转让和消灭不动产物权的合同，除法律另有规定或者当事人另有约定外，自合同成立时生效；未办理物权登记的，不影响合同效力。

区分原则，是指物权变动与其原因行为相区分。物权变动的原因行为通常是合同，因而区分原则通常可以理解为合同效力与物权变动相区分。

1. 合同效力：（1）按照合同效力规则判断；（2）物权是否变动不影响合同效力。例如，甲乙签订房屋买卖合同，未办理房屋过户登记，房屋的所有权未发生变动，但是买卖合同依然有效。如果甲拒绝配合办理过户登记，乙可以请求甲配合办理过户登记或者承担违约责任。

2. 物权效力：（1）物权是否变动，按照物权变动规则进行判断；（2）依据债权形式主义，合同效力会影响物权变动。例如，甲乙签订房屋买卖合同，办理了房屋过户登记。如果买卖合同无效，乙将无法取得房屋的所有权。

【示例】张某以5万元的价格购买李某一瓶珍藏多年的茅台酒，张某支付了价款，李某未交付茅台酒。①茅台酒买卖合同有效，张某有权请求李某交付该瓶茅台酒；若李某违约，张某可以依据有效的买卖合同请求李某承担违约责任。②物权未发生变动，该瓶茅台酒所有权仍归李某。只有李某将茅台酒交付给张某，张某才能取得茅台酒的所有权。

二、基于法律行为的不动产物权变动模式

【重点法条】

《民法典》

第209条 【不动产物权的登记生效原则及其例外】不动产物权的设立、变更、转让和消灭，经依法登记，发生效力；未经登记，不发生效力，但是法律另有规定的除外。

依法属于国家所有的自然资源，所有权可以不登记。

（一）物权变动模式

1. 原则：登记生效主义

不动产物权变动=合同有效+有权处分+登记

（1）不动产物权变动，经依法登记，发生物权效力；未经登记，不发生物权效力。

（2）未登记不影响合同的效力（基于区分原则）。

（3）合同有效，但未登记，仅产生债权效力，债权人可以请求债务人履行办理登记的合同义务。

（4）合同无效，即使已经登记，也无法发生物权变动。

（5）包括：不动产所有权、建设用地使用权、居住权、不动产抵押权。

【示例】甲与乙签订二手房买卖合同，约定甲将其A房出售给乙。①未办理过户登记不影响买卖合同的效力。②若买卖合同有效，但是未办理过户登记，则A房的所有权不发生变动，甲依然为所有权人。乙可以请求甲配合办理过户登记手续。③若买卖合同有效，且办理了过户登记，则A房的所有权发生变动，乙成为所有权人。④若买卖合同无效，即便已经办理了过户登记，A房的所有权也不发生变动，甲依然为所有权人。甲可以请求乙配合办理过户登记至自己名下。

2. 例外一：登记对抗主义

合同有效=不动产物权变动（登记对抗）

（1）合同生效时，不动产物权变动发生。

（2）登记并非不动产物权变动的生效要件：当事人可以申请登记，也可以不申请登记。

（3）登记是不动产物权变动的对抗要件：登记后，不动产物权变动可以对抗第三人；未经登记，则不得对抗善意第三人。

（4）包括：地役权；土地承包经营权的互换、转让；流转期限为5年以上的土地经营权；土地经营权融资担保。

【示例】A土地的建设用地使用权人甲与B土地的建设用地使用权人乙签订地役权合同，约定甲不得在A土地上修建高度超过100米的建筑。自地役权合同生效时起，乙在A土地上取得地役权。若甲其后将建设用地使用权转让给丙：①办理了地役权登记，则乙的地役权可以对抗丙；②未办理地役权登记，则乙的地役权不可以对抗善意的丙。

3. 例外二：债权意思主义

唯一的例外：土地承包经营权自土地承包经营权合同生效时设立，登记既非物权变动的生效要件，也非物权变动的对抗要件，仅起行政确权作用。

（二）不动产登记

【重点法条】

《民法典》

第221条 【预告登记】当事人签订买卖房屋的协议或者签订其他不动产物权的协议，为保障将来实现物权，按照约定可以向登记机构申请预告登记。预告登记后，未经预告登记的权利人同意，处分该不动产的，不发生物权效力。

预告登记后，债权消灭或者自能够进行不动产登记之日起九十日内未申请登记的，预告登记失效。

1. 不动产登记簿的效力

不动产物权以不动产登记簿的记载为准。不动产权属证书与不动产登记簿记载不一致的，除有证据证明不动产登记簿确有错误外，以不动产登记簿为准。

2. 预告登记

（1）适用情形：向开发商预购商品房、以预购商品房为银行设定抵押、房屋所有权转让、抵押等。常用在房屋预售买卖中，买卖双方签订预售合同，买方为了保障将来取得所有权，可以办理预告登记，限制卖方再次处分房屋。

（2）预告登记的效力：预告登记后，未经预告登记的权利人同意，处分该不动产的（转让不动产所有权等物权，或者设立建设用地使用权、居住权、地役权、抵押权等其他物权），不发生物权效力。当然，合同效力不因此而受影响（基于区分原则）。

【示例】甲的女儿将于2021年入读小学。为此，甲于2018年1月1日与A公司签订商品房预售合同，以800万元的价格购买A公司开发的金地阳光小区4-2-603号房（对口当地最好的小学），约定交房时间为2021年6月1日。①假设因房屋价格大幅上涨，A公司于2021年4月15日将4-2-603号房以1000万元出售给乙，并为乙办理了产权证。此时乙取得房屋的所有权，甲无法再取得所有权，只能请求A公司承担违约责任，严重影响甲关于女儿上学的规划。②为避免出现这种不利情况，甲可以申请预告登记。如果甲申请了预告登记且尚在有效期内，虽然A公司与乙的买卖合同有效，但是乙无法取得房屋的所有权。

（3）预告登记的失效：预告登记后，债权消灭或者自能够进行不动产登记之日起90日内未申请登记的，预告登记失效。

债权消灭包括：买卖不动产物权的协议被认定无效、被撤销，或者预告登记的权利人放弃债权。

3. 更正登记

权利人、利害关系人认为不动产登记簿记载的事项错误的，可以申请更正登记。不动产登记簿记载的权利人书面同意更正或者有证据证明登记确有错误的，登记机构应当予以更正。

（1）有权申请更正登记的主体：权利人或者利害关系人。

（2）登记机构应当更正登记的两种情形：其一，不动产登记簿记载的权利人书面同意更正；

其二，有证据证明登记确有错误。

【示例】甲乙共同出资购买 A 房，登记在甲的名下。乙可以向登记机构申请更正登记。若甲同意，则登记机构直接更正登记；若甲不同意，则乙必须向法院起诉，请求确认其系 A 房的共有人。法院作出确权判决后，即足以证明登记确有错误。乙可以持该判决向登记机构申请更正登记，登记机构必须更正登记。

4. 异议登记

（1）不动产登记簿记载的权利人不同意更正的，利害关系人可以申请异议登记。

【注意】申请人自异议登记之日起 15 日内不提起诉讼的，异议登记失效；异议登记失效，不影响当事人起诉请求确认物权归属，不影响人民法院对案件的实体审理。

（2）异议登记的效力：阻却善意取得。

【示例】甲乙共同出资购买 A 房，登记在甲的名下。其后，乙提出将其登记为 A 房的共有人，被甲拒绝，乙遂于 2021 年 1 月 1 日申请异议登记。1 月 5 日，甲未经乙同意将 A 房以市价出售给不知情的丙，并办理了过户登记。1 月 10 日，乙向法院起诉请求确认其系 A 房的共有人，法院于 5 月 1 日作出的生效判决支持其诉讼请求。①法院判决确认乙系共有人，所以甲未经乙同意将 A 房出售给丙，构成无权处分。②由于甲丙之间的房屋买卖发生于异议登记的有效期内，丙不能善意取得 A 房的所有权。

（3）异议登记不当，造成权利人损害的，权利人可以向申请人请求损害赔偿。

三、基于法律行为的动产物权变动模式

【重点法条】

《民法典》

第 224 条 【动产物权变动生效时间】动产物权的设立和转让，自交付时发生效力，但是法律另有规定的除外。

第 225 条 【特殊动产物权变动采登记对抗主义】船舶、航空器和机动车等的物权的设立、变更、转让和消灭，未经登记，不得对抗善意第三人。

《物权编解释一》第 6 条 【特殊动产物权变动登记对抗的第三人范围】转让人转让船舶、航空器和机动车等所有权，受让人已经支付合理价款并取得占有，虽未经登记，但转让人的债权人主张其为民法典第 225 条所称的"善意第三人"的，不予支持，法律另有规定的除外。

（一）物权变动模式

1. 原则：交付生效主义

动产物权变动＝合同有效+有权处分+交付

（1）交付时，动产物权变动发生。

（2）包括：动产所有权、动产质权。

【示例】甲与乙于 1 月 1 日签订 A 古董手表买卖合同。乙于 1 月 10 日支付首付款 80 万元，甲于 1 月 15 日将手表交给乙，乙于 1 月 20 日支付尾款 20 万元。乙于何时取得手表的所有权？1 月 15 日完成交付之时。

【注意】特殊动产（船舶、航空器和机动车）所有权：登记对抗主义

（1）**交付时**，特殊动产物权变动发生。

（2）登记并非动产物权变动的生效要件：当事人可以申请登记，也可以不申请登记。

（3）登记是动产物权变动的对抗要件：登记后可以对抗第三人；**未登记不得对抗善意第三人**。

【注意】转让人转让船舶、航空器和机动车等所有权，受让人已经支付合理价款并取得占有，虽未经登记，也可以对抗**转让人的债权人**，即转让人的一般债权人并非不得对抗的善意第三人。

【示例1】甲将其A车以市价出售于乙并交付，但是未办理过户登记。其后，甲向不知情的丙借款，并以依然登记在其名下的A车提供抵押，办理了抵押登记。因甲到期无法偿还借款，丙主张对A车行使抵押权，乙能否以自己已经取得A车的所有权为由对抗？**不能**。甲已经将车**交付**给乙，乙的确取得了A车的所有权，但是**未经登记不得对抗善意第三人丙**。甲将A车抵押给丙构成**无权处分**，不知情的丙**善意取得抵押权**。

【示例2】甲将其A车以市价出售于乙并交付，但是未办理过户登记。其后，因甲拖欠货款，丙对依然登记在甲名下的A车申请强制执行。乙能否以自己已经取得A车的所有权为由对抗执行？**能**。甲已经将车**交付**给乙，乙**取得了A车的所有权**，虽然未办理过户登记，但是丙是甲的债权人，乙可以对抗丙。

2. 例外：债权意思主义：**动产抵押**

（1）**合同生效时**，动产抵押权**设立**。

（2）登记并非动产抵押权设立的生效要件，而是对抗要件。登记后可以对抗第三人；**未登记不得对抗善意第三人**。

（二）动产交付

【重点法条】

《民法典》

第226条 **【简易交付】**动产物权设立和转让前，权利人已经占有该动产的，物权自民事法律行为生效时发生效力。

第227条 **【指示交付】**动产物权设立和转让前，第三人占有该动产的，负有交付义务的人可以通过转让请求第三人返还原物的权利代替交付。

第228条 **【占有改定】**动产物权转让时，当事人又约定由出让人继续占有该动产的，物权自该约定生效时发生效力。

交付，指基于合意转移占有，包括现实交付与观念交付。

【示例】甲答应将其A古董手表出售给乙，并约定三天后一手交钱一手交货。其后，甲反悔。某日，在乙的唆使之下，甲10岁的儿子丙将A手表拿出来交给乙。因乙取得A手表的占有**并非基于甲的意思**，所以丙将手表交给乙的行为**不构成交付**，乙无法取得手表的所有权。乙欲取得手表的所有权，只能向法院起诉请求甲履行买卖合同，即交付手表。

1. 现实交付

（1）现实交付，是指转让人将其对物的管领控制**现实地移转**给受让人。

（2）对物的现实管领控制是否移转，应根据**一般交易观念**确定。例如，出卖机动车的，交付机动车钥匙，可以认为已经完成交付。

2. 观念交付

（1）**简易交付**：在动产让与之前，受让人**已经占有**动产，此时现实交付并无必要，**达成让与**

合意时视为完成交付。

【示例】1月1日，甲将其 A 古董手表交给乙赏玩。1月5日，乙提出购买 A 手表，甲欣然同意。乙于何时取得 A 手表的所有权？1月5日。

（2）**指示交付**：动产被第三人占有，让与人将其对第三人的返还请求权让与给受让人，以代替现实交付。让与返还请求权合意达成时视为完成交付。

【注意】在采取指示交付方式进行交付的情形，让与人和受让人存在两个合意：一个是动产让与合意，另外一个是关于让与人将其对第三人的返还请求权让与给受让人的合意。第二个合意达成的时间为交付时间。

【示例】大学生甲外出实习，于是将其电动自行车借给其学弟乙使用至 2021 年 8 月 31 日。8月1日，丙提出购买甲的电动自行车，甲表示同意。8月2日，在丙付款之时，甲告诉丙于9月1日去找乙取车，丙接受。9月1日，乙将自行车交给丙。①甲丙之间于8月1日成立买卖合同。②8月2日，甲丙达成甲将其对乙的返还请求权让与给丙的合意，此时视为完成交付，电动自行车的所有权即移转于丙。

（3）**占有改定**：动产交易中的让与人依据占有媒介关系继续直接占有动产，受让人仅取得间接占有，占有媒介关系成立时视为完成交付。租赁合同、借用合同、保管合同等通常为占有媒介关系。

【注意】在采取占有改定方式进行交付的情形，让与人和受让人存在两个合意：一个是动产让与合意，另外一个是关于成立占有媒介关系的合意。第二个合意达成的时间为交付时间。

【示例】2022 年 4 月 1 日，即将毕业的大学生甲与学弟乙约定，甲将其电动自行车出售给乙，三天内一手交钱一手交货。4月2日，当乙付款提车时，甲提出租用电动自行车直至其毕业离校，乙表示同意。①甲乙之间于4月1日成立买卖合同。②4月2日，甲乙就租赁达成合意之时，电动自行车的所有权即移转于乙。租赁合同即为占有媒介关系。

四、物权公示公信原则

1. 物权公示原则，是指物权的设立和变动必须以一定的方式公开出来。不动产物权的公示方式是登记，动产的公示方式是占有和交付。公示原则，其目的在于使人"知"。例：甲将手机出售给乙，只有甲将手机交付给乙即转移占有，乙才能取得手机的所有权；甲将房屋出售给乙，只有办理了过户登记，乙才能取得房屋的所有权。

2. 物权公信原则，是指以占有或者登记方式所表现的物权，即使不存在或者与真实的权利状态有所差异，但对于信赖物权公示，并以此为基础进行交易的人而言，法律仍承认其具有与真实物权存在相同的法律效果。公信原则，其目的在于使人"信"。例：甲将其从乙处借用的自行车出售给不知情的丙，并交付。虽然甲并非所有权人，但是丙依然可以善意取得自行车的所有权，必须交付即转移占有；转移不动产的所有权，必须办理变更（过户）登记。

【说明】物权具有排他效力和优先效力，不仅牵涉直接当事人，也潜在地对所有民事主体发生影响，因此对于物权，法律必须规定一定的公示方式。而对依法公示的物权，他人可以信其真实存在。目的是降低交易成本，保护交易安全。

【示例】甲与乙于婚后购得 A 房，登记在甲一人名下。若甲未经乙同意擅自将该房出售给善意的丙，丙可以善意取得该房的所有权。之所以如此，是因为丙可以善意信赖不动产登记簿，既然登记在甲一人名下，不知情的人自然有合理理由相信甲就是 A 房的所有权人。

（1）动产占有和不动产登记**具有权利推定效力**。谁占有动产，就推定谁是动产的所有权人；不动产登记在谁名下，就推定谁是不动产的所有权人。当然，这种推定是**可以为反证所推翻**的。

（2）只有物权公示内容与真实权利状态不一致，且涉及第三人的交易安全之时，公信原则才有适用余地。在名义权利人和实际权利人之间，要以真实的权利状态为准。

【讨论】借名买房

依据甲与乙之间的借名买房协议，甲以乙的名义出资购买 A 房并登记在乙的名下。

1. 借名买房协议的效力如何？

原则上有效（如果涉及经济适用房等社会保障房，一般认定协议无效；如果涉及规避限购政策，一般认为协议因违反公序良俗而无效。【最高院最新观点】）

2. 借名人能否请求确认房屋的所有权归属于自己？

观点一（物权说、法考观点）：不动产登记仅具有推定效力，可以为相反证据推翻，因甲乙之间存在借名买房协议，甲可以请求**确认 A 房的所有权归属于自己**。

观点二（债权说）：借名买房协议属于甲乙之间的合同行为，仅对约定的双方产生约束力，不具有物权效力，认定物权归属应坚持物权公示公信原则，以不动产登记为准，故而，甲只能请求乙配合办理过户登记手续。

3. 出名人擅自处分登记在自己名下的房屋，第三人能否取得所有权？

假设乙将 A 房出售给丙并办理了过户登记手续：

观点一（物权说、法考观点）：甲系房屋的实际所有人，乙属于**无权处分**，丙只有在符合善意取得构成要件时才可以取得所有权。

观点二（债权说）：不动产物权的归属应以登记为准，乙属于有权处分，丙无论是否善意，均可取得所有权。

4. 借名人能否以其系所有权人为由对抗出名人的债权人对房屋的强制执行？

假设乙的债权人丁对 A 房申请强制执行：

观点一（物权说、法考观点）：甲**可以对抗执行**，因为其是房屋的实际所有人，丁并非基于对不动产登记的信赖而与乙就 A 房进行交易，不能基于物权公示公信原则获得保护。

观点二（债权说）：甲不可以对抗执行，因为借名登记约定仅具有债权效力，不动产物权的归属应以登记为准，善意信赖不动产登记的丁应当得到保护。（丁虽然并非基于对不动产登记的信赖与乙就 A 房进行交易，但是丁之所以申请强制执行 A 房，是基于对不动产登记的信赖，否则丁就会对乙的其它财产申请强制执行。）

第二节　非基于法律行为的物权变动

一、因生效文书发生物权变动

因人民法院、仲裁机构的法律文书或者人民政府的征收决定等，导致物权变动的，**自法律文书或者征收决定等生效时**发生效力。

1. 法律文书或者征收决定等生效时，物权发生变动，**不以办理变更登记或者交付为前提**。

2. 具有此种效力的法律文书包括：在分割共有不动产或者动产等案件中作出并依法生效的

改变原有物权关系的判决书、裁决书、调解书，以及人民法院在执行程序中作出的拍卖成交裁定书、变卖成交裁定书、以物抵债裁定书。

【注意】只有法院的形成判决（变更判决），即改变原有物权关系的判决，才具有直接变动物权的效力。例如，法院判决登记在甲的名下的房屋归乙所有。法院的给付判决不能导致物权变动。例如，甲乙签订房屋买卖合同后，甲拒绝依约办理过户登记。乙起诉至法院，法院判令甲配合办理过户登记手续。

【示例】甲乙于婚后共同购得A房，登记在甲名下。离婚之时，法院判决A房归乙所有。即使离婚后未将A房过户登记到乙的名下，乙依然取得A房的所有权。如果甲将A房出售给丙，则构成无权处分。

二、因继承发生物权变动

因继承取得物权的，自继承开始时发生效力。

【示例】甲死亡后，其独生子乙继承其A房，则甲死亡即继承开始时，乙立即取得A房的所有权，并不以将A房过户登记到乙名下为前提。

三、公示要求

1. 非基于法律行为发生的物权变动，不需要交付或者登记，物权就可以发生变动。

（1）在交付或者登记之前，取得物权的权利人可以享受物权保护。

（2）在交付或者登记之前，权利人有可能因为第三人善意取得物权而丧失本来已经取得的物权。

【示例】甲乙于婚后共同购得A房，登记在甲名下。离婚之时，法院判决A房归乙所有，但是一直未办理过户登记。①乙依然取得A房的所有权，其所有权受法律保护。②如果甲将A房出售给丙，则构成无权处分，但是丙可以善意取得A房的所有权。此时，乙只能请求甲赔偿损害。

2. 非基于法律行为所取得的不动产物权之再变动：处分基于上述方式取得的不动产物权，依照法律规定需要办理登记的，未经登记，不发生物权效力。

【示例】甲死亡后，其独生子乙继承其A房，则甲死亡即继承开始时，乙立即取得A房的所有权，并不以将A房过户登记到乙名下为前提。其后，如果乙将A房出售给丙，丙要取得A房的所有权，必须要办理两次登记变更手续：第一次是，将A房从甲过户登记到乙的名下；第二次是，将A房从乙过户登记到丙的名下。

第三节 善意取得

【重点法条】

《民法典》

第311条 【善意取得】无处分权人将不动产或者动产转让给受让人的，所有权人有权追回；除法律另有规定外，符合下列情形的，受让人取得该不动产或者动产的所有权：

（一）受让人受让该不动产或者动产时是善意；

（二）以合理的价格转让；

（三）转让的不动产或者动产依照法律规定应当登记的已经登记，不需要登记的已经交付给受让人。

受让人依据前款规定取得不动产或者动产的所有权的，原所有权人有权向无处分权人请求损害赔偿。

当事人善意取得其他物权的，参照适用前两款规定。

第 597 条 【无权处分不影响买卖合同效力】因出卖人未取得处分权致使标的物所有权不能转移的，买受人可以解除合同并请求出卖人承担违约责任。

法律、行政法规禁止或者限制转让的标的物，依照其规定。

一、善意取得的含义

善意取得，是指无权处分人转让标的物给第三人时，善意的第三人可以取得标的物的所有权、原所有权人丧失所有权的制度。

【说明】所有权是一切财产权的基础，有恒产者方有恒心，故而所有权应受特别地尊重和充分地保护，任何人不得侵犯。假设，甲将其电脑借给乙使用。在借用期间，未经甲同意，乙谎称电脑是自己的，将之出售给不知情的丙并交付。①甲是电脑的所有权人，乙并无权利将电脑出售给丙，故乙的行为构成无权处分，效力待定。②除非甲对乙的行为进行追认或者乙事后取得电脑的所有权，否则该无权处分行为无法生效，丙自然无法取得电脑的所有权。③如果坚持这种观点，甲的所有权会得到充分的保护。然而，不能忽视的一点是，不知情的丙无从得知电脑系乙所有，他只能根据乙占有电脑的事实去认定乙是电脑的所有权人。如果丙的这种合理信赖得不到保护，意味着交易安全将无法得到保护。而这会直接导致，任何一个人在进行交易时必须对物的权属进行仔细调查，而这是全社会难以承受的交易成本。④故而，法律必须在甲的所有权保护与丙的交易安全之间找到一个平衡点。这个平衡点就由善意取得制度来确定。如果丙符合善意取得的条件，则丙可以取得电脑的所有权，而甲则丧失电脑的所有权，只能去请求乙承担责任；如果丙不符合善意取得的条件，则甲依然为电脑的所有权人，丙无法取得电脑的所有权，只能去请求乙承担责任。

二、善意取得的构成要件

善意取得 = 无权处分+受让人善意+合理价格+完成公示

1. 转让人无权处分

（1）无权处分，是指对标的物无处分权之人以自己的名义所实施的处分行为。

（2）无权处分包括：①处分他人之物：例如，乙谎称甲的电脑属于自己所有，并将之出售给不知情的丙；②共有人处分共有物未经过法定多数人同意或者一致同意：按份共有人处分共有物，未经占份额 2/3 以上的按份共有人同意；共同共有人处分共有物，未经共有人一致同意。

（3）无权处分的客体包括动产和不动产。

①对于不动产而言，无权处分出现于登记名实不符的情形。其一，不动产代持。例如，甲乙签订借名买房协议，甲出钱，房登记于乙的名下。其二，共有不动产登记在部分共有人名下。例如，夫妻共有房产登记在夫或妻一人名下。其三，不动产登记错误。例如，错将甲的 A 房登记于乙的名下。

②对于动产而言，仅限于占有委托物，即动产占有人是基于动产权利人的意思占有动产。例

如，基于租赁、保管、借用等合同关系占有动产。

【注意1】占有脱离物不适用善意取得。所谓占有脱离物，是指非出于动产权利人的意思而丧失占有之物，包括盗赃物、遗失物、漂流物、埋藏物、隐藏物等。之所以区别对待，核心理由在于：动产所有人依其意思允许转让人占有其物时，制造了一个可使第三人信赖转让人为所有人的状态，因为占有是动产所有权的表征，此时让所托非人的所有人承担可能丧失所有权的风险，有其正当性。此种正当性在占有脱离物的情形却并不存在。

【注意2】禁止流通物不适用善意取得，例如毒品、国家所有的文物、枪支弹药等；货币适用"占有即所有的规则"，不存在无权处分的问题，故无善意取得的可能。

（4）转让合同必须有效：转让合同无效或者被撤销，则不成立善意取得。（注意区分：无权处分本身并不影响转让合同的效力。）

【示例】甲将其古董手表借给好友乙赏玩。在赏玩期间，乙声称该手表系其所有。后因遭不知情的丙胁迫，乙将手表出售给丙并交付。其后，乙以受胁迫为由起诉撤销了其与丙之间的手表买卖合同。因手表买卖合同被撤销，丙无法善意取得手表的所有权，甲可以请求其返还。

2. 受让人善意

（1）善意，是指受让人不知道转让人无权处分，且无重大过失。

（2）善意的判断时点：从一开始到不动产登记/动产交付之时始终为善意。

（3）善意推定：推定受让人善意，真实权利人主张受让人恶意的，应当承担举证责任。

（4）推定受让人恶意的情形

无权处分不动产：①登记簿上存在有效的异议登记；②预告登记有效期内，未经预告登记的权利人同意；③登记簿上已经记载司法机关或者行政机关依法裁定、决定查封或者以其他形式限制不动产权利的有关事项；④受让人知道登记簿上记载的权利主体错误；⑤受让人知道他人已经依法享有不动产物权。

无权处分动产：交易的对象、场所或者时机、价格等不符合交易习惯。

3. 以合理的价格受让

约定合理价格即可，不需要已经全额支付。

【注意】通过赠与、继承等方式无偿取得财产的，不适用善意取得，因为此时并无保护无偿取得财产一方的必要，应当回到保护所有权的基本立场。

4. 已经完成权利变动公示

不动产已经办理过户登记，动产已经交付。

（1）采用占有改定的交付方式，不成立善意取得。例如，甲谎称替乙保管的A自行车属于自己所有，将之出售给不知情的丙，同时提出借用三个月，丙表示同意。①甲将乙的自行车出售给丙，构成无权处分。②交付方式采取的是占有改定，丙无法善意取得自行车的所有权。如果认为此时成立善意取得，就可能滋生道德风险：甲本来并没有将自行车出售给丙，如果他不想将自行车归还给乙，他就可以和丙串通起来，伪造通过占有改定出售自行车给丙的事实，损害乙的利益，而乙很难证明甲和丙之间系恶意串通。

（2）船舶、航空器和机动车等特殊动产的善意取得，交付即可，不以登记为条件。

三、善意取得的法律效果

善意取得成立，则产生如下法律效果：

1. **原所有权人丧失所有权**，善意受让人取得所有权。

2. 动产上的**原有负担消灭**，除非受让人在受让时知道或者应当知道动产上存在负担。

（1）动产上的原有负担一般是指抵押或者质押等担保负担。

（2）善意取得系原始取得，善意受让人若在受让时不知道也不应当知道动产上存在负担，则其自然不必承受动产上的原有负担。

【注意】此处存在两个层次的善意判断：第一个层次，需要判断的是受让人在受让时是否知道或者应当知道转让人无权处分。若受让人对此不知道且无重大过失，则在满足其他条件的情况下，受让人可以善意取得所有权。第二个层次，需要判断的是受让人在受让时是否知道或者应当知道动产上存在负担。如果知道，则受让人善意取得的是一个有负担的所有权。如果不知道，则受让人善意取得的是一个无负担的所有权。

【示例1】甲向乙借款，并以 A 宝石出质。乙将宝石交给丙保管，而丙谎称宝石是自己的，将之以市价出售给不知情的丁并交付。①丁善意取得 A 宝石的所有权。②乙对 A 宝石的质权消灭，丁善意取得的是一个**无质押负担的所有权**。

【示例2】甲向乙借款，并以 A 设备提供抵押，办理了登记。其后，甲将 A 设备出售给丙。①丙继受取得 A 设备的所有权，因为甲于抵押期间转让抵押物属于有权处分。②因 A 设备上存在抵押负担且**已经登记**，丙取得的是一个**有抵押负担的所有权**。

3. 原所有权人的救济

（1）可以基于所有权被侵害请求无权处分人**赔偿损害**。

（2）可以请求无权处分人**返还不当得利**。

（3）如果原所有权人与无权处分人之间存在借用、保管等合同关系，原所有权人还可以基于合同请求无权处分人**承担违约损害赔偿责任**。

对于以上救济，原所有权人可以**任意选择**其一行使。

【注意】如果善意取得不成立，受让人无法取得所有权，所有权人可以请求其返还原物，受让人仅能基于其与转让人之间有效的合同向转让人主张权利，即：**因出卖人未取得处分权致使标的物所有权不能转移的，买受人可以解除合同并请求出卖人承担违约责任**。

【补充】用益物权和担保物权（留置权除外）均可善意取得。例如，甲乙共同出资购得 A 房，登记在甲的名下。未经乙同意：①若甲将 A 房出售给不知情的丙并办理了过户登记，则丙可以善意取得所有权；②若甲与丁签订书面的居住权合同并办理登记，则丁**善意取得居住权**；③若甲向戊借款，并以 A 房提供抵押担保，且办理了抵押登记，则戊**善意取得抵押权**。

【注意】与所有权善意取得的差异之处：质权、抵押权的善意取得，**不以"以合理价格受让"**为构成要件，因为质押、抵押合同是单务、无偿的；动产抵押权的善意取得**不需要公示要件**（登记/交付），因为动产抵押权的设立只需要合同生效，登记是对抗要件（动产质权的善意取得以交付为要件）。

四、拾得人处分遗失物的法律效果

1. 拾得人负有向失主返还遗失物的义务，故而拾得人将遗失物转让给第三人的，构成**无权处分**，且第三人**无法善意取得**遗失物的所有权。

2. 失主的救济

（1）向拾得人请求**侵权损害赔偿**或返还**不当得利**。

（2）自知道或者应当知道受让人之日起 **2 年内**向受让人请求返还原物。

【注意】受让人即使是通过拍卖或者向具有经营资格的经营者购得遗失物，失主也可以请求返还，只不过失主应当支付受让人所付的费用。失主向受让人支付所付费用后，有权向拾得人追偿。

【示例】甲捡到乙不慎丢失的名贵宠物狗一只。其后，甲将宠物狗以 10000 元出售给不知情的丙宠物店。丙宠物店又以 12000 元转售于不知情的丁。半年后，乙方知情。①宠物狗属于遗失物，甲将之出售属于无权处分，丙、丁**均无法善意取得**所有权。②乙可以请求甲赔偿损害或者返还不当得利，也可以选择请求丁返还宠物狗。③乙如果选择请求丁返还宠物狗，丁可以请求乙支付自己支付的 12000 元。乙向丁支付 12000 元后，可以向甲追偿。

【知识点分析思路总结】

所有权归属/变动？

第一步，**第一手的所有权人是谁**？

第二步，若涉及**法律文书、继承**等，考虑是否存在非基于法律行为的物权变动？

自文书生效、继承开始即发生物权变动。

第三步，合同有效，看**有权处分还是无权处分**？

1. 若为**有权处分**，看是不动产还是动产：

（1）不动产：**登记时**发生物权变动；

（2）动产：**交付时**发生物权变动（注意各种交付完成时的认定）；

2. 若为**无权处分**，考虑是否构成**善意取得**。

善意取得＝无权处分＋受让人善意＋合理价格＋完成公示（占有改定除外）

【总结】影响所有权变动的因素

1. **未经预告登记权利人同意**，处分物权的，**不发生物权效力**。

2. 以**占有改定**的方式完成交付的，**不成立善意取得**。

3. 流担保条款（流押条款）无效，不能以此为由主张取得所有权。

4. 不能基于让与担保取得所有权、股权。

5. 抵押登记＋禁止转让的约定登记＝违反约定转让抵押财产，不发生物权变动。

【主观题小案例】

案例 1：甲、乙系夫妻，在婚姻关系存续期间购得 A 房，登记在甲名下。2022 年 3 月 1 日，法院判决甲和乙离婚，A 房归乙所有。其后双方未办理过户登记手续。4 月 1 日，乙向丙出示生效的判决书，将 A 房出售给丙并交付使用。4 月 10 日，乙因意外去世，唯一继承人为丁。5 月 1 日，甲将 A 房出售给不知情的戊。5 月 10 日，甲配合戊办理了过户登记手续。

问题 1：乙能否于 3 月 1 日取得 A 房的所有权？为什么？

问题 2：丙于 4 月 1 日能否取得 A 房的所有权？为什么？

问题 3：丁能否于 4 月 10 日取得 A 房的所有权？为什么？

问题 4：戊能否取得 A 房的所有权？为什么？

案例 2：2022 年 1 月 1 日，甲以市价将其 A 车出售给乙，乙当场付款后提走车，但是未办理过户登记。5 月 1 日，因甲无法偿还到期借款，其债权人丙申请对登记在其名下的 A 车强制执行，法院裁定查封 A 车，乙随即提出异议。

问题 1：2022 年 1 月 1 日之后，A 车的所有权归属应当如何确定？为什么？

问题 2：乙的异议能否得到法院支持？为什么？

案例 3：2022 年 1 月 1 日，甲与乙就 A 手表达成买卖协议，并约定三日后交付。1 月 2 日，甲致电乙，提出 A 手表借给其使用一个月，乙表示同意。1 月 5 日，甲将手表出售给不知情的丙，并提出借用一个月，丙表示同意。1 月 6 日，甲将手表交给不知情的丁保管。1 月 10 日，丁提出购买，甲表示同意。1 月 15 日，甲将手表出售给不知情的戊，并让戊去找丁转交手表，戊表示同意。

问题 1：1 月 2 日，A 手表的所有权归属如何确定？为什么？

问题 2：丙能否于 1 月 5 日取得 A 手表的所有权？为什么？

问题 3：丁能否于 1 月 10 日取得 A 手表的所有权？为什么？

问题 4：戊能否于 1 月 15 日取得 A 手表的所有权？为什么？

案例 4：甲欲将其名下的 A 房出售给乙。双方于 2022 年 1 月 5 日共同到不动产登记中心办理过户登记时被告知，该房已于 1 月 1 日被丙申请了异议登记。乙经过仔细考虑后，办理了过户登记。

问题 1：丙能否于 2 月 1 日诉至法院请求确认 A 房所有权归属？为什么？

问题 2：若 A 房属于丙所有，乙能否取得 A 房的所有权？为什么？

案例 1—问题 1：乙能否于 3 月 1 日取得 A 房的所有权？为什么？

答案：能。离婚判决确定 A 房归乙所有，物权基于生效的法律文书发生变动，不以办理过户登记手续为前提。法条依据为《民法典》第 229 条。

案例 1—问题 2：丙于 4 月 1 日能否取得 A 房的所有权？为什么？

答案：不能。对非基于法律行为所取得的不动产物权进行处分，未经登记，不发生物权效力。法条依据为《民法典》第 232 条。

案例 1—问题 3：丁能否于 4 月 10 日取得 A 房的所有权？为什么？

答案：能。因继承取得物权的，自继承开始时发生效力。法条依据为《民法典》第 230 条。

案例 1—问题 4：戊能否取得 A 房的所有权？为什么？

答案：能。甲出售 A 房给戊，属于无权处分，但戊不知情且支付了合理对价，甲配合戊办理了过户登记手续，戊善意取得 A 房所有权。法条依据为《民法典》第 311 条。

案例 2—问题 1：2022 年 1 月 1 日之后，A 车的所有权归属应当如何确定？为什么？

答案：属于乙所有。A 车已经交付给乙，所有权发生变动，登记并非动产物权变动的生效要件。法条依据为《民法典》第 224 条。

案例 2—问题 2：乙的异议能否得到法院支持？为什么？

答案：能。汽车等动产物权变动，未经登记不得对抗善意第三人。但是乙已经支付合理价款并取得占有，可以对抗甲的债权人丙，善意第三人不包括转让人的债权人。法条依据为《物权编解释一》第 6 条。

案例 3—问题 1：1 月 2 日，A 手表的所有权归属如何确定？为什么？

答案：属于乙所有。甲向乙提出借用 1 个月，即通过占有改定的方式将手表交付给乙，乙取得手表的所有权。法条依据为《民法典》第 228 条。

案例 3—问题 2：丙能否于 1 月 5 日取得 A 手表的所有权？为什么？

答案：不能。甲将手表出售给丙，构成无权处分，尽管丙善意，但是采用占有改定的交付方式无法成立善意取得。法条依据为《民法典》第 311 条。

案例 3—问题 3：丁能否于 1 月 10 日取得 A 手表的所有权？为什么？

答案：能。甲将手表出售给丁，构成无权处分，丁通过简易交付的方式善意取得手表的所有权。法条依据为《民法典》第 311 条。

案例 3—问题 4：戊能否于 1 月 15 日取得 A 手表的所有权？为什么？

答案：不能。丁已经取得手表所有权，甲将手表出售给戊，构成无权处分，尽管戊善意，但是甲对丁并无手表返还请求权，戊无法通过指示交付的方式善意取得手表的所有权。法条依据为《民法典》第 311 条和第 227 条。

案例 4—问题 1：丙能否于 2 月 1 日诉至法院请求确认 A 房所有权归属？为什么？

答案：能。申请人自异议登记之日起 15 日内不提起诉讼的，异议登记失效，但是异议登记失效不影响当事人起诉请求确认物权归属。法条依据为《物权编解释（一）》第 3 条。

案例 4—问题 2：若 A 房属于丙所有，乙能否取得 A 房的所有权？为什么？

答案：不能。甲出售 A 房给乙，构成无权处分，且甲乙的买卖发生在异议登记有效期间内，异议登记阻却善意取得。法条依据为《物权编解释（一）》第 15 条。

第四章
债权的保全

历年真题考点与考查方式	
2020 年	丁公司与戊公司能否主张撤销乙公司与基金会的捐赠合同？乙公司自己能否主张撤销捐赠合同？（债权人撤销权）
	A、B 能否主张撤销乙公司的房屋买卖合同？乙公司进入重整后，A、B 可否主张取回 40% 的房屋？（债权人撤销权）
2019 年	在丙公司提起的撤销"以物抵债"协议的诉讼中，当事人的诉讼地位如何确定？（债权人撤销权）
	债务人有大量财产可以清偿债务是否构成对于撤销权行使的障碍？为什么？（债权人撤销权）

债的保全，是指为防止债务人的责任财产不当减少而影响债权实现，允许债权人代债务人之位向第三人行使债务人的权利，或者请求法院撤销债务人与第三人的法律行为的法律制度。包括债权人代位权 和债权人撤销权。

【说明】 债务人以自己的全部财产作为责任财产保障债权的实现。故而，债务人责任财产的多少，直接关系到债权人的债权能否实现。为此，法律在债务人的行为影响债权实现时突破债的相对性，赋予债权人保全的权利，以维持债务人的责任财产，确保其债权实现。

第一节　债权人代位权

【重点法条】

《民法典》

第 535 条　【债权人代位权】因债务人怠于行使其债权或者与该债权有关的从权利，影响债权人的到期债权实现的，债权人可以向人民法院请求以自己的名义代位行使债务人对相对人的权利，但是该权利专属于债务人自身的除外。

代位权的行使范围以债权人的到期债权为限。债权人行使代位权的必要费用，由债务人负担。

相对人对债务人的抗辩，可以向债权人主张。

第 536 条　【代位权的期前行使】债权人的债权到期前，债务人的债权或者与该债权有关的从权利存在**诉讼时效期间即将届满或者未及时申报破产债权**等情形，影响债权人的债权实现的，债权人可以**代位**向债务人的相对人**请求**其向**债务人**履行、向破产管理人**申报**或者作出**其他必要的行为**。

第537条 【代位权行使的法律效果】人民法院认定代位权成立的，由**债务人的相对人向债权人**履行义务，债权人**接受履行**后，债权人与债务人、债务人与相对人之间**相应的权利义务终止**。债务人对相对人的债权或者与该债权有关的从权利被采取保全、执行措施，或者债务人破产的，依照相关法律的规定处理。

债权人代位权，是债务人怠于向自己的债务人即次债务人主张债权，影响其债权人的债权实现时，债权人直接向次债务人主张债务人的债权的权利。

【说明】基于债的相对性，债权人只能请求债务人向其履行债务，以实现自己的债权。但是，在债务人怠于行使其对第三人即次债务人的债权，且影响债权人的债权实现时，应当**突破债的相对性**，允许债权人向次债务人主张权利。

一、债权人代位权的成立条件

1. 债权人对债务人、债务人对次债务人的债权**均合法、有效且到期**。

2. 债务人**怠于行使**其对次债务人的债权或者相关的从权利。

（1）只有未以**起诉或者仲裁方式**行使权利才是怠于行使。

（2）可以代位行使从权利（主要指担保权）。

3. 债务人怠于行使权利的行为**影响债权人债权的实现**：导致债务人的其他财产不足以清偿对债权人的债务。

4. 债权具有**可代位性**。

专属于债务人自身的债权不得代位：

①基于抚养关系、扶养关系、继承关系产生的给付请求权；

②基于劳动关系产生的劳动报酬、退休金、养老金、抚恤金、安置费等债权；

③人寿保险金给付请求权、人身伤害赔偿请求权。

【示例】甲向乙借款，到期无法偿还。乙无意中得知甲曾借款给丙且诉讼时效即将届满，然而甲却未起诉丙。因甲怠于行使对丙的债权影响乙的债权实现，乙可以代甲之位主张甲对丙的债权。

二、债权人代位权的行使（代位权之诉）

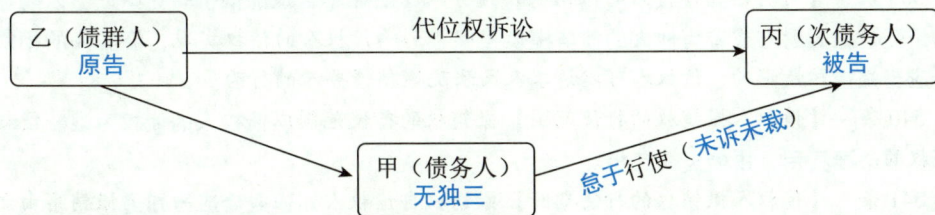

1. 必须以**诉讼**方式行使。

（1）管辖法院：被告住所地法院。

（2）诉讼当事人：①**原告：债权人**；②被告：次债务人；③**可以追加**债务人为**无独立请求权的第三人**。

2. 代位权**行使范围的双重限制**：以债权人对债务人的债权为限，且以债务人对次债务人的债权为限，就低不就高。

3. 次债务人可以援引的抗辩：

①**债务人对债权人**的抗辩；②**次债务人对债务人**的抗辩；③**次债务人对债权人**的抗辩（如管辖异议）。

【注意】提起代位权诉讼，会导致债权人的债权和债务人的债权的**诉讼时效均中断**。

三、债权人胜诉的法律效果

1. 次债务人**直接向债权人履行债务**。债权人接受履行后，债权人与债务人、债务人与次债务人之间的债务在相应的范围内消灭。

2. **诉讼费用**由**次债务人**负担（谁败诉谁负担），从实现的债权中优先支付；**必要费用**（如律师费、差旅费等）由**债务人**负担。

【注意】债权人代位权的**期前行使**：不要求债权人对债务人的债权已经到期

（1）可以期前行使债权人代位权的情形：

①债务人对次债务人的债权或者与该债权有关的从权利的**诉讼时效期间即将届满**；

②**次债务人破产**而债务人**未及时申报债权**。

（2）**不要求以诉讼方式**行使。

（3）次债务人**向债务人履行债务**，而非向债权人履行债务。

【说明】债权人期前行使代位权其实是为了**保存**债务人对次债务人的债权。

【示例】乙是债权人，甲是债务人，丙是次债务人。乙对甲的债权尚未到期，而甲对丙的债权诉讼时效期间即将届满。若影响乙的债权实现，乙就可以行使代位权，请求**丙向甲**履行。

第二节 债权人撤销权

【重点法条】

《民法典》

第 538 条 【对无偿处分行为的撤销权】债务人以**放弃其债权、放弃债权担保、无偿转让财产等方式无偿处分财产权益，或者恶意延长其到期债权的履行期限**，影响债权人的债权实现的，债权人可以请求人民法院撤销债务人的行为。

第 539 条 【对有偿处分行为的撤销权】债务人以**明显不合理的低价转让财产、以明显不合理的高价受让他人财产或者为他人的债务提供担保**，影响债权人的债权实现，**债务人的相对人知道或者应当知道**该情形的，债权人可以请求人民法院撤销债务人的行为。

第 540 条 【债权人撤销权的行使范围】撤销权的行使范围以**债权人的债权为限**。债权人行使撤销权的**必要费用，由债务人负担**。

第 541 条 【债权人撤销权的行使期间】撤销权自债权人**知道或者应当知道**撤销事由之日起**一年**内行使。自债务人的行为发生之日起**五年**内没有行使撤销权的，该撤销权**消灭**。

第 542 条 【撤销权行使的法律效果】债务人影响债权人的债权实现的行为被撤销的，**自始没有法律约束力**。

债权人撤销权，是指债务人不当减少其责任财产，影响债权人的债权实现时，债权人撤销债务人不当减少责任财产行为的权利。

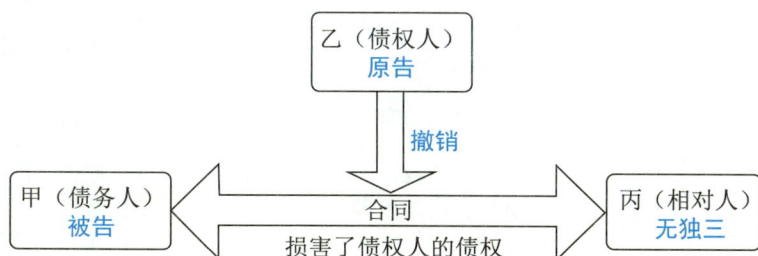

一、债权人撤销权的成立条件

1. 债权人对债务人的债权合法、有效（无须到期）。

2. 债权人对债务人的债权成立后，债务人实施了不当减少其责任财产的行为。

（1）无偿处分行为：放弃债权、放弃债权担保、无偿转让财产、恶意延长到期债权的履行期限。

（2）以明显不合理低价转让财产、以明显不合理高价受让他人财产或者为他人的债务提供担保。（额外要求：债务人的相对人知道或者应当知道债务人的行为影响债权实现）

3. 债务人的行为影响债权的实现：导致债务人的其他财产不足以清偿对债权人的债务。

【注意】债务人的行为限于财产行为，身份行为即使导致其责任财产减少，债权人也不得主张撤销，例如结婚、收养；赋予债权人撤销权是为了维持债务人的责任财产，因而在债务人的行为并没有导致其责任财产减少，只是导致其责任财产没有增加的情形，债权人不得主张撤销，例如放弃继承（通说）。

二、债权人撤销权的行使（撤销权之诉）

1. 必须以诉讼方式行使。

（1）管辖法院：被告住所地法院。

（2）诉讼当事人：①原告：债权人；②被告：债务人；③可以追加债务人的相对人为无独立请求权的第三人。

2. 行使范围：以债权人对债务人的债权为限。

3. 除斥期间：自债权人知道或应当知道撤销事由之日起1年内行使；最晚自债务人的行为发生之日起5年内必须行使。

三、债权人胜诉的法律效果

1. 债务人的行为自始没有法律约束力。

2. 债权人可以请求受益人或受让人将所获利益返还债务人（入库规则）。

3. 诉讼费用、必要费用由债务人负担，债务人的相对人有过错的，适当分担。

【总结】债权人代位权与债权人撤销权对比

	债权人代位权	债权人撤销权
发生原因	债务人"怠于"行使（未诉未裁）	债务人"不当"减少责任财产
行使时间	两个债权均到期	无需到期
当事人	（1）原告：债权人 （2）被告：次债务人 （3）无独三：债务人	（1）原告：债权人 （2）被告：债务人 （3）无独三：相对人
诉讼费	次债务人负担	债务人负担； 相对人有错的适当分担
必要费用	债务人负担	债务人负担； 相对人有错的适当分担
管辖	被告住所地法院	

【主观题小案例】

案例 1：甲对乙享有 40 万元债权，到期日为 2018 年 5 月 1 日。丙对甲享有 50 万债权，到期日为 2021 年 6 月 1 日。若甲对乙的债权无法实现，将影响丙对甲的债权实现。

问题：丙能否于 2021 年 4 月 1 日请求乙向甲支付 40 万元？为什么？

案例 2：甲拖欠乙的 500 万借款迟迟未还。在乙起诉甲偿还借款期间，甲将其市值 480 万元的 A 房以 200 万元的价格出售给其妹妹丙，并办理了过户登记。甲乙的借款纠纷案件进入执行程序后发现甲无财产可供执行。

问题：乙能否向法院起诉请求撤销甲与丙之间的房屋买卖合同？为什么？

案例 1—问题：丙能否于 2021 年 4 月 1 日请求乙向甲支付 40 万元？为什么？

答案：能。丙对甲的债权虽然尚未到期，但是由于甲对乙的债权的诉讼时效期间即将届满，影响丙对甲的债权的实现，丙可以期前行使代位权。法条依据《民法典》第 536 条。

案例 2—问题：乙能否向法院起诉请求撤销甲与丙之间的房屋买卖合同？为什么？

答案：能。甲以明显不合理的低价转让财产，影响乙对其债权的实现，且丙应当知道甲的行为将影响债权实现，符合债权人撤销权的成立要件。法条依据《民法典》第 539 条。

【知识点分析思路总结】

第一步，看是否存在撤销事由？

1. 赠与人撤销权：（1）任意撤销权。未转移占有前任意撤销，但公证、公益、道德义务性质的不得任意撤销。（2）法定撤销权。受赠人严重侵害赠与人或者赠与人近亲属的合法权益；对赠与人有扶养义务而不履行；不履行赠与合同约定的义务。

2. 债权人撤销权：债务人负担债务后，实施了有害债权人债权的行为，如放弃债权、无偿转让财产等影响债权人债权实现。

3. 可撤销合同的撤销权：如重大误解、欺诈、胁迫、显失公平。

4. 效力待定合同中善意相对人的撤销权：在限制民事行为能力人签订的合同、无权代理人签订的合同中，追认前，善意相对人可以撤销。

第二步，注意撤销权的行使方式？

1. 赠与人撤销权：通知即可

2. 债权人撤销权：请求法院撤销债务人的行为

3. 可撤销合同的撤销权：请求法院或者仲裁机构予以撤销

4. 效力待定合同中善意相对人的撤销权：通知即可

第三步，注意撤销权的除斥期间是否超过？

1. 赠与人撤销权：自知道或者应当知道撤销事由之日起 1 年内行使

2. 债权人撤销权：自知道或者应当知道撤销事由之日起 1 年内；最长自发生之日起 5 年内没有行使撤销权的，该撤销权消灭

3. 可撤销合同的撤销权：自知道或者应当知道撤销事由之日起 1 年内（重大误解 90 日内）；自胁迫行为终止之日起 1 年内行使撤销权；最长自发生之日起 5 年内没有行使撤销权的，撤销权消灭。

4. 效力待定合同中善意相对人的撤销权：追认前

【主观题大案例】

2021 年 1 月 1 日，甲公司与乙公司签订原材料供应合同，约定甲公司于 2021 年 3 月 1 日之前向乙公司供应生产 X 设备的原材料，价款 1000 万元，乙公司应于 2021 年 9 月 1 日支付全部价款。甲公司依约履行了合同。乙公司于 2021 年 4 月 1 日向留守儿童基金会捐赠 500 万元，该笔捐赠不影响甲公司债权的实现。2021 年 5 月 1 日，乙公司与自然人丙签订 X 设备买卖合同，约定乙公司应于 2021 年 8 月 1 日之前交付两台 X 设备给丙，丙应于 2022 年 1 月 1 日支付价款 2000 万元。自然人丁以自己的 Y 房向乙公司提供抵押担保，办理了抵押登记。乙公司依约向丙交付了 X 设备。其后，因市场行情突变，X 设备滞销，乙公司到期无法向甲公司支付价款。因经营不善，丙到期无力向乙公司支付价款，但是其依然放弃了对其父亲的继承权。乙公司一直向丙催讨价款，但是均无果。乙公司放弃了丁的抵押担保。

问题 1：甲公司能否主张撤销乙公司对留守儿童基金会的捐赠？为什么？

问题 2：乙公司能否主张撤销其对留守儿童基金会的捐赠？为什么？

问题 3：乙公司能否主张撤销丙放弃继承的行为？为什么？

问题 4：甲公司能否主张撤销乙公司放弃抵押担保的行为？为什么？

案例—问题 1：甲公司能否主张撤销乙公司对留守儿童基金会的捐赠？为什么？

答案：不能。乙公司向留守儿童基金会捐赠并未影响甲公司债权的实现，不符合债权人撤销权的成立条件。法条依据为《民法典》第 535 条。

案例—问题 2：乙公司能否主张撤销其对留守儿童基金会的捐赠？为什么？

答案：不能。具有公益性质的赠与合同，赠与人没有任意撤销权。法条依据为《民法典》第 658 条。

案例—问题 3：乙公司能否主张撤销丙放弃继承的行为？为什么？

答案：**不能**。放弃继承是具有**人身**性质的行为，且其结果是导致本来可以增加的财产无法增加，而**非不当导致责任财产减少**，不符合债权人撤销权的成立条件。

案例—问题 4：甲公司能否主张撤销乙公司放弃抵押担保的行为？为什么？

答案：**能**。乙公司**放弃债权担保**，**影响**甲公司债权的实现，符合债权人撤销权的成立条件。法条依据为《民法典》第 538 条、第 539 条。

第五章
债权的担保：物保

历年真题考点与考查方式	
2020 年	丁公司对 2 台铲车的抵押权是否能够对抗 E 的权利？（动产抵押权的追及效力）
2019 年	票据中作了"不得转让"的记载，甲公司对丁公司的出质是否有效？为什么？（权利质权）
2017 年	问 2：就 S 企业对丙的 200 万元借款，甲、丁、戊各应承担何种责任？为什么？（动产质权：质权人返还质物）
2016 年	问 5：乙公司是否有权扣留汽车并享有留置权？为什么？（留置权）
2012 年	问 6：甲的抵押铺面房被烧毁之后，届期无力还款，乙可以主张什么权利？（担保物权的物上代位）
	问 7：甲将保险赔偿请求权转让给乙，乙的债权人庚向法院申请冻结该保险赔偿请求权，对乙的抵押权有什么影响？为什么？（不动产抵押权的追及效力）
2011 年	问 1：乙公司以其现有的及将有的生产设备等动产为甲公司的贷款设立的抵押是否成立？为什么？（动产浮动抵押）

第一节　担保物权的一般问题

　　担保物权，是以确保债务清偿为目的，于债务人或第三人所有之物或者权利上所设定的以变价权和优先受偿权为核心内容的物权。担保物权支配担保物的交换价值，包括：抵押权、质权和留置权。

一、担保物权的特性

1. 优先受偿性

债务人不履行到期债务，债权人可就担保物拍卖、变卖所得的价款优先于其他债权人受偿。

　　【示例】甲先向乙借款 200 万。后甲向丙借款 300 万元，并以房屋提供抵押，办理了抵押登记。现两笔借款均到期且甲的资产仅有房屋。丙可主张就房屋拍卖、变卖所得的价款优先于乙受偿：若房屋价款为 350 万元，则丙可得 300 万元，乙只能拿到 50 万元；若房屋价款为 200 万元，则丙可得 200 万元，乙拿不到一分钱。

2. 物上代位性

【重点法条】

《民法典》

第390条 【担保物权的物上代位性】担保期间，担保财产毁损、灭失或者被征收等，担保物权人可以就获得的保险金、赔偿金或者补偿金等优先受偿。被担保债权的履行期限未届满的，也可以提存该保险金、赔偿金或者补偿金等。

《担保解释》第42条 【担保物权的物上代位性】抵押权依法设立后，抵押财产毁损、灭失或者被征收等，抵押权人请求按照原抵押权的顺位就保险金、赔偿金或者补偿金等优先受偿的，人民法院应予支持。

给付义务人已经向抵押人给付了保险金、赔偿金或者补偿金，抵押权人请求给付义务人向其给付保险金、赔偿金或者补偿金的，人民法院不予支持，但是给付义务人接到抵押权人要求向其给付的通知后仍然向抵押人给付的除外。

抵押权人请求给付义务人向其给付保险金、赔偿金或者补偿金的，人民法院可以通知抵押人作为第三人参加诉讼。

担保物权支配担保物的交换价值。因此，担保物在担保期间即使发生形态变化，只要其交换价值尚存，担保物权的效力仍可及于其交换价值的载体。

（1）担保期间，担保财产毁损、灭失或者被征收等，担保物权并不消灭，担保物权人可以就获得的保险金、赔偿金或者补偿金等优先受偿，且顺位不发生变化，按照担保物权的原顺位。被担保的债权履行期限未届满的，可以提存该保险金、赔偿金或者补偿金等。

（2）保险金、赔偿金或者补偿金等给付义务人接到抵押权人要求向其给付的通知后仍然向抵押人给付的，不免除其继续向抵押权人给付的义务；抵押权人请求给付义务人向其给付保险金、赔偿金或者补偿金的，法院可以通知抵押人作为第三人参加诉讼。

3. 不可分性

	担保物担保债权的全部
从债权的角度观察	（1）债权部分消灭的，剩余债权仍享有担保物权。例：甲向乙借款100万元，并以价值200万元的房屋为乙提供抵押担保，办理了抵押登记。若尚有50万元到期未还，乙仍可就整套房屋享有担保物权。 （2）债权部分转让的，保留部分和转让部分债权都对担保物享有担保物权。例：甲向乙借款100万元，并以价值200万元的房屋为乙提供抵押担保，办理了抵押登记。后乙将其中50万元债权转让给了丙。乙保有的50万元债权和丙受让的50万元债权均受该套房屋的担保。
从担保物的角度观察	担保物以其全部担保债权 （1）担保物的价值增加/减少，都以担保物的全部担保债权。 例：甲向乙借款100万元，并以价值200万元的房屋为乙提供抵押担保，办理了抵押登记。后该套房屋大幅涨价/大幅跌价，但乙仍对整套房屋享有担保物权。 （2）担保物被分割或部分转让的，分割、转让后的各部分担保物都担保债权。 例：甲向乙借款100万元，并以价值200万元的房屋为乙提供抵押担保，办理了抵押登记。后甲将房屋第一层卖给了丙，则乙对甲保有的第二层和丙受让的第一层均享有担保物权。

二、主债权诉讼时效对担保物权的影响

1. 以不移转占有为前提的担保物权（抵押权、以登记作为公示方式的权利质权）：在主债权诉讼时效期间未行使担保物权，则担保物权消灭。例：甲向乙借款 100 万元，丙以房屋提供抵押并办理了抵押登记。若借款债务诉讼时效已过，则乙不得再主张行使抵押权。

【注意】主债权诉讼时效期间届满前，债权人仅对债务人提起诉讼，经人民法院判决或者调解后未在诉讼时效期间内对债务人申请强制执行，无权主张行使担保物权。

2. 以占有为前提的担保物权（动产质权、留置权、以交付权利凭证作为公示方式的权利质权）：不受主债权诉讼时效的影响。主债权诉讼时效期间届满后，担保物权人依然可以行使担保物权。例：甲向乙借款 100 万元，丙以名贵手表为甲设立质押。即使借款债务诉讼时效已过，乙依然可以主张行使质权。

3. 当事人不得约定担保物权的存续期限，否则约定无效。

三、担保物权的代持

担保物权代持，是指当事人将担保物权登记在他人名下，在符合规定要件时，若债务人不履行到期债务，债权人或者其受托人就所登记担保物享有优先受偿权。

现行法明确承认担保物权代持的法定情形包括：

1. 为债券持有人提供的担保物权登记在债券受托管理人名下。

【示例】甲公司（债券发行人）代债券持有人 A 聘请乙公司为债券受托管理人，丙公司以其办公大楼为债券提供抵押，并将乙公司（债券受托管理人）登记为抵押权人。①债券持有人 A 为债权人，甲公司（债券发行人）为债务人，乙公司（债券受托管理人）与债券持有人 A 之间为委托关系。②债券持有人 A 有权以自己的名义主张行使抵押权。③乙公司（债券受托管理人）为债券持有人 A 的利益，也可以行使抵押权。

2. 为委托贷款人提供的担保物权登记在受托人名下。

【示例】甲银行受乙公司的委托，向丙公司发放一笔贷款，丁公司以其办公大楼为该笔贷款提供抵押担保，并将甲银行登记为抵押权人。①委托人乙公司为真正的债权人及担保物权人，受托人甲银行为登记担保物权人。②乙公司和甲银行均可以自己的名义行使抵押权。

3. 担保人知道债权人与他人之间存在委托关系的其他情形。

【示例】甲向乙借款 100 万元，乙要求甲以建设用地使用权提供抵押担保，并约定由甲与丙签订《建设用地使用权抵押合同》，其担保的主合同为甲乙间的借款合同。后乙向甲依约发放借款，甲与丙办理了抵押登记。①乙为真正的债权人及担保物权人，丙为登记担保物权人。②乙和丙均可以自己的名义行使抵押权。

第二节　抵押权

抵押权，是指债权人对于债务人或者第三人不转移财产的占有而提供的担保财产，在债务人不履行到期债务时，可就其拍卖、变卖所得价款优先受偿的担保物权。其中，提供担保的债务人或者第三人为抵押人，债权人为抵押权人，担保财产为抵押物或抵押财产。

一、抵押财产的范围

1. **原则自由**：除法律、行政法规规定不得抵押的财产外，其他财产均可以抵押。至于债权人愿意接受何种财产抵押，则取决于该**财产的价值以及能否变现、变现的难易度**。

2. **例外禁止**：法律、行政法规禁止抵押的财产包括：

禁止抵押财产	对抵押合同效力的影响
1. 土地所有权	抵押合同无效（土地公有，无法变现）
2. 宅基地、自留地、自留山等集体所有土地使用权	抵押合同无效（农村土地具有社会保障性质，无法变现）**例外**可以抵押： 1. 土地经营权； 2. 以乡镇、村企业的厂房等建筑物抵押的，其占用范围内的建设用地使用权一并抵押（建设用地使用权不得单独抵押）。
3. 违法建筑物	抵押合同无效，一审法庭辩论终结前已经办理合法手续的除外。 【注意】以建设用地使用权抵押，抵押合同不因土地上存在违法建筑物而无效。
4. 划拨建设用地使用权	抵押合同**有效**。以划拨建设用地使用权或划拨建设用地上的建筑物抵押，即使未办理批准手续，抵押合同也不因此而无效。不过，抵押权实现时，拍卖、变卖所得的价款应当优先用于补缴建设用地使用权出让金。
5. 所有权、使用权不明或者有争议的财产	抵押合同**有效**。若抵押人属于有权处分，债权人可以取得抵押权；若抵押人属于无权处分，只有在满足善意取得条件的情况下债权人才能取得抵押权。
6. 查封、扣押、监管财产	抵押合同**有效**。抵押权人能否行使抵押权，取决于行使抵押权时查封、扣押或者监管措施是否已经解除：已经解除的，可以行使抵押权；未解除的，不得行使抵押权。

二、抵押权的设立

【重点法条】

《民法典》

第402条　【不动产抵押权的设立】以本法第三百九十五条第一款第一项至第三项规定的财产或者第五项规定的正在建造的建筑物抵押的，**应当办理抵押登记。抵押权自登记时设立**。

第403条　【动产抵押权的设立】以动产抵押的，抵押权**自抵押合同生效时设立**；**未经登记，不得对抗善意第三人**。

《担保解释》第52条　【抵押预告登记】当事人办理抵押预告登记后，预告登记权利人请求就抵押财产优先受偿，经审查存在尚未办理建筑物所有权首次登记、预告登记的财产与办理建筑物所有权首次登记时的财产不一致、抵押预告登记已经失效等情形，导致不具备办理抵押登记条件的，人民法院应当驳回其诉讼请求；经审查已经办理建筑物所有权首次登记，且不存在预告登记失效等情形的，人民法院应予支持，并应当认定抵押权自预告登记之日起设立。

当事人办理了抵押预告登记，抵押人破产，预告登记权利人主张就抵押财产优先受偿的，人民法院应予支持，但是抵押预告登记系在人民法院受理破产申请前一年内办理的除外。

第54条 【未登记动产抵押权不能对抗的善意第三人之范围】动产抵押合同订立后未办理抵押登记，动产抵押权的效力按照下列情形分别处理：

（一）抵押人转让抵押财产，受让人占有抵押财产后，抵押权人向受让人请求行使抵押权的，人民法院不予支持，但是抵押权人能够举证证明受让人知道或者应当知道已经订立抵押合同的除外；

（二）抵押人将抵押财产出租给他人并移转占有，抵押权人行使抵押权的，租赁关系不受影响，但是抵押权人能够举证证明承租人知道或者应当知道已经订立抵押合同的除外；

（三）抵押人的其他债权人向人民法院申请保全或者执行抵押财产，人民法院已经作出财产保全裁定或者采取执行措施，抵押权人主张对抵押财产优先受偿的，人民法院不予支持；

（四）抵押人破产，抵押权人主张对抵押财产优先受偿的，人民法院不予支持。

（一）不动产抵押权的设立

1. 不动产抵押权 = 有效的抵押合同 + 有权处分 + 抵押登记（自登记时设立）。

【示例】甲向乙借款，丙与乙约定以自有房屋担保该笔借款。丙仅将房产证交给乙，未按约定办理抵押登记。抵押权未设立。

2. 抵押合同有效 + 未登记的法律效果

（1）未办理不动产抵押登记，抵押权未设立，但不影响抵押合同效力（基于区分原则）。

（2）债权人有权请求抵押人办理抵押登记手续。

（3）如果客观上已经不能办理抵押登记：

①不可归责于抵押人：抵押物因不可抗力毁损灭失、被他人毁损、被征收等

债权人不能请求抵押人在约定的担保范围内承担责任；如果抵押人已经获得保险金、赔偿金或者补偿金等，债权人可以请求抵押人在其所获金额范围内承担担保责任。

【示例】甲向乙借款500万，由丙以其自有的房屋提供抵押，但未办理抵押登记，后该房屋因地震毁损灭失。原则上，乙不得请求丙承担担保责任。但是，如果丙获得保险金400万元，则乙可以请求丙承担400万元的担保责任。

②可归责于抵押人：抵押人转让抵押财产等

债权人可以请求抵押人在约定的担保范围内承担责任，但是不得超过抵押权能够设立时抵押人应当承担的责任范围。

3. 抵押预告登记

在以预售商品房提供抵押时，因为商品房尚未取得产权证，无法办理抵押登记，为此法律特设抵押预告登记制度，以满足现实需要。

（1）抵押预告登记的顺位效力和优先受偿效力

①具备办理抵押登记条件的，没有必要非让抵押预告登记的权利人先去办理抵押登记再来主张行使抵押权，而是直接认定抵押权自抵押预告登记之日起设立。

②**同时满足**以下三个条件的，可以认为已经具备办理抵押登记条件：

a. 建筑物所有权已经办理**首次登记**；

【**注意**】 所谓建筑物首次登记是指，房地产开发企业在建筑物竣工验收后就建筑物所有权办理的首次登记（即俗称"大产证"），而不是指抵押人自房地产开发企业处取得房屋所有权而办理的首次登记（即俗称的"小产证"）。

b. 预告登记的财产与办理建筑物所有权首次登记时的**财产一致**；

c. 抵押预告登记**尚未失效**：债权消灭或者自能够进行不动产抵押登记之日起**90 日内**未申请登记的，预告登记失效。能够进行不动产抵押登记之日，是指抵押人自房地产开发企业处取得房屋所有权、办理首次登记之日。90 日的起算点，应为抵押预告登记权利人**知道或者应当知道**抵押人已经办理首次登记之日。

（2）抵押预告登记的破产保护效力

①在抵押人**破产**的情况下，抵押预告登记权利人无法等到办理抵押登记的条件具备时再主张优先受偿权。因此，即使不具备上述办理抵押登记的条件，抵押预告登记权利人依然享有优先受偿权。

②三重限制：其一，抵押财产必须属于**破产财产**；其二，抵押预告登记权利人能够主张优先受偿的范围，以**破产申请受理时**抵押财产的价值为限；其三，在人民法院受理破产申请前**一年**内，债务人对没有财产担保的债务设立抵押预告登记的除外。

4. 房地一体

【**重点法条**】

《**民法典**》

第 397 条 【**房地一并抵押规则**】以**建筑物**抵押的，该建筑物**占用范围内的建设用地使用权一并抵押**。以建设用地使用权抵押的，该**土地上的建筑物一并抵押**。

抵押人未依据前款规定一并抵押的，**未抵押的财产视为一并抵押**。

第 417 条 【**新增部分的抵押规则**】建设用地使用权抵押后，该土地上**新增的建筑物不属于抵押财产**。该建设用地使用权实现抵押权时，应当将该土地上新增的建筑物与建设用地使用权**一并处分**。但是，新增建筑物所得的价款，抵押权人**无权优先受偿**。

《担保解释》第 51 条 【**房地一并抵押中确定抵押财产范围的限制性规则**】当事人**仅以**建设用地使用权抵押，债权人主张抵押权的效力**及于土地上已有的建筑物**以及**正在建造的建筑物已完成部分的**，人民法院**应予支持**。债权人主张抵押权的效力及于正在建造的建筑物的**续建部分**以及**新增建筑物**的，人民法院**不予支持**。

当事人以**正在建造的建筑物**抵押，抵押权的效力范围限于**已办理抵押登记的部分**。当事人按照担保合同的约定，主张抵押权的效力及于**续建部分、新增建筑物以及规划中尚未建造的建筑物**的，人民法院**不予支持**。

抵押人将建设用地使用权、土地上的建筑物或者正在建造的建筑物分别抵押给不同债权人的，人民法院应当根据**抵押登记的时间先后**确定清偿顺序。

地随房走	以建筑物抵押的，抵押权效力 及于建筑物占用范围内的建设用地使用权。
房随地走	（1）以建设用地使用权抵押的，抵押权效力 及于土地上已有的建筑物以及正在建造的建筑物已完成部分，不及于续建部分、新增建筑物以及规划中尚未建造的建筑物。
	（2）在实现抵押权时，应当一并处分。但是，对新增建筑物、续建部分所得的价款，抵押权人无权优先受偿。
房地分别抵押	根据抵押登记的时间先后确定清偿顺序。【注意：建筑物和建设用地使用权须一并抵押，未一并抵押的视为一并抵押】

【示例】甲公司将其楼盘所在土地使用权抵押给乙并办理了登记，半年后甲又将其楼盘抵押给丙并办理了登记。在甲将土地使用权抵押给乙时，土地上的楼盘视为一并抵押给乙；甲将楼盘抵押给丙时，土地使用权视为一并抵押给丙。乙和丙对房和地都可以优先受偿。但乙的抵押登记时间先于丙，故乙的抵押权优先于丙的抵押权。

（二）动产抵押权的设立

1. 动产抵押权＝抵押合同生效＋有权处分（自合同生效时设立）；但是，未经登记，不得对抗善意第三人（登记对抗主义）。

2. 未经登记的动产抵押权，不得对抗下列善意第三人：

（1）动产的善意受让人（善意指受让人不知且不应知动产已经被抵押）；例：甲以货车为乙设定抵押但未进行抵押登记。后甲将货车卖给不知情的丙并交付，丙取得所有权，乙无权主张对汽车行使抵押权。

（2）已经占有动产的善意承租人（善意指承租人不知且不应知动产已经被抵押）；例：甲以货车为乙设定抵押但未进行抵押登记。后甲将该车租给不知情的丁并交付。抵押虽然先于租赁，但是未登记，因而抵押不破租赁，即在实现抵押权时，丁可以主张买卖不破租赁，甲不得主张除去租约拍卖货车。

（3）抵押人的保全、执行债权人：抵押人的其他债权人已经对动产采取保全、强制执行措施。例：甲以货车为乙设定抵押但未进行抵押登记。法院应甲的债权人戊的请求扣押了该车，乙的抵押权不得对抗戊。

（4）抵押人的破产管理人、其他债权人。例：甲公司以货车为乙设定抵押但未进行抵押登记。后甲公司破产，乙的抵押权不得对抗甲的其他债权人。

【注意】未经登记的动产抵押权依然是物权。基于物权优先于债权的原则，未经登记的动产抵押权可以对抗抵押人的一般债权人，即保全、执行债权人和破产债权人之外的其他债权人；未经登记不得对抗的善意第三人范围，也适用于未登记的所有权保留买卖和融资租赁。

（三）动产浮动抵押

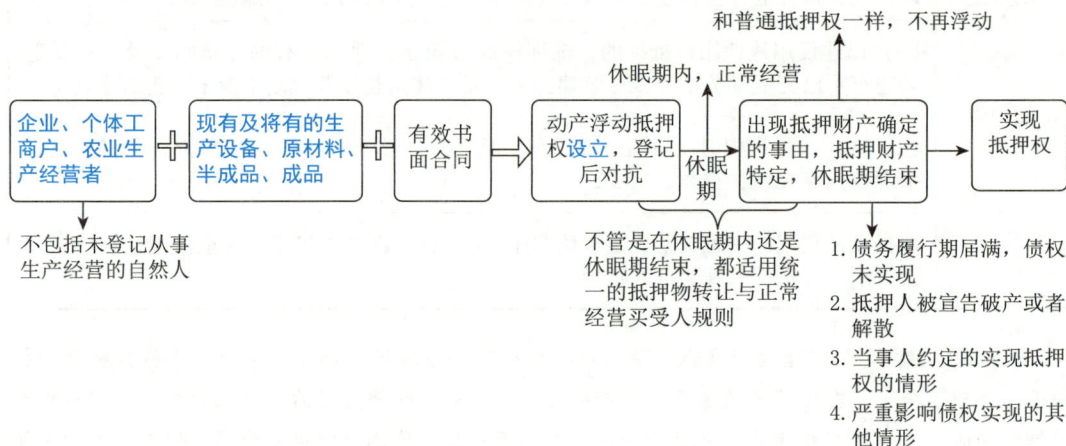

和普通抵押权一样，不再浮动

休眠期内，正常经营

| 企业、个体工商户、农业生产经营者 | + | 现有及将有的生产设备、原材料、半成品、成品 | + | 有效书面合同 | ⇒ | 动产浮动抵押权设立，登记后对抗 | 休眠期 | 出现抵押财产确定的事由，抵押财产特定，休眠期结束 | → | 实现抵押权 |

不包括未登记从事生产经营的自然人

不管是在休眠期内还是休眠期结束，都适用统一的抵押物转让与正常经营买受人规则

1. 债务履行期届满，债权未实现
2. 抵押人被宣告破产或者解散
3. 当事人约定的实现抵押权的情形
4. 严重影响债权实现的其他情形

三、正常经营买受人

【重点法条】

《民法典》

第 404 条　【正常经营活动买受人规则】以动产抵押的，不得对抗正常经营活动中已经支付合理价款并取得抵押财产的买受人。

《担保解释》第 56 条　【正常经营活动买受人规则】买受人在出卖人正常经营活动中通过支付合理对价取得已被设立担保物权的动产，担保物权人请求就该动产优先受偿的，人民法院不予支持，但是有下列情形之一的除外：

（一）购买商品的数量明显超过一般买受人；

（二）购买出卖人的生产设备；

（三）订立买卖合同的目的在于担保出卖人或者第三人履行债务；

（四）买受人与出卖人存在直接或者间接的控制关系；

（五）买受人应当查询抵押登记而未查询的其他情形。

前款所称出卖人正常经营活动，是指出卖人的经营活动属于其营业执照明确记载的经营范围，且出卖人持续销售同类商品。前款所称担保物权人，是指已经办理登记的抵押权人、所有权保留买卖的出卖人、融资租赁合同的出租人。

以动产抵押的，不得对抗正常经营活动中已经支付合理价款并取得抵押财产的买受人。

【注意1】无论是普通的动产抵押还是动产浮动抵押，均适用正常经营买受人规则；动产抵押即使已经登记，也不得对抗正常经营买受人。

【注意2】正常经营买受人规则也适用于所有权保留买卖和融资租赁。

（一）正常经营买受人规则的适用条件

1. 出卖被抵押的动产属于抵押人的正常经营活动；

【注意】正常经营活动，是指出卖人的经营活动属于其营业执照明确记载的经营范围，且出卖人持续销售同类商品。例如：销售汽车属于4S店的正常经营活动；出售办公设备不属于4S店的正常经营活动。

2. 买受人已经支付合理价款；

3. 买受人已经取得抵押财产的所有权。

（二）不适用正常经营买受人规则的法定情形

1. 购买商品的数量明显超过一般买受人；【买得过多（数量）】

2. 购买出卖人的生产设备；【标的物】

3. 订立买卖合同的目的在于担保出卖人或者第三人履行债务；【为担保而买（目的）】

4. 买受人与出卖人存在直接或者间接的控制关系；【有控制关系（关系）】

5. 买受人应当查询抵押登记而未查询的其他情形。【过错】

【示例】云辉公司系服装贸易公司，为向广大银行贷款，将其用于长途运输的货车一辆抵押给广大银行，并办理了抵押登记。后因生产经营业务调整，云辉公司未经银行同意，将该货车以市场价格出卖给了风腾公司，并完成了交付。广大银行的抵押权可以对抗风腾公司，因为云辉公司系服装贸易公司，出售货车不属于正常经营活动，不适用正常经营买受人规则，且广大银行的抵押权办理了登记，可以对抗第三人。

四、抵押财产转让

【重点法条】

《民法典》

第406条　【抵押物的转让】抵押期间，抵押人可以转让抵押财产。当事人另有约定的，按照其约定。抵押财产转让的，抵押权不受影响。

抵押人转让抵押财产的，应当及时通知抵押权人。抵押权人能够证明抵押财产转让可能损害抵押权的，可以请求抵押人将转让所得的价款向抵押权人提前清偿债务或者提存。转让的价款超过债权数额的部分归抵押人所有，不足部分由债务人清偿。

《担保解释》第43条　【禁止或限制转让抵押财产约定的效力】当事人约定禁止或者限制转让抵押财产但是未将约定登记，抵押人违反约定转让抵押财产，抵押权人请求确认转让合同无效的，人民法院不予支持；抵押财产已经交付或者登记，抵押权人请求确认转让不发生物权效力的，人民法院不予支持，但是抵押权人有证据证明受让人知道的除外；抵押权人请求抵押人承担违约责任的，人民法院依法予以支持。

当事人约定禁止或者限制转让抵押财产且已经将约定登记，抵押人违反约定转让抵押财产，抵押权人请求确认转让合同无效的，人民法院不予支持；抵押财产已经交付或者登记，抵押权人主张转让不发生物权效力的，人民法院应予支持，但是因受让人代替债务人清偿债务导致抵押权消灭的除外。

（一）原则：抵押财产自由转让

1. 抵押期间，抵押人可以自由转让抵押财产，不必经过抵押权人同意。

2. 抵押财产转让对抵押权的影响

（1）不动产抵押权和已经登记的动产抵押权：抵押财产转让的，抵押权不受影响，即抵押权具有追及效力，抵押财产受让人取得的是一个有抵押负担的所有权。

（2）未登记的动产抵押权：①不得对抗善意的受让人，此时抵押权不具有追及效力，受让人取得的是一个无抵押负担的所有权。②可以对抗恶意的受让人，此时抵押权具有追及效力，受让人取得的是一个有抵押负担的所有权。

3. 抵押人的通知义务和抵押权人的权利

（1）抵押人转让抵押财产的，应当及时通知抵押权人。

（2）抵押权人能够证明抵押财产转让可能损害抵押权的，可以请求抵押人将转让所得的价款向抵押权人提前清偿债务或者提存。

（二）例外：当事人可以约定禁止或者限制转让抵押财产

当事人约定禁止或者限制转让抵押财产的，该约定有效。抵押人违反约定转让抵押财产的，产生何种法律后果，因约定是否已经登记而有所不同。

（1）约定已经登记

①债权效力：抵押财产转让合同有效。

②物权效力：即使抵押财产已经交付或者登记，受让人也无法取得抵押财产的所有权。

【注意】受让人的涤除权：受让人代替债务人清偿债务导致抵押权消灭的，受让人取得抵押财产的所有权。

（2）约定未登记

①债权效力：抵押财产转让合同有效。

②物权效力：抵押财产已经交付或者登记的，善意受让人取得抵押财产的所有权，恶意受让人无法取得抵押财产的所有权。

【注意】至于抵押权是否具有追及效力，参照前述抵押财产转让对抵押权的影响。

③受让人取得抵押财产所有权的，抵押权人可以请求抵押人承担违约责任。

【总结】正常经营买受人、抵押财产转让、抵押权未登记的关系判断步骤

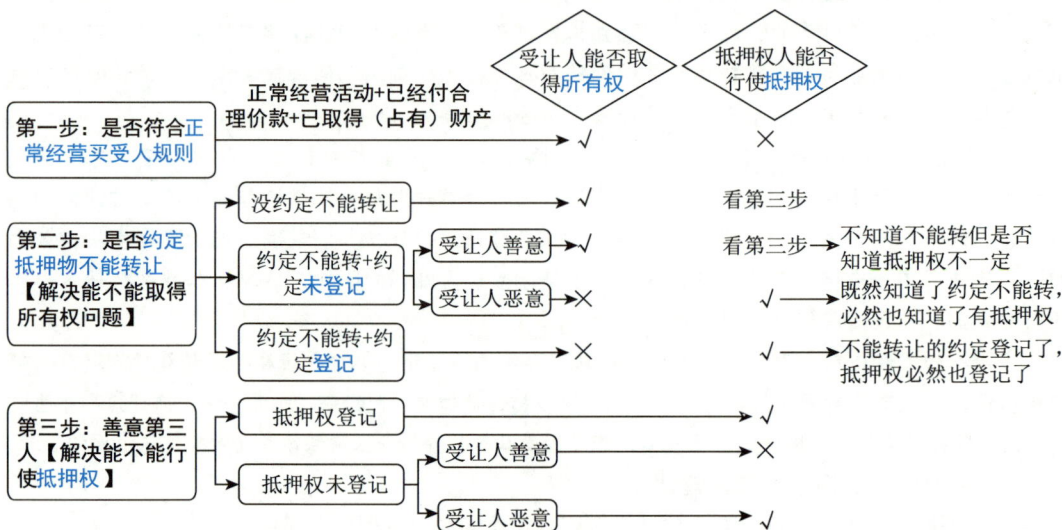

五、抵押权实现

【重点法条】

《民法典》

第 405 条 【先租后抵】抵押权设立前，抵押财产已经出租并转移占有的，原租赁关系不受

该抵押权的影响。

第 408 条 【抵押权人的保全请求权】抵押人的行为足以使抵押财产价值减少的，抵押权人有权请求抵押人停止其行为；抵押财产价值减少的，抵押权人有权请求恢复抵押财产的价值，或者提供与减少的价值相应的担保。抵押人不恢复抵押财产的价值，也不提供担保的，抵押权人有权请求债务人提前清偿债务。

《担保解释》第 54 条第 1 款第 2 项 【先抵后租】动产抵押合同订立后未办理抵押登记，动产抵押权的效力按照下列情形分别处理：

（二）抵押人将抵押财产出租给他人并移转占有，抵押权人行使抵押权的，租赁关系不受影响，但是抵押权人能够举证证明承租人知道或者应当知道已经订立抵押合同的除外；

债务人不履行到期债务或者发生当事人约定的实现抵押权的情形，抵押权人可以主张行使抵押权。

（一）抵押权的实现方式

1. 私力救济

（1）自力实现

①自力实现，是指抵押权人自行拍卖、变卖抵押财产并就所得的价款优先受偿。

②自力实现以当事人存在相应约定为前提，即当事人约定：当债务人不履行到期债务或者发生当事人约定的实现抵押权的情形，担保物权人有权将抵押财产自行拍卖、变卖并就所得的价款优先受偿。

（2）协商实现

①抵押权人可以与抵押人协议以抵押财产折价或者以拍卖、变卖该抵押财产所得的价款优先受偿。

【说明】折价，是指将抵押财产折算成一定金额，由抵押权人购买并取得抵押财产的所有权，以此冲抵抵押人的责任。

②折价协议损害其他债权人利益的，在符合债权人撤销权的条件时，其他债权人可以请求人民法院撤销该协议。

【示例】甲向乙借款 300 万，以房屋提供抵押，办理了抵押登记。后甲到期无力偿还借款。甲与乙达成协议，将房屋作价 500 万，由乙取得房屋的所有权，乙将超过部分即扣除欠款后的 200 万支付给甲。若 500 万的价格远低于市场行情，损害甲的债权人丙的利益，丙可以起诉请求撤销甲与乙之间的折价协议。

2. 公力救济

（1）诉讼方式

债权人以诉讼方式行使担保物权的，应当以债务人和担保人作为共同被告。

（2）非诉方式

实现担保物权案件的特别程序：申请实现担保物权，由担保物权人以及其他有权请求实现担保物权的人向担保财产所在地或者担保物权登记地基层人民法院提出。

【注意】债务届期不履行，即可实现抵押权、质权；而债务届期不履行，成立留置权；宽限期满不履行，才能实现留置权。

（二）抵押权人的清算义务：多退少补

抵押财产折价或者拍卖、变卖后，其价款超过债权数额的部分归抵押人所有，不足部分由债务人清偿。

【注意】流押条款无效：抵押权人在债务履行期限届满前，与抵押人约定债务人不履行到期债务时**抵押财产归债权人所有的**，**只能**依法就抵押财产**优先受偿**。

【说明】法律之所以规定流押无效，是为了避免债权人利用债务人的弱势谋取不合理的利益，对债务人不公平。例如，甲向乙借款 200 万元，以自己的 A 房提供抵押并办理了登记，同时约定：甲到期不偿还借款，则 A 房归乙所有，以冲抵借款。甲到期后果真无力偿还借款，而 A 房市值 500 万元。若认定流押条款有效，则意味着乙白白赚了 300 万元。而一个理性的人对此根本不会接受，甲之所以与乙达成流押约定，就是因为乙利用了甲需要借钱的"弱势"。【借钱的时候，借钱的一方是"孙子"，出借的一方是"大爷"】

考查角度：流押，能否主张所有权

（三）抵押权对添附物、从物、孳息的效力

1. 添附物

（1）添附物归第三人所有：抵押权效力**及于补偿金**。

（2）添附物归抵押人所有：抵押权的效力及于添附物，但是添附导致抵押财产价值增加的，抵押权的效力**不及于增加的**价值部分。

（3）添附物归抵押人与第三人共有：抵押权的效力及于抵押人对共有物享有的份额。

【总结】添附物的归属

1. 动产与不动产附合：动产所有权消灭，**不动产所有权人取得添附物的所有权**。

2. 动产与动产附合：（1）原则：添附物由各动产所有人按照附合时动产的价值比例**按份共有**。（2）例外：附合的各动产之间若存在明显的主次之分，则居于主导地位的动产的所有权人获得添附物的所有权。

3. 混合：准用动产与动产附合的规则。

4. 加工物的所有权**原则上应当归原材料的所有人**。若**加工人善意**（不知道加工的是他人之物）且加工物的**价值远超原材料的价值，则归加工人所有**。

2. 从物

（1）**先有从物**后设立抵押权：抵押权效力**及于从物**，主物和从物一并处分，**都有**优先受偿权。

（2）**先有抵押权**后产生从物：抵押权效力**不及于从物**，但主物和从物一并处分，**只是对从物价款不享有**优先受偿权。

3. 孳息

（1）债务履行期届满**前**，孳息由**抵押人**收取，所有权也归**抵押人**。

（2）债务履行期届满**后**且法院**扣押**抵押财产，自扣押之日起，孳息由**抵押权人**收取，抵押权人未通知应当清偿法定孳息义务人的除外。

【注意】抵押权人享有孳息收取权，孳息的所有权仍属于抵押人（所有权人）。

（3）孳息收取后，用于清偿：收取孳息的费用>主债优先受偿。

【总结】孳息归属

1. 天然孳息：约定→用益物权人→所有权人；法定孳息：约定→交易习惯。

2. 买卖合同：标的物在交付之前产生的孳息，归出卖人所有；交付之后产生的孳息，归买

受人所有。

3. 提存期间，标的物的孳息归债权人所有。

（四）抵押与租赁的关系

1. 先租后抵

抵押权设立前，抵押财产已经出租并转移占有的，原租赁关系不受该抵押权的影响。

【说明】租赁不受抵押权的影响，是指抵押财产被拍卖后，租赁关系可以对抗抵押财产的买受人，即买卖不破租赁。例如，甲将房屋出租给乙。在乙入住后，甲又将房屋抵押给丙。若丙行使抵押权，丁通过拍卖取得房屋的所有权，则丁取代甲的地位成为出租人，但是丁无权要求乙在承租期内搬出房屋。

2. 先抵后租

抵押权设立于前，租赁关系成立于后：

（1）不动产抵押权或已登记的动产抵押权：买卖破租赁。

（2）未登记的动产抵押权：①承租人善意（不知道有抵押）：买卖不破租赁；②承租人恶意（知道有抵押）：买卖破租赁。

【示例】蒋某以跑车为陈某设定了抵押，未办理抵押登记。后蒋某为躲避债务，将该跑车租给知情的好友宋某。宋某作为恶意承租人，其租赁权不可对抗陈某的抵押权。

（五）抵押与居住权的关系

居住权，是指出于生活居住的需要，对他人所有的住宅进行占有、使用的用益物权。

1. 居住权 = 书面居住权合同 + 登记（自登记时设立）

2. 居住权的限制

（1）原则上不得出租，当事人另有约定除外；

（2）原则上无偿，当事人另有约定除外；

（3）不得转让/继承。

3. 区分判断

（1）设定居住权后再抵押：居住权可以对抗抵押权。

（2）抵押后再设定居住权：居住权不得对抗抵押权。

（六）抵押权人的保全请求权

1. 抵押人的行为足以使抵押财产价值减少的，抵押权人有权请求抵押人停止其行为。

2. 抵押人的行为已经导致抵押财产价值减少的，抵押权人有权请求恢复抵押财产的价值，或者提供与减少的价值相应的担保。抵押人既不恢复价值又不提供担保的，有权请求提前清偿债务。（加速到期）

【注意】必须是抵押人的行为导致价值减少，如果是因为地震、水灾、第三人原因等，抵押权人不享有保全请求权，通过物上代位性解决。

六、最高额抵押

概念	为担保债权人对债务人在**未来一定期限内连续发生**的**"不特定债权"**，而由债务人或第三人提供担保财产，抵押权人有权在**最高债权额限度内**优先受偿。例：为担保甲银行在 2022 年度向乙公司发放的贷款，丙公司以其厂房提供最高额抵押，担保的最高债权额为 500 万元，并办理抵押登记。乙公司到期后无力偿还，则甲银行可就厂房在 500 万的限额内优先受偿。
担保对象	**1. 未来一定期限内发生的"不特定债权"** 原则：仅限于**"抵押权设立之后，被担保的债权确定之前"**发生的债权。 例外：最高额抵押权设立前已经存在的债权，**经当事人同意**，可以转入最高额抵押担保的债权范围。 2. 最高限额 （1）未来实际发生的债权<最高额，以**实际发生的债权**为限对抵押物优先受偿； （2）未来实际发生的债权>最高额，**以最高额为限**，超过最高额的部分**不具有优先受偿的效力**。 （3）登记和约定的最高债权额不一致的，以**登记**为准。 **【注意】**最高债权额，是指包括主债权及其利息、违约金、损害赔偿金、保管担保财产的费用、实现债权或者实现担保物权的费用等在内的全部债权。
从属性例外	1. 在最高额担保的债权确定**前**，部分债权转让的，最高额抵押权**不随之转让**，除非当事人另有约定。例：接上例，债权确定前甲银行将其中的 100 万元债权转让给丁，最高额抵押权并不随之转让，丁不享有最高额抵押权。 2. 在最高额担保的债权确定**后**，部分债权转让的，最高额抵押权**随之转让**。和普通抵押权一样。
债权额度确定时间点	1. 约定的债权确定期间（决算期）**届满**； 2. 没有约定债权确定期间或者约定不明，抵押权人或者抵押人自最高额抵押权**设立之日起满 2 年**后请求确认债权； 3. 新的债权不可能发生； 4. 抵押权人**知道或者应当知道**抵押财产被查封、扣押； 5. 债务人、抵押人被宣告**破产**或者**解散**。
说明	最高额质押、最高额保证，在没有特别规定时参照适用最高额抵押的规则。

【主观题小案例】

案例 1：2021 年 1 月 1 日，甲向乙借款 500 万元，借期一年，丙将自有 A 房屋的房产证交给乙作为抵押，作为担保。2021 年 10 月 1 日，丙将 A 房屋出售给丁，且办理了过户登记。借款到期后，甲无力偿还。

问题 1：乙能否主张对 A 房屋行使抵押权？为什么？

问题 2：乙与丙之间的抵押合同是否有效？为什么？

问题 3：如果 A 房屋市值 400 万元，乙可以向丙主张何种权利？为什么？

案例 2：甲公司向乙银行借款 1 亿元，并以其 A 地建设用地使用权提供抵押，办理了抵押登记。当时，A地上有B建筑、违建的C建筑。其后，甲公司又在A地上建造D建筑。其后，甲公司到期无法偿还借款。

问题1： 乙银行是否有权对B建筑行使抵押权？为什么？

问题2： 乙银行是否有权对C建筑行使抵押权？为什么？

问题3： 乙银行是否有权对D建筑行使抵押权？乙银行实现其抵押权时，应当如何处理D建筑？为什么？

案例3： A机械制造有限公司主要生产吊车、铲车和挖掘机等。2021年1月1日，A公司为甲银行设立动产浮动抵押权，并于同日办理了抵押登记。1月5日，A公司将自己生产的二十辆挖掘机以市价出售给乙建筑公司，乙公司支付全部价款后提走挖掘机。6月10日，A公司将自己的挖掘机生产线整体转让给丙公司，丙公司支付全部价款后运走。其后A公司到期无法履行债务。

问题1： 甲银行能否对出售给乙公司的二十辆挖掘机行使抵押权？为什么？

问题2： 甲银行能否对出售给丙公司的挖掘机生产线行使抵押权？为什么？

案例4： 2020年3月，甲向乙银行借款300万元，约定：借款到期日为2021年2月底，甲以自己的A房提供抵押担保，且约定在抵押期间禁止转让。同日，办理了抵押登记，但未将禁止转让约定予以登记。2021年1月1日，未经乙同意，甲将A房以市价出售给丙并办理了过户登记。借款到期后，甲无力清偿债务，此时乙银行才知道甲已将A房转让给丙。

问题1： 乙银行能否请求确认甲与丙之间的A房买卖合同无效？为什么？

问题2： 丙能否取得A房的所有权？为什么？

问题3： 乙银行能否对A房行使抵押权？为什么？

案例1——问题1： 乙能否主张对A房屋行使抵押权？为什么？

答案： 不能。未办理抵押登记，不动产抵押权未能设立。法条依据为《民法典》第402条。

案例1——问题2： 乙与丙之间的抵押合同是否有效？为什么？

答案： 有效。基于物债二分，抵押权未设立不影响抵押合同的效力。法条依据为《民法典》第215条。

案例1——问题3： 如果A房屋市值400万元，乙可以向丙主张何种权利？为什么？

答案： 乙可以请求丙在400万元的范围内承担赔偿责任。无法办理抵押登记的原因在于丙将房屋出售给丁，可归责于丙，此时债权人乙可以请求抵押人在约定的担保范围内承担责任，但是不得超过抵押权能够设立时抵押人应当承担的责任范围。

案例2——问题1： 乙银行是否有权对B建筑行使抵押权？为什么？

答案： 有权。以建设用地使用权抵押，抵押合同不因土地上存在违法建筑物而无效；以建设用地使用权抵押的，该土地上的已有的建筑物一并抵押，因此乙银行对B建筑享有抵押权。法条依据为《民法典》第397条和《担保解释》第49条。

案例2——问题2： 乙银行是否有权对C建筑行使抵押权？为什么？

答案：无权。 以建设用地使用权抵押，虽然抵押合同不因土地上存在违法建筑物而无效，但是抵押权的**效力不及于违法建筑物**。法条依据为《民法典》第 399 条。

案例 2——问题 3： 乙银行是否有权对 D 建筑行使抵押权？乙银行实现其抵押权时，应当如何处理 D 建筑？为什么？

答案：（1）**无权。** 建设用地使用权抵押后，该土地上**新增的建筑物不属于抵押财产**。（2）应当将 D 建筑与建设用地使用权**一并处分**，但是乙银行对 D 建筑拍卖所得价款**无权优先受偿**。基于房地一体原则，建设用地使用权转让的，地上建筑物的所有权应当一并转让。法条依据为《民法典》第 417 条。

案例 3——问题 1： 甲银行能否对出售给乙公司的二十辆挖掘机行使抵押权？为什么？

答案：不能。 A 机械制造公司的主营项目包括挖掘机，A 公司出卖该动产的行为属于抵押人的**正常经营活动**，且买受人乙公司**已经支付了合理价款**，且**取得抵押财产的所有权**，因此甲银行已经登记的动产浮动抵押权**不得对抗正常经营买受人**乙公司。法条依据为《民法典》第 404 条。

案例 3——问题 2： 甲银行能否对出售给丙公司的挖掘机生产线行使抵押权？为什么？

答案：能。 甲银行已经登记的动产浮动抵押权可以对抗第三人，且丙公司**不属于正常经营买受人**。A 公司向丙公司出售生产线的行为并不属于 A 公司的正常经营活动。法条依据为《民法典》第 403 条、404 条和《担保解释》第 56 条。

案例 4——问题 1： 乙银行能否请求确认甲与丙之间的 A 房买卖合同无效？为什么？

答案：不能。 违反禁止转让抵押财产的约定，**不影响买卖合同的效力**。法条依据为《担保解释》第 43 条。

案例 4——问题 2： 丙能否取得 A 房的所有权？为什么？

答案：能。 禁止转让 A 房的约定**未登记**，**不得对抗善意的丙**。法条依据为《担保解释》第 43 条。

案例 4——问题 3： 乙银行能否对 A 房行使抵押权？为什么？

答案：能。 丙虽然可以取得 A 房的所有权，但是不动产抵押权具有**追及**效力。法条依据为《民法典》第 406 条。

第三节　质权

质权，是指债权人对于债务人或者第三人**转移占有**而提供的担保物，在债务人不履行到期债务时，可就其卖得的价金优先受偿的担保物权。其中，提供担保的债务人或者第三人为**出质人**，债权人为**质权人**，出质人提供的担保财产为质押财产或者质物。

【注意】 与抵押权的区别是，质权以**转移质物的占有**为前提；质权包括**动产质权**和**权利质权**，没有不动产质权。

一、动产质权

【重点法条】

《民法典》

第427条第1款　【质押合同】设立质权，当事人**应当采用书面形式**订立质押合同。

第429条　【动产质权设立】质权自出质人**交付**质押财产时设立。

《担保解释》第55条　【动产流动质押】债权人、出质人与监管人订立**三方协议**，出质人以通过一定数量、品种等**概括描述能够确定范围**的货物为债务的履行提供担保，当事人有证据证明监管人系受债权人的**委托监管并实际控制**该货物的，人民法院应当认定**质权于监管人实际控制货物之日**起设立。监管人违反约定向出质人或者其他人放货、因保管不善导致货物毁损灭失，债权人请求监管人承担**违约责任**的，人民法院依法予以支持。

在前款规定情形下，当事人有证据证明监管人系受**出质人委托**监管该货物，或者虽然受债权人委托但是未实际履行监管职责，导致货物仍由**出质人实际控制**的，人民法院应当认定质权未设立。债权人可以基于质押合同的约定请求出质人承担违约责任，但是**不得超过质权有效设立时出质人应当承担的责任范围**。监管人未履行监管职责，债权人请求监管人承担责任的，人民法院依法予以支持。

（一）动产质权的设立

动产质权，是指以动产为质物的质权。

1. 动产质权＝有效的质押合同＋有权处分＋**交付**（自**交付质物时**设立）

（1）质押合同生效后，债权人有权请求出质人交付质物，否则可以请求出质人承担违约责任。

（2）动产质权的成立，以出质人通过交付移转动产占有给质权人为要件。约定的质物与实际交付的质物**不一致的，以实际移交的为准**。

（3）设立动产质权，**不能采取占有改定的交付方式**。例：甲乙签订质押合同，约定乙将自己价值昂贵的照相机质押给甲。在交付之前，乙提出要拍摄一组大片，仍需使用该相机一个月，甲表示同意。因为质权设立不能采取占有改定方式，甲未取得照相机的质权。

2. 质权人将质物返还给出质人，则**不得以其质权对抗善意第三人**。非基于质权人意愿丧失对质物的占有，如质物被盗，质权人可以请求返还占有。

【注意】流质无效：债权人（质权人）在债务履行期限届满前，与出质人约定债务人不履行到期债务时质押财产归债权人所有的，**只能依法就质押财产优先受偿**。（原理同流押无效）

（二）动产流动质押

1. 动产流动质押，又被称为**存货动态质押**，是指债务人或者第三人为担保债务的履行，以其有权处分的原材料、半成品、产品等**库存货物为标的**向债权人设定质押，双方委托**第三方物流企业占有并监管**质押财产，质押财产被控制在一定数量或者价值范围内进行**动态**更换、出旧补新的一种担保方式。

【示例】甲材料公司为研发一种新型环保材料，向乙银行贷款200万元，并以自己现有的材料和将来生产的材料向乙银行提供质押担保，约定由乙银行委托的丙公司负责监管材料，并将材料价值至少控制在250万元。甲公司销售材料，需请求乙银行签发提货单，丙公司见单才可以放货。三方依约履行。①乙银行**取得了质权**。②材料在质押期间**可以出售**，已经**售出的不属于质物**。③质押期间**生产的新材料成为质物**。④甲公司到期不偿还贷款，则乙银行可以就丙公司负责监管的库存材料**实现质权**。

【说明】 在普通的动产质押情形中，质权设立后质物由质权人占有和控制，出质人无法再对质物进行利用，这在一定程度上阻碍了**质物价值的充分发挥**。在此背景下，动产流动质押应运而生。

2. 判断动产流动质押是否成立的关键在于，交付是否完成，即债权人是否亲自或者通过第三人（监管人）**实际控制**了质物。

（1）第三人（监管人）受**债权人**委托**占有**质物，**完成交付**，质权**设立**。第三人违规放货、保管不善的，承担违约责任。

【注意】 第三人受**债权人**委托占有质物，但质物仍由**出质人控制**，**未完成交付**，质权**未设立**，债权人可以请求第三人承担责任。

（2）第三人受**出质人**委托占有质物，**未完成交付**，质权**未设立**。

债权人可以基于质押合同的约定请求出质人承担违约责任，但是**不得超过质权有效设立时出质人应当承担**的责任范围。

二、权利质权

【重点法条】

《民法典》

第441条 **【以汇票等出质的质权设立】** 以汇票、本票、支票、债券、存款单、仓单、提单出质的，质权**自权利凭证交付质权人时**设立；**没有权利凭证**的，质权自**办理出质登记时**设立。法律另有规定的，依照其规定。

第445条 **【应收账款质押】** 以应收账款出质的，质权自**办理出质登记时**设立。

应收账款出质后，**不得转让，但是出质人与质权人协商同意的**除外。出质人转让应收账款所得的价款，应当向质权人**提前清偿债务或者提存**。

（一）权利质权的设立

1. 权利质权的设立＝合同有效+交付（排除占有改定）/登记

	交付权利凭证时设立	办理出质登记时设立
具体标的	有权利凭证的： ①汇票（必须背书记载"质押"字样并签章）、本票、支票； ②债券、存款单； ③仓单（必须背书记载"质押"字样，并经保管人签章）、提单。	①没有权利凭证的电子提单、电子仓单等； ②可以转让的基金份额、股权； ③可以转让的知识产权中的财产权； ④现有的以及将有的应收账款。

【注意】 只要法律、行政法规没有明确禁止，私人财产均可以抵押或者质押。与此不同，可以**出质的权利，以法律、行政法规明确允许者为限**。故而，债权人与担保人订立担保合同，约定以法律、行政法规尚未规定可以担保的财产权利（出租车经营权等）设立担保的，**担保合同有**

效，但是当事人未在法定的登记机构依法进行登记的，不具有物权效力。

2. 抵押财产原则上可以自由转让，但是基金份额、股权、知识产权财产权、应收账款出质后，不得转让，除非当事人协商同意。转让所得价款，提前清偿或者提存。

3. 有价证券先于被担保的债权到期的，质权人可以兑换或提货，并与出质人协议提前清偿或提存。

（二）应收账款质押的特别规定

1. 以现有应收账款出质

（1）质权人享有优先受偿权的情形

①应收账款在办理出质登记时真实存在；

②应收账款系虚构：应收账款债务人向质权人确认了应收账款的真实性（不得反悔）。

【注意】在应收账款债务人未向质权人确认应收账款真实性的情形，质权人不得仅以已经办理出质登记为由请求就应收账款优先受偿。

（2）通知应收账款债务人的效力

①通知前：应收账款债务人可以向应收账款债权人履行债务，构成有效清偿。

②通知后：应收账款债务人不能向应收账款债权人履行债务，必须向质权人履行。

2. 以基础设施和公用事业项目收益权、提供服务或者劳务产生的债权以及其他将有的应收账款出质：

（1）当事人为应收账款设立特定账户：发生法定或者约定的质权实现事由时，质权人可以就该特定账户内的款项优先受偿。

（2）特定账户内的款项不足以清偿债务或者未设立特定账户：质权人可以请求折价或者拍卖、变卖项目收益权等将有的应收账款，并以所得的价款优先受偿。

【主观题小案例】

案例1：2021年1月1日，甲向乙借款500万元，并约定：甲以自己的古董手表提供质押，不过该手表仍由甲使用一个月。2021年2月5日，甲将手表交给乙。2021年12月1日，乙将手表交给甲，用于参加古董手表展览。展览会结束后，甲将手表出售给不知情的丙并交付。其后，甲无力偿还到期借款。

问题1：乙于2021年1月1日能否取得对手表的质权？为什么？

问题2：甲能否主张对手表行使质权？为什么？

案例2：为了骗取银行贷款，甲公司伪造了一份与乙公司之间的设备买卖合同，并将基于买卖合同的500万元货款债权质押给丙银行办理贷款，办理了出质登记。甲公司无力偿还到期贷款。

问题1：若在发放贷款前，乙公司在丙银行向其发送的应收账款债务确认书上签字确认，丙银行能否请求就500万元优先受偿？为什么？

问题2：若在发放贷款前，丙银行因为工作疏忽未向乙公司发送应收账款债务确认书，其能否请求就500万元优先受偿？为什么？

案例1——问题1：乙于2021年1月1日能否取得对手表的质权？为什么？

答案：不能。动产质权的设立，以出质人通过交付移转动产占有给质权人为要件，且不得采用占有改定的交付方式。法条依据为《民法典》第 429 条。

案例 1——问题 2：甲能否主张对手表行使质权？为什么？

答案：不能。质权人将质物返还给出质人，则不得以其质权对抗善意第三人。

案例 2——问题 1：若在发放贷款前，乙公司在丙银行向其发送的应收账款债务确认书上签字确认，丙银行能否请求就 500 万元优先受偿？为什么？

答案：能。应收账款虽系虚构，但是应收账款债务人向质权人确认了应收账款的真实性。法条依据为《担保解释》第 61 条。

案例 2——问题 2：若在发放贷款前，丙银行因为工作疏忽未向乙公司发送应收账款债务确认书，其能否请求就 500 万元优先受偿？为什么？

答案：不能。虽然办理了出质登记，但是应收账款债务人乙公司并未确认应收账款的真实性。法条依据为《担保解释》第 61 条。

第四节　留置权

【重点法条】

《民法典》

第 447 条　【留置权的一般规定】债务人不履行到期债务，债权人可以留置已经合法占有的债务人的动产，并有权就该动产优先受偿。

前款规定的债权人为留置权人，占有的动产为留置财产。

第 448 条　【留置财产与债权的关系】债权人留置的动产，应当与债权属于同一法律关系，但是企业之间留置的除外。

《担保解释》第 62 条　【留置权】债务人不履行到期债务，债权人因同一法律关系留置合法占有的第三人的动产，并主张就该留置财产优先受偿的，人民法院应予支持。第三人以该留置财产并非债务人的财产为由请求返还的，人民法院不予支持。

企业之间留置的动产与债权并非同一法律关系，债务人以该债权不属于企业持续经营中发生的债权为由请求债权人返还留置财产的，人民法院应予支持。

企业之间留置的动产与债权并非同一法律关系，债权人留置第三人的财产，第三人请求债权人返还留置财产的，人民法院应予支持。

留置权，是指债务人不履行到期债务时，债权人享有的留置其已经合法占有的债务人的动产，并就该动产优先受偿的权利。债权人为留置权人，占有的动产为留置财产或留置物。

【注意】抵押权与质权均属于意定担保物权，留置权属于法定担保物权。

一、留置权的成立要件

（一）积极要件

1. 债务人不履行到期债务。

【注意】债务人丧失支付能力或者被宣告破产的，即使债务尚未到期，债权人也可以行使留置权。

2. 债权人合法占有债务人或者第三人的动产。

（1）留置财产限于动产。

（2）留置的动产可以属于债务人所有，也可以属于第三人所有。

【注意】留置第三人所有的动产，不以债权人善意为前提，即不要求债权人不知道也不应当知道动产为第三人所有。

【示例】甲借用乙的汽车。发生交通事故后，甲将车送丙修理。若甲不支付修理费，无论丙是否知道汽车属于乙所有，丙均可以留置汽车。

（3）留置的动产须为债权人合法占有。

①合法占有不等于有权占有；

【示例】拾得人对于遗失物的占有属于无权占有，但却为合法占有。若失主不向拾得人支付其支出的必要费用，拾得人可以留置遗失物。

②仅要求动产为债权人合法占有，并不要求动产为债务人合法占有。债权人合法占有的动产是债务人非法占有的，并不影响留置权的成立；

【示例】甲盗取乙的汽车，送交丙维修。若甲不支付修理费，丙可以留置该车。

③区分自助行为与留置权的行使。

【示例】蒋同学去饭店吃饭，因忘记带钱被老板认为吃霸王餐，强行扣下其电脑。老板扣下电脑属于自助行为，并非行使留置权，因为在此之前，老板对电脑根本未取得占有。

3. 债权的发生与动产的占有属于同一法律关系，即具有牵连性。常见的有承揽、保管、维修、运输、委托、行纪等。

【示例】承揽人占有加工物和请求定作人支付报酬都是基于承揽合同，若不支付报酬可以留置加工物。

（二）消极要件

1. 法律规定或者当事人约定不得留置的动产，不得留置。

2. 留置不得违反公序良俗。

【示例】不得因欠医疗费而留置死者的尸体。

3. 不得与留置权人的义务抵触。

【示例】未修理好物品，导致对方不支付维修费时，维修方不得留置物品。

二、商事留置权的特别规定

1. 商事留置权，是指债权人与债务人均为企业的情形，债权人所享有的留置权。与普通留置权相比，商事留置权的特别之处在于，不要求债权的发生与动产的占有属于同一法律关系。

【示例】甲公司欠乙公司维修费，现乙公司受托保管甲公司一批货物，乙公司可就该批货物成立留置权。

2. 一旦债权之发生与动产的占有不属于同一法律关系，对商事留置权存在两个限制：

（1）不得留置第三人的动产。

【示例】甲公司拖欠乙公司A设备销售款100万元。其后，甲公司将其从丙公司租赁的B设备送交乙公司维修。若甲公司支付了维修费用，乙公司不得留置B设备，以督促甲公司支付销售款。因为，债权的发生与动产的占有不属于同一法律关系，不得留置第三人的动产。

（2）债权必须属于企业**持续经营中**发生的债权。

所谓企业持续经营中发生的债权，是指企业之间因经常性的商事交易而发生的债权。例如，买卖价款债权。通过**债权转让**取得的债权或者**非基于法律行为**取得的债权，通常**不属于**企业持续经营中发生的债权。

【示例】 甲公司与乙公司签订债权转让合同，约定甲公司将其对丙公司的到期债权转让给乙公司，并通知了丙公司。其后，丙公司将一批货物送交乙公司运输，并预付了全部运输费用。乙公司不得留置该批货物，因为乙公司受让的债权与其占有该批货物不属于同一法律关系，且受让的债权不属于企业持续经营中发生的债权。

【注意】 在债权人与债务人均为企业的情形，如果债权的发生与动产的占有属于同一法律关系，自然适用普通留置权的规则：可以留置第三人的动产，也不要求债权必须属于企业持续经营中发生的债权。

【示例】 甲公司将一辆七座商务车租赁给乙公司使用。乙公司在使用过程中造成商务车损坏，于是乙公司将车送交丙公司修理。若乙公司不支付修理费，丙公司可以留置该车。

三、留置权的消灭

1. 留置权人丧失占有，留置权消灭。
2. 留置权人接受债务人另行提供的担保，留置权消灭。

【主观题小案例】

案例 1：甲公司对乙公司的 50 万元货款债务于 2018 年 1 月 1 日到期，但是一直无力清偿。2021 年 2 月 1 日，甲公司将其自有的一套机械设备送乙公司修理。

问题：若甲公司已经支付修理费，乙公司能以甲公司拖欠 50 万元货款为由留置机械设备？为什么？

案例 2：甲公司因诽谤乙公司，被法院判决赔偿 100 万元，但是甲公司迟迟不肯支付赔偿金。其后，甲公司将其租赁的一套机械设备送乙公司修理。

问题：若甲公司已经支付修理费，乙公司能否以甲公司未支付赔偿金为由留置设备？为什么？

案例 1——问题：若甲公司已经支付修理费，乙公司能以甲公司拖欠 50 万元货款为由留置机械设备？为什么？

答案：**能**。商事留置不要求债权的发生与动产的占有属于同一法律关系，且留置权**不受主债权诉讼时效的影响**。法条依据为《民法典》第 448 条。

案例 2——问题：若甲公司已经支付修理费，乙公司能否以甲公司未支付赔偿金为由留置设备？为什么？

答案：**不能**。在债权的发生与动产的占有不属于同一法律关系时，商事留置要求债权为**企业持续经营中发生的债权**，而基于侵权的损害赔偿请求权并不属于企业持续经营中发生的债权。法条依据为《担保解释》第 62 条。

第六章

债权的担保：人保

历年真题考点与考查方式	
2017 年	问 2：就 S 企业对丙的 200 万元借款，甲、丁、戊各应承担何种责任？为什么？（一般保证推定）

保证合同，是为保障债权的实现，保证人和债权人约定，当债务人不履行到期债务或者发生当事人约定的情形时，保证人履行债务或者承担责任的合同。

【注意】保证人以其信用（一般责任财产）提供担保，而非用自己的特定财产提供担保，债权人对保证人的一般责任财产不享有优先受偿权。

第一节 保证合同

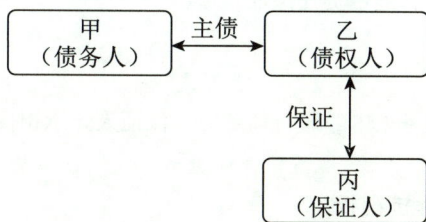

```
  ┌──────────┐   主债   ┌──────────┐
  │    甲    │◀────────▶│    乙    │
  │ （债务人）│          │ （债权人）│
  └──────────┘          └──────────┘
                             ▲
                          保证 │
                             ▼
                        ┌──────────┐
                        │    丙    │
                        │ （保证人）│
                        └──────────┘
```

当事人	保证人与债权人，且保证人必须是第三人，不能是债务人本人
4 种订立方式	1. 单独书面保证合同。 2. 主合同有保证条款，保证人在主合同签字/盖章/按指印。 3. 主合同没有保证条款，第三人以保证人身份在主合同签字/盖章/按指印。 4. 第三人单方以书面形式作出保证，债权人接收且未提出异议。 【注意】他人在借据、收据、欠条等债权凭证或者借款合同上签名或者盖章，但是未表明其保证人身份或者承担保证责任，或者通过其他事实不能推定其为保证人的，不能将其认定为保证人。

第二节　保证方式

【重点法条】

《民法典》

第 686 条　【保证的方式】保证的方式包括一般保证和连带责任保证。

当事人在保证合同中对保证方式没有约定或者约定不明确的，按照一般保证承担保证责任。

第 687 条　【一般保证及先诉抗辩权】当事人在保证合同中约定，债务人不能履行债务时，由保证人承担保证责任的，为一般保证。

一般保证的保证人在主合同纠纷未经审判或者仲裁，并就债务人财产依法强制执行仍不能履行债务前，有权拒绝向债权人承担保证责任，但是有下列情形之一的除外：

（一）债务人下落不明，且无财产可供执行；

（二）人民法院已经受理债务人破产案件；

（三）债权人有证据证明债务人的财产不足以履行全部债务或者丧失履行债务能力；

（四）保证人书面表示放弃本款规定的权利。

第 688 条　【连带责任保证】当事人在保证合同中约定保证人和债务人对债务承担连带责任的，为连带责任保证。

连带责任保证的债务人不履行到期债务或者发生当事人约定的情形时，债权人可以请求债务人履行债务，也可以请求保证人在其保证范围内承担保证责任。

保证的方式包括一般保证和连带责任保证。

一、一般保证

一般保证是指，只有在债务人不能履行债务时，保证人才承担保证责任，即一般保证人享有先诉抗辩权。

（一）一般保证人的先诉抗辩权

1. 含义：一般保证的保证人在主合同纠纷未经审判或者仲裁，并就债务人财产依法强制执行仍不能履行债务前，有权拒绝向债权人承担保证责任。

2. 排除先诉抗辩权的情形

（1）债务人下落不明，且无财产可供执行；

（2）人民法院已经受理债务人破产案件；

（3）债权人有证据证明债务人的财产不足以履行全部债务或者丧失履行债务能力；

（4）保证人书面表示放弃先诉抗辩权。

【注意】一般保证的保证人在主债务履行期限届满后，向债权人提供债务人可供执行财产的真实情况，债权人放弃或者怠于行使权利致使该财产不能被执行的，保证人在其提供可供执行财产的价值范围内不再承担保证责任。

（二）一般保证人的诉讼地位

1. 债权人未就主合同纠纷提起诉讼或者申请仲裁，仅起诉一般保证人的，人民法院应当驳回起诉。

【注意】《民诉法解释》第 66 条和《民间借贷规定》第 4 条均规定，仅起诉一般保证人的，人民法院应当追加债务人为共同被告，而《担保解释》第 26 条规定："仅起诉一般保证人的，人民法院应当驳回起诉。"由于《担保解释》出台的时间晚一些，且《民间借贷规定》仅仅是根据《民法典》进行了形式修正，内容上并无实质变化，而《担保解释》代表了最高院的最新立场，故而应以《担保解释》的规定为准。需要说明的是，基于民诉的处分原则，是否将债务人列为共同被告应属于债权人可以自由决定之事，法院不应当直接追加债务人为共同被告。就此而言，《担保解释》的规定比《民诉法解释》和《民间借贷规定》要合理一些。但是，更为妥当的做法也许是，法院首先向债权人释明，让其将债务人列为共同被告，只有债权人不同意的情况下，才可以驳回起诉。

2. 债权人一并起诉债务人和保证人的，人民法院可以受理，但是在作出判决时，应当在判决书主文中明确，保证人仅对债务人财产依法强制执行后仍不能履行的部分承担保证责任。

【注意】债权人未对债务人的财产申请保全，或者保全的债务人的财产足以清偿债务，债权人申请对一般保证人的财产进行保全的，人民法院不予准许。

二、连带责任保证

连带责任保证，是指保证人和债务人对债务承担连带责任，只要债务人不履行债务，债权人就可以请求保证人承担保证责任，即连带责任保证人不享有先诉抗辩权。

【说明】连带责任的意思是，债权人既可以找债务人，也可以找连带责任保证人，还可以同时找债务人和连带责任保证人。

【注意】在连带责任保证中，债权人仅起诉债务人的，人民法院可以不追加保证人为共同被告；债权人仅起诉保证人的，人民法院也可以不追加债务人为共同被告。当然，也可以一起告。

三、保证方式的识别

一般保证和连带责任保证的根本区别在于，一般保证人享有先诉抗辩权，而连带责任保证人并无先诉抗辩权。因而，识别保证方式的关键是看债务人是否应当先承担责任。

1. 认定为一般保证

（1）保证合同中明确约定"一般保证"；

（2）具有债务人应当先承担责任的意思表示：约定保证人在债务人不能履行债务或者无力偿还债务时才承担保证责任。

2. 认定为连带责任保证

（1）保证合同中明确约定"连带责任保证"；

（2）不具有债务人应当先承担责任的意思表示：约定保证人在债务人不履行债务或者未偿还债务时即承担保证责任、无条件承担保证责任。

3. 一般保证推定

当事人在保证合同中对保证方式没有约定或者约定不明确的，按照一般保证承担保证责任。

【注意】必须先对保证合同的约定进行意思表示解释，以确定是一般保证还是连带责任保证，只有经过解释依然无法明确保证方式的，才能推定为一般保证。

第三节　保证期间与保证债务诉讼时效

【重点法条】

《民法典》

第 692 条　【保证期间】保证期间是确定保证人承担保证责任的期间，**不发生中止、中断和延长**。

债权人与保证人可以**约定**保证期间，但是约定的保证期间**早于**主债务履行期限或者与主债务履行期限**同时届满**的，视为**没有约定**；**没有约定或者约定不明确**的，保证期间为主债务履行期限届满之日起**六个月**。

债权人与债务人对主债务履行期限没有约定或者约定不明确的，保证期间自**债权人请求债务人履行债务的宽限期届满之日**起计算。

第 693 条　【保证期间经过的后果】**一般保证**的债权人**未**在保证期间对债务人提起**诉讼**或者申请**仲裁**的，保证人不再承担保证责任。

连带责任保证的债权人**未**在保证期间**请求**保证人承担保证责任的，保证人不再承担保证责任。

第 694 条　【保证债务诉讼时效的起算点】一般保证的债权人在保证期间届满前对债务人提起诉讼或者申请仲裁的，从保证人**拒绝承担保证责任的权利消灭之日**起，开始计算保证债务的诉讼时效。

连带责任保证的债权人在保证期间届满前请求保证人承担保证责任的，从**债权人请求保证人承担保证责任之日**起，开始计算保证债务的诉讼时效。

一、保证期间

保证期间，是确定保证人承担保证责任的期间。

（一）保证期间的性质

1. 不发生中止、中断和延长，属于**除斥期间**。

2. 法院应**主动审查**保证期间是否届满、债权人是否在保证期间内依法行使权利等事实。

（二）保证期间的长度与起算

1. 有约定：从约定

2. 没有约定或者约定不明：

（1）约定了主债务履行期限

①保证期间为**主债务履行期限届满之日起六个月**；

②约定的保证期间**早于**主债务履行期限或者与主债务履行期限**同时**届满，视为**没有约定**；

③保证合同约定保证人承担保证责任**直至主债务本息还清**时为止等类似内容的，**视为约定不明**。

【注意】债权人和债务人变更主债权债务合同的履行期限，未经保证人书面同意的，保证期间不受影响，即根据原来的履行期限确定保证期间。

（2）主债务履行期限没有约定或者约定不明确

保证期间自债权人请求债务人履行债务的**宽限期届满之日**起计算。

【示例】甲向乙借款 100 万，于 2021 年 12 月 31 日到期。丙提供保证，约定保证期间于 2021 年 11 月 30 日届满。由于保证期间早于主债务履行期限届满，视为没有约定，自 2022 年 1 月 1 日开始起算 6 个月的保证期间。

3. **最高额保证**的保证期间

（1）保证期间统一起算，而非每一笔债权单独起算。

（2）保证期间何时起算，取决于被担保债权的履行期限于债权确定之日是否均已届满：

①均已届满：自债权确定之日起开始计算保证期间；

②只要有一笔债权的履行期限尚未届满：自最后到期债权的履行期限届满之日起开始计算保证期间。

【示例】甲向乙在 2021 年分别借款 100 万（约定 2021 年 9 月 1 日还）、200 万（约定 2022 年 1 月 1 日还）、300 万（约定 2022 年 3 月 1 日还），丙为 2021 年度甲乙之间的债务提供最高额保证，约定债权确定之日为 2021 年 12 月 31 日，未约定保证期间。在 2021 年 12 月 31 日，由于还有两笔债权的履行期限尚未届满，三笔借款的保证期间均应当从最后届满的 2022 年 3 月 1 日起算六个月的保证期间。

（三）债权人避免保证人脱保的法定动作

1. 一般保证

（1）债权人必须在保证期间对债务人提起诉讼或者申请仲裁，否则保证人免责。

（2）一般保证的债权人在保证期间内对债务人提起诉讼或者申请仲裁后，又撤回起诉或者仲裁申请，在保证期间届满前未再行提起诉讼或者申请仲裁，保证人可以主张免责。

（3）一般保证的债权人取得对债务人赋予强制执行效力的公证债权文书后，在保证期间内向人民法院申请强制执行，视为债权人已经完成法定动作，保证人不免责。

2. 连带责任保证

（1）债权人必须在保证期间请求保证人承担保证责任，否则保证人免责。

（2）连带责任保证的债权人在保证期间内对保证人提起诉讼或者申请仲裁后，又撤回起诉或者仲裁申请，起诉状副本或者仲裁申请书副本已经送达保证人的，应当认定债权人已经在保证期间内向保证人行使了权利，保证人不免责。

3. 保证合同无效

保证合同无效，保证人本来需要承担赔偿责任的情形，如果债权人未在保证期间内完成上述法定动作，保证人不承担赔偿责任。

4. 共同保证

（1）债权人在保证期间内仅对部分保证人完成上述法定动作，其他保证人免责。

（2）保证人之间相互有追偿权，债权人未在保证期间内对部分保证人完成上述法定动作，导致其他保证人在承担保证责任后丧失追偿权，其他保证人可以主张在其不能追偿的范围内免除保证责任。

【示例】甲向乙借款 100 万，丙、丁约定为乙提供共同保证，同时约定承担保证责任后可以相互追偿。后甲无力还款，乙在保证期间内仅请求丙承担保证责任，保证期间经过，丁不再承担保证责任。丙可以主张仅承担 50 万的保证责任。

【注意】因保证期间经过导致保证责任消灭的，债权人书面通知保证人要求承担保证责任，保证人在通知书上签字、盖章或者按指印，债权人请求保证人继续承担保证责任的，人民法院不予支持，但是债权人有证据证明成立了新的保证合同的除外。

二、保证债务诉讼时效

（一）一般保证

1. 一般保证的债权人在保证期间届满前对债务人提起诉讼或者申请仲裁的，从保证人拒绝承担保证责任的权利消灭之日起，开始计算保证债务的诉讼时效。

2. 一般保证人拒绝承担保证责任的权利消灭之日通常为法院终结执行程序裁定送达债权人之日。如果法院自收到申请执行书之日起一年内未作出该裁定的，自法院收到申请执行书满一年之日起开始计算，但是保证人有证据证明债务人仍有财产可供执行的除外。

3. 一般保证的债权人在保证期间届满前对债务人提起诉讼或者申请仲裁，债权人举证证明保证人存在丧失先诉抗辩权的法定情形的，保证债务的诉讼时效自债权人知道或者应当知道该情形之日起开始计算。

【示例】甲向乙借款 100 万，约定主债务履行期限届满之日为 2021 年 12 月 31 日，丙提供一般保证。乙于 2022 年 2 月 1 日起诉甲，3 月 1 日胜诉判决，5 月 1 日申请强制执行，8 月 1 日强制执行完毕仍还有 50 万元没有清偿，并将终结执行裁定送达乙。保证期间自 2022 年 1 月 1 日起算 6 个月。乙于 2022 年 2 月 1 日起诉甲，已经于保证期间依法行使权利。2022 年 8 月 1 日，终结执行程序裁定送达债权人乙，丙丧失先诉抗辩权，开始计算保证债务的诉讼时效。

（二）连带责任保证

连带责任保证的债权人在保证期间届满前请求保证人承担保证责任的，从债权人请求保证人承担保证责任之日起，开始计算保证债务的诉讼时效。

【注意】

①保证人受保证期间、保证债务诉讼时效、主债务诉讼时效的三重保护。

②债权人在保证期间内没有依法行使权利，则保证人不再承担保证责任，没有保证债务诉讼时效的问题；只有债权人在保证期间内依法行使了权利，才有保证债务诉讼时效的起算问题。

第四节　保证人的权利

【重点法条】

《民法典》

第 700 条　【保证人的追偿权与法定代位权】保证人承担保证责任后，除当事人另有约定外，有权在其承担保证责任的范围内向债务人追偿，享有债权人对债务人的权利，但是不得损害债权人的利益。

第 701 条　【保证人的抗辩权】保证人可以主张债务人对债权人的抗辩。债务人放弃抗辩的，保证人仍有权向债权人主张抗辩。

第 702 条　【抵销权或撤销权范围内的免责】债务人对债权人享有抵销权或者撤销权的，保证人可以在相应范围内拒绝承担保证责任。

一、抗辩权

（一）保证人自己的抗辩权

1. 一般保证人享有先诉抗辩权；

2. 保证债务诉讼时效经过，保证人享有时效抗辩权。

【注意】保证人放弃自己的抗辩权，不影响其承担责任后向债务人追偿。

（二）保证人可以援用债务人对债权人的抗辩权（基于担保的从属性）

债务人对债权人的抗辩权，包括但不限于：

1. 主债务诉讼时效经过抗辩权；

2. 可抵销/可撤销抗辩权：债务人对债权人享有抵销权或者撤销权的，保证人可以在相应范围内拒绝承担保证责任。

【示例】甲向乙借款 100 万，丙提供连带责任保证。其后，甲到期无力偿还借款，而甲对乙有一笔到期的 50 万元债权。如果甲与乙之间的债权满足法定抵销的条件，则丙可以行使可抵销抗辩权，主张自己只承担 50 万元的保证责任。

【注意】债务人放弃抗辩，保证人可以主张抗辩也可以放弃抗辩，放弃的，可追偿。债务人主张抗辩，保证人必须主张抗辩，没有主张抗辩，不能追偿。

【总结】保证人放弃抗辩后的追偿权

1. 原则：保证人放弃抗辩（不管是自己的还是债务人的）仍可追偿；

2. 例外：只有在债务人主张抗辩，保证人放弃（债务人的）抗辩的情况下，不能追偿。

二、追偿权与法定代位权

1. 保证人承担保证责任后，取得追偿权与法定代位权。

2. 追偿权：保证人有权在其承担保证责任的范围内向债务人追偿。

【注意】保证人知道或应当知道主债权诉讼时效期间届满仍然提供保证或者承担保证责任，不能再以诉讼时效期间届满为由拒绝承担；承担保证责任后也不能找债务人追偿，除非债务人放弃诉讼时效抗辩。

3. 法定代位：保证人取代债权人的地位，享有债权人对债务人的权利，但是不得损害债权人的利益。

4. 诉讼时效的起算：追偿权是保证人在承担保证责任后新取得的债权，所以追偿权的诉讼时效期间自保证人向债权人承担保证责任之日起算；而法定代位权是保证人取得了债权人对债务人的债权，因此其诉讼时效期间的起算以主债权为准。

【知识点分析思路总结】

保证方式的识别？

第一步，是否存在一般保证/连带责任保证的明确表述？

第二步，进行意思表示解释。有债务人应当先承担责任的意思表示→一般保证；否则为连带责任保证。

第三步，存疑推定为一般保证。

【主观题小案例】

案例 1：2020 年 1 月 1 日，甲银行与乙公司签订《2020 年度授信协议》，约定甲银行于 2020

年度向乙公司提供 5000 万元的授信额度。同日，甲银行与丙公司签订《最高额保证合同》，约定丙公司在 5000 万元的最高额内对乙公司《授信协议》项下的债务无条件承担保证责任。截至 2020 年 12 月 31 日，甲银行向乙公司累计发放三笔贷款，合计 4900 万元，A、B、C 三笔贷款的到期日分别为：2020 年 3 月 1 日；2020 年 6 月 1 日；2021 年 2 月 1 日。因乙公司到期无法偿还本息，甲银行于 2021 年 5 月 1 日请求丙公司承担保证责任。

问题 1：丙公司提供的是何种方式的保证？为什么？

问题 2：A 笔贷款的保证期间应当从何时开始计算？为什么？

问题 3：丙公司对 C 笔贷款的保证债务诉讼时效应当从何时起算？为什么？

案例 2：甲于 2021 年 1 月 1 日向乙借款 500 万元，借期一年。为担保甲到期还款，乙与丙签订保证合同，约定：若甲到期无法偿还本息，丙承担保证责任；乙不得将其对甲的债权转让给他人。其后，甲到期无力偿还借款。

问题：丙提供的是何种方式的保证？为什么？

案例 3：2018 年 1 月 1 日，甲向乙借款 100 万元，借期一年。丙承诺提供连带责任保证。甲到期未偿还借款，考虑到甲根本无钱偿还，乙仅于 2019 年 1 月 10 日请求丙承担保证责任，被拒。直至 2022 年 10 月 1 日，乙才向法院起诉，请求甲还本付息，并请求丙承担保证责任。

问题 1：丙能否拒绝承担保证责任？为什么？

问题 2：若甲主张诉讼时效抗辩权，承担了保证责任的丙能否向甲追偿？为什么？

问题 3：若甲表示愿意还款，丙能否拒绝承担保证责任？为什么？

问题 4：若甲表示愿意还款，承担了保证责任的丙能否向甲追偿？为什么？

案例 1—问题 1：丙公司提供的是何种方式的保证？为什么？

答案：连带责任保证。丙公司与甲银行无条件承担保证责任的约定，意味着保证人丙不具有债务人乙公司应当先承担责任的意思表示，保证人丙不享有先诉抗辩权。法条依据为《民法典》第 688 条。

案例 1—问题 2：A 笔贷款的保证期间应当从何时开始计算？为什么？

答案：从 2021 年 2 月 1 日开始计算。最高额保证的保证期间统一起算，只要有一笔债权的履行期限在债权确定之日尚未届满，则自最后到期债权的履行期限届满之日起开始计算保证期间。法条依据为《担保解释》第 30 条。

案例 1—问题 3：丙公司对 C 笔贷款的保证债务诉讼时效应当从何时起算？为什么？

答案：从 2021 年 5 月 1 日起算。连带责任保证的债权人甲银行在保证期间届满前请求保证人丙公司承担保证责任的，从债权人请求保证人承担保证责任之日起，开始计算保证债务的诉讼时效。法条依据为《民法典》第 694 条第 2 款。

案例 2—问题：丙提供的是何种方式的保证？为什么？

答案：一般保证。约定甲到期无法偿还本息则由丙承担保证责任，具有债务人应当先承担责任的意思表示，保证人丙享有先诉抗辩权。法条依据为《民法典》第 687 条。

案例 3—问题 1：丙能否拒绝承担保证责任？为什么？

答案：能。债务人甲的债务已过诉讼时效，基于担保的从属性，保证人丙可以援用其对债权人乙的诉讼时效抗辩权。法条依据为《民法典》第 682 条。

案例 3—问题 2：若甲主张诉讼时效抗辩权，承担了保证责任的丙能否向甲追偿？为什么？

答案：不能。甲主张诉讼时效抗辩权，意味着甲可以拒绝履行债务，丙承担责任超出了甲应当承担的责任范围。法条依据为《担保解释》第 35 条。

案例 3—问题 3：若甲表示愿意还款，丙能否拒绝承担保证责任？为什么？

答案：能。债务人甲的债务已过诉讼时效，即使其放弃诉讼时效抗辩权，保证人丙依然可以向债权人乙主张诉讼时效抗辩权。法条依据为《民法典》第 701 条。

案例 3—问题 4：若甲表示愿意还款，承担了保证责任的丙能否向甲追偿？为什么？

答案：能。保证人丙即使未主张诉讼时效抗辩权，依然可以向债务人甲追偿，因为甲已经放弃诉讼时效抗辩权。法条依据为《担保解释》第 35 条。

第七章

债权的担保：非典型担保

历年真题考点与考查方式	
2020 年	如果乙公司未将房屋分配给 A、B，A、B 能否终局取得乙公司 40% 的股权？为什么？（股权让与担保）
2019 年	甲公司与乙公司签订的"以物抵债"协议的效力如何？（以物抵债）
2018 年	在破产程序尚未开始时，若甲公司不能偿还民间借贷，出借人能否要求甲公司交付房屋？（后让与担保）
	能否将甲公司与民间借贷出借人的房屋买卖合同看成是物权担保？为什么？（后让与担保）
2017 年	问 1：就甲对乙的 100 万元借款，如乙未起诉甲履行借款合同，而是起诉甲履行买卖合同，应如何处理？请给出理由。（后让与担保）
2016 年	问 1：甲与乙关于将汽车让与给债权人乙作为债务履行担保的约定效力如何？为什么？乙对汽车享有什么权利？（让与担保）

第一节　让与担保、后让与担保与以物抵债

【重点法条】

《担保解释》第 68 条　【让与担保】债务人或者第三人与债权人约定将财产形式上转移至债权人名下，债务人不履行到期债务，债权人有权对财产折价或者以拍卖、变卖该财产所得价款偿还债务的，人民法院应当认定该约定有效。当事人已经完成财产权利变动的公示，债务人不履行到期债务，债权人请求参照民法典关于担保物权的有关规定就该财产优先受偿的，人民法院应予支持。

债务人或者第三人与债权人约定将财产形式上转移至债权人名下，债务人不履行到期债务，财产归债权人所有的，人民法院应当认定该约定无效，但是不影响当事人有关提供担保的意思表示的效力。当事人已经完成财产权利变动的公示，债务人不履行到期债务，债权人请求对该财产享有所有权的，人民法院不予支持；债权人请求参照民法典关于担保物权的规定对财产折价或者以拍卖、变卖该财产所得的价款优先受偿的，人民法院应予支持；债务人履行债务后请求返还财产，或者请求对财产折价或者以拍卖、变卖所得的价款清偿债务的，人民法院应予支持。

债务人与债权人约定将财产**转移至债权人名下**，在一定期间后再由债务人或者其指定的第三人以交易本金加上溢价款**回购**，债务人到期**不履行回购义务，财产归债权人所有的**，人民法院应当参照第二款规定处理。回购对象自始不存在的，人民法院应当依照民法典第一百四十六条第二款的规定，按照其实际构成的法律关系处理。

《民间借贷规定》第 23 条　【买卖型担保】当事人以订立**买卖合同**作为民间借贷合同的担保，借款到期后借款人不能还款，出借人请求履行买卖合同的，人民法院应当**按照民间借贷法律关系**审理。当事人根据法庭审理情况变更诉讼请求的，人民法院应当准许。

按照民间借贷法律关系审理作出的判决生效后，借款人不履行生效判决确定的金钱债务，出借人可以**申请拍卖**买卖合同标的物，以偿还债务。就拍卖所得的价款与应偿还借款本息之间的差额，借款人或者出借人有权主张返还或者补偿。

一、让与担保

概念	让与担保，是指为担保债务的履行，债务人或者第三人与债权人订立合同，将特定财产的**所有权转移至债权人名下**，如果债务届期履行完毕，债权人将所有权**回复**至债务人或第三人名下；如果债务届期未履行，债权人可以就该财产拍卖、变卖所得价款**优先受偿**。 【让与所有权的目的是担保，并且是在债务人不履行债务之**前**先将所有权让与给债权人，所以又称为**先让与担保**】
构成要件	1. 有效的让与担保合同 2. 权利变动公示：不动产过户登记/动产交付
法律效果	1. 债权效力：让与担保合同有效； 2. 物权效力：债权人取得担保物权，享有**优先受偿权**。
注意	1. 如果让与担保合同中约定，债务人到期不履行债务，则担保财产归债权人所有，该约定属于**流担保**，与抵押合同中的流押条款类似，**无效**。如同流押条款无效不影响抵押权的设立一样，该约定的无效同样**不影响**让与担保的设立。 【注意】流押条款出现于抵押合同中，让与担保中也可能会出现类似的条款，只是名字不叫流押条款，本质上是一样的。 2. **股权让与担保**：股东以将其股权转移至债权人名下的方式为债务履行提供担保，公司或者公司的债权人以股东未履行或者未全面履行出资义务、抽逃出资等为由，请求作为名义股东的债权人与股东承担**连带责任**的，人民法院**不予支持**。

【示例】甲向乙借款 500 万，约定：甲将 A 房（价值 600 万）过户给乙，如果甲到期未还款，A 房归乙所有。甲按照约定办理了 A 房的过户手续。①甲将 A 房过户给乙的目的在于担保借款合同的履行。②已经完成了 A 房的过户手续，所以成立让与担保。③如果甲到期不还款，乙可以主张就 A 房的拍卖所得价款优先受偿，但是不能主张 A 房归自己所有（甲到期未还款则 A 房归乙所有的约定属于流担保条款，无效，但是并不影响担保物权的设立）。

【注意】回购条款：债务人与债权人约定将财产转移至债权人名下，在一定期间后再由债务人或者其指定的第三人以交易本金加上溢价款回购，债务人到期不履行回购义务，财产归债权人所有。①关于财产**归债权人所有**的约定**无效**。②如果债务人已经按照约定将财产转移至债权人名下，则成立**让与担保**。③回购对象自始不存在的，通谋虚伪表示**无效**，按照其实际构成的法律关系处理。

二、后让与担保

概念	后让与担保，是指为担保债务的履行，债务人或者第三人与债权人订立买卖合同，约定：如果债务届期履行完毕，买卖合同不履行；如果债务届期未履行，债权人作为买受人可以请求出卖人（债务人或者第三人）履行买卖合同，转移标的物的所有权。 【后让与担保中，担保人是在债务人届期不履行时才需履行买卖合同，移转担保财产的所有权，所以才被称为后让与担保。签订买卖合同的目的在于提供担保，因此后让与担保又称买卖型担保。】
法律效果	1. 债权效力：后让与担保合同有效。
	2. 物权效力：担保物权未设立。
	【注意】后让与担保中，担保人尚未移转财产的所有权，即尚未完成物权变动公示，所以无法设立担保物权；但是，当事人提供担保的意思表示是真实的，故而后让与担保具有债权性质的担保效力，即：债权人可以请求拍卖标的物用于偿债，但是无优先受偿权。
注意	1. 当事人以订立买卖合同作为民间借贷合同的担保，借款到期后借款人不能还款，出借人请求履行买卖合同的，人民法院应当按照民间借贷法律关系审理。 2. 按照民间借贷法律关系审理作出的判决生效后，借款人不履行生效判决确定的金钱债务，出借人可以申请拍卖买卖合同标的物，以偿还债务，但是并无优先受偿权。 【说明】如果后让与担保人是债务人，实质上无法起到担保的作用；如果后让与担保人是第三人，第三人起到的作用类似于保证人，只不过限于以买卖合同标的物的价值为限承担保证责任。

【示例】甲向乙借款 500 万，同时签订房屋（价值 600 万）买卖合同，约定：如果甲到期还款，则买卖合同不履行；如果甲到期未还款，则履行买卖合同，价款则以借款本息抵偿。①甲与乙签订的买卖合同旨在担保借款合同的履行。②因房屋的所有权在甲到期未还款之时才需要转移给乙，所以属于后让与担保。③如果甲到期未还款，则乙不得请求履行买卖合同，只能起诉请求甲偿还借款。拿到胜诉判决后，如果甲不履行生效判决，则乙可以请求拍卖房屋，并以所得价款偿还借款，但是乙对房屋的所得价款并无优先受偿权。

三、以物抵债

以物抵债，是指债权人与债务人达成合意，债务人以他种给付代替原给付，从而使债消灭。以物抵债通常由债权人与债务人达成"以物抵债协议"、"抵顶协议"。例如，开发商无力支付工程款，和包工头签订抵顶协议，约定：开发商十套房屋抵偿工程款。

（一）以物抵债协议的性质

传统理论认为以物抵债协议属于实践合同，只有债务人交付了抵债物，以物抵债协议才成立。最高院主张以物抵债协议属于诺成合同，以物抵债协议自签订之时成立。（答题以最高院观点为准）

（二）以物抵债协议的效力

1. 履行期届满后达成的以物抵债协议

（1）若无其他无效事由，应当认定有效

【注意】以物抵债协议有可能因恶意串通而无效；以物抵债还可能涉嫌以不合理的低价转让财产，债权人可能可以行使撤销权。

（2）在当事人未明确约定以物抵债协议签订后原债务消灭时，应认定为新债清偿，即：新债（交付抵债物）与旧债并存。

（3）抵债物尚未交付：债权人可以请求债务人交付抵债物或承担违约责任，也可以转而请求债务人履行旧债。

（4）抵债物已经交付：自抵债物交付之日起，新债和旧债均归消灭，债权人取得抵债物的所有权。

【比较】新债清偿与债务更新

（1）新债清偿：债务人和债权人约定以新债作为旧债的清偿，新债清偿时，新债与旧债同时消灭。

①新债未清偿时，新债与旧债并存。债权人原则上应当先请求履行新债。

②债务人不履行新债的，债权人既可以根据新债主张继续履行或者违约责任，也可以请求恢复旧债的履行。

（2）债务更新

债务人和债权人约定成立新债，并同时消灭旧债。新债成立后旧债即归于消灭，债权人只能请求债务人履行新债。

（3）由于认定为新债清偿对债权人更为有利，所以在当事人未明确约定新债成立则旧债消灭时，应认定为新债清偿。

2. 履行期届满前达成的以物抵债协议

（1）抵债物尚未交付：按买卖型担保（后让与担保）处理。

①债权人请求债务人交付抵债物的，人民法院应当向其释明，其应当根据原债权债务关系提起诉讼。

②经释明后当事人仍拒绝变更诉讼请求的，应当驳回其诉讼请求，但不影响其根据原债权债务关系另行提起诉讼。

③债权人胜诉后，如果债务人不履行生效判决，债权人可以请求拍卖、变卖抵债物，并以所得价款受偿，但是无优先受偿权。

（2）抵债物已经交付：按让与担保处理，债权人需履行清算义务，即多退少补。

【说明】债权人与债务人在债务履行期届满前约定以物抵债的，标的物缔约时的价值与实现时的价值往往存在较大差距，如果直接认定以物抵债有效，可能导致双方利益显著失衡。例如，甲向乙借款500万，同时约定，如果甲到期不还钱，则乙的A设备（价值1000万）归甲所有。如果承认这种以物抵债协议的效力，很显然对乙极其不公平。

【知识点分析思路总结】

约定内容可以总结为用物抵债的效力问题？

当事人约定以物抵债的处理思路：

第一步，看该约定达成的时间：

1. 债务履行期届满后达成：原则上约定有效，可以请求交付抵债物，取得抵债物的所有权。

2. 债务履行期届满前达成→进入第二步

第二步，看出现的场景：

1. 出现于抵押和质押中：该约定构成流押、流质条款，无效，但是不影响抵押和质押合同的效力，债权人可以行使优先受偿权。

2. 出现于其他场景→进入第三步

第三步，识别当事人的内心真意：

1. 合同约定"若到期未还款，则某物归债权人所有或者债权人可以就某物行使优先受偿权"，则属于让与担保合同；

2. 买卖合同约定"若到期还款，则买卖合同不再履行；若到期未还款，则履行买卖合同"，则属于后让与担保合同。

第四步，如果属于让与担保合同，则：

1. 让与担保合同原则上有效。

2. 归债权人所有的约定属于流担保条款，无效，债权人不得主张某物归其所有。

3. 若已经登记/交付，债权人可以行使担保物权，否则只能按照原债权债务关系起诉，并请求以拍卖所得价款清偿，但是并无优先受偿权。

第五步，如果属于后让与担保合同，则：

1. 后让与担保合同原则上有效。

2. 债权人不得请求履行买卖合同。

3. 债权人只能按照原债权债务关系起诉，并请求以拍卖所得价款清偿，但是并无优先受偿权。

【主观题小案例】

案例：甲公司向乙公司借款 10 亿元。甲公司的股东夏天与乙公司签订股权转让协议，约定：夏天将其持有的丙公司 49% 的股权转让给乙公司，若甲公司到期付清本息，则乙公司将股权回转给夏天；若甲公司到期无法付清本息，则股权归乙公司所有。次日，夏天协助办理完毕股权变更登记。其后，甲公司到期无力偿还借款本息。

问题 1：夏天与乙公司的股权转让协议是否有效？为什么？

问题 2：乙公司能否主张 49% 的股权归其所有？为什么？

问题 3：乙公司能否主张拍卖、变卖股权并就所得价款优先受偿？为什么？

问题 4：若夏天未履行对丙公司的实际出资义务，丙公司的债权人能否请求乙公司与夏天承担连带责任？为什么？

案例—问题 1：夏天与乙公司的股权转让协议是否有效？为什么？

答案：有效。股权转让协议约定："若到期还款则股权回转，若到期不还款，股权归乙"为让与担保协议，当事人具有相应的行为能力，意思表示真实自由，不违法背俗，基于私法自治，应当认定有效。法条依据为《民法典》第 143 条；《担保解释》第 68 条。

案例—问题 2：乙公司能否主张 49% 的股权归其所有？为什么？

答案：不能。股权转让协议中关于"甲公司到期无法付清本息，则股权归乙公司所有"的约定属于流担保条款，无效。法条依据为《民法典》401 条；《担保解释》第 68 条第 2 款。

案例—问题 3：乙公司能否主张拍卖、变卖股权并就所得价款优先受偿？为什么？

答案：能。夏天与乙公司签订了让与担保协议，实际办理了股权变更登记，乙公司对股权享有担保物权。法条依据为《担保解释》第 68 条第 1 款。

案例—问题4：若夏天未履行对丙公司的实际出资义务，丙公司的债权人能否请求乙公司与夏天承担连带责任？为什么？

答案：不能。乙公司并非股权受让人，而是通过让与股权的方式设立担保物权。并没有获得股权的所有权。法条依据为《担保解释》第68条第2款。

第二节　保留所有权买卖

概念		所有权保留买卖，是指当事人在买卖合同中约定买受人未履行支付价款或者其他义务之前，标的物的所有权属于出卖人。
适用范围		只适用于动产。
出卖人所有权		1. 出卖人保留的所有权具有担保功能。 【注意】出卖人保留标的物的所有权，旨在以此担保买受人支付价款。基于功能主义担保观，只要在功能上具有担保作用的交易均应被纳入担保的范畴。立法者将出卖人保留的所有权在相当程度上理解为担保物权，因此所有权保留买卖适用正常经营买受人规则、价款优先权规则等担保物权规则。
		2. 出卖人保留的所有权，未经登记不得对抗善意第三人。（不得对抗的善意第三人范围与未登记的动产抵押权不得对抗的善意第三人完全一致）
		3. 所有权保留期间买受人处分标的物： （1）若所有权保留已登记：第三人无法取得标的物的所有权； （2）若所有权保留未登记：善意第三人可以取得标的物的所有权。 例如：甲与乙订立设备买卖合同，约定在乙付清价款之前，甲保留设备的所有权。乙在付清价款之前将设备卖给丙。①若所有权保留已经登记，则可以对抗第三人，即使丙善意，丙也不能取得设备的所有权。②若所有权保留未登记，则不得对抗善意第三人，善意的丙可以取得设备的所有权。
出卖人取回权	取回事由	在所有权转移给买受人之前，买受人有下列情形之一，造成出卖人损害的，出卖人可以取回标的物： 1. 未按约定支付价款，经催告后在合理期限内仍未支付（买受人已经支付75%以上价款的除外）； 2. 未按约定完成特定条件； 3. 将标的物出卖、出质或者作出其他不当处分（第三人已经善意取得的除外）。
	取回权的行使	1. 协商取回→协商不成，参照适用担保物权的实现程序（拍卖、变卖所得价款扣除买受人未支付的价款及必要费用后仍有剩余的，应当返还买受人＝清算义务）。
		2. 出卖人起诉请求取回标的物，买受人以抗辩或者反诉的方式主张拍卖、变卖标的物，并在扣除买受人未支付的价款以及必要费用后返还剩余款项的，人民法院应当一并处理。
买受人回赎权	适用情形	出卖人取回标的物后，买受人在回赎期内消除取回事由（如付清价款、履行约定义务）的，享有回赎权。
	回赎期	由买卖双方约定或者出卖人指定。
	效力	买受人行使回赎权之后，出卖人的取回权消灭，出卖人应将标的物返还给买受人。

续表

出卖人 再次出卖权	适用情形	买受人在回赎期限内没有回赎标的物，出卖人可以将标的物以合理价格出卖给第三人。
	规则	1. 标的物的价格需合理，不得明显低于市场价格； 2. 出卖所得价款扣除买受人未支付的价款及必要费用后仍有剩余的，应当返还买受人； 3. 不足部分由买受人清偿。

【示例】甲公司与乙公司签订买卖合同，约定：甲公司向乙公司购买注塑机一台，价款30万元，合同签订时支付首付款10万元，尾款于设备交付之日起一个月内付清；价款付清之前，注塑机的所有权属于乙公司。在收到首付款后，乙公司交付了注塑机。甲公司到期未支付尾款，乙公司催告无果。①由于甲公司未按约定支付价款，经催告后在合理期限内仍未支付，乙公司可以行使取回权。②乙公司取回注塑机，并告知甲公司在七天之内支付剩余价款，否则其将另售他人。该七天即为乙公司指定的回赎期。③甲公司并未在回赎期内支付剩余价款，乙公司遂将注塑机以市价26万元出售给丙。在扣除甲公司未付价款20万、支付的必要费用3万元后，剩余的3万元应当返还给甲公司。

第三节　融资租赁合同

【重点法条】

《民法典》

第737条　【虚构融资租赁物】当事人以虚构租赁物方式订立的融资租赁合同无效。

第745条　【未经登记不得对抗】出租人对租赁物享有的所有权，未经登记，不得对抗善意第三人。

第752条　【承租人支付租金义务】承租人应当按照约定支付租金。承租人经催告后在合理期限内仍不支付租金的，出租人可以请求支付全部租金；也可以解除合同，收回租赁物。

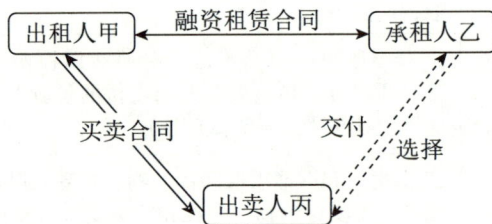

概念	融资租赁合同是出租人根据承租人对出卖人、租赁物的选择，向出卖人购买租赁物，提供给承租人使用，承租人支付租金的合同。 【注意】出租人资格限制：只能是经批准设立的融资租赁公司。
性质	双务、有名、有偿、诺成、要式（书面形式）、继续性合同

续表

类型	直租	承租人和出卖人不相同。例：丙将自己生产的大型机器卖给甲，再由甲出租给乙使用。乙向甲每年支付租金。
	售后回租	承租人和出卖人系同一人：承租人将其自有物出卖给出租人，再通过融资租赁合同将租赁物从出租人处租回。例：乙将自己生产的大型机器卖给甲，再由甲出租回乙使用。乙向甲每年支付租金。
效力		1. 依照法律、行政法规的规定，对于租赁物的经营使用应当取得行政许可的，出租人未取得行政许可不影响融资租赁合同的效力（因为使用人是承租人）。
		2. 名为融资租赁实为借贷：虚构租赁物、低值高买、售后回租情形下出卖人不转移标的物所有权等，构成通谋虚伪表示，融资租赁合同无效。隐藏行为借款合同是否有效，应另行判断。例：乙卖给甲的大型生产设备，市价5亿元，再由甲回租给乙使用，乙每年向甲支付租金5亿，租期二十年，共计100亿元。考虑到租赁物的价值和租金的比例，就会发现甲乙名义上是融资租赁，实质上是甲想向乙借款。此时融资租赁合同应认定为双方虚假行为，借款合同为隐藏行为，其效力应另行判断。 【注意】融资租赁具有融资与融物的双重属性，通过融物实现融资的目的，如果没有融物仅有融资，那就是纯粹的借款，而非融资租赁。
租赁物所有权		1. 租赁期间：租赁物的所有权归出租人，但是出租人保留的所有权未经登记，不得对抗善意第三人。 【注意】与保留所有权买卖一样，出租人保留对租赁物的所有权是为了担保承租人支付租金，民法典立法者将其视为担保物权，故而融资租赁也要适用正常经营买受人、价款优先权等担保物权规则。
		2. 合同无效：有约从约；没有约定或约定不明确的，租赁物应当返还出租人。但是，因承租人原因致使合同无效，出租人不请求返还或返还后会显著降低租赁物效用的，租赁物的所有权归承租人，由承租人给予出租人合理补偿。 【示例】甲与乙签订融资租赁合同，租赁一台大型机器，没有约定租赁物的归属。机器已经安装在乙的工厂内，后因乙的原因融资租赁合同无效。此时如果把机器再拆下会导致机器寿命减损，出租人可以决定不要回租赁物，而请求承租人给予合理补偿。
		3. 租期届满：有约从约→无法确定的，归出租人所有。 【注意】当事人约定租赁期间届满，承租人仅需向出租人支付象征性价款的，视为约定的租金义务履行完毕后租赁物的所有权归承租人。
出租人义务（与租赁合同比较）		1. 出租人不承担租赁物瑕疵担保责任：出卖人交付给承租人的租赁物不符合约定的，出租人不承担责任。承租人只能向出卖人索赔，出租人负有协助义务。 例外：承租人依赖出租人的技能确定租赁物或者出租人干预选择租赁物、出租人擅自变更承租人已选定的租赁物。【租赁合同中出租人承担】
		2. 出租人不负担租赁物的维修义务。【租赁合同中出租人承担】
		3. 出租人不承担租赁物在承租人占有期间致人损害的赔偿责任。【租赁合同中出租人可能承担】
		4. 出租人不负担租赁物毁损灭失的风险：承租人占有租赁物期间，租赁物毁损、灭失的，出租人有权请求承租人继续支付租金。【租赁合同中承租人可请求减少或不支付】

续表

承租人权利	1. 出卖人应当按照约定，向承租人交付标的物，承租人享有与受领标的物有关的**买受人的权利**，如请求交付标的物、索赔的权利；
	2. 出卖人交付标的物严重不符合约定，或者催告后在合理期限内仍未交付：承租人可以**拒绝受领**。
	3. 索赔权：（1）租赁物有质量瑕疵，承租人有权向**出卖人**索赔；（2）**出租人未及时协助/明知瑕疵不告知**承租人，导致承租人对出卖人索赔失败的，出租人要承担相应责任；（3）**出租人怠于行使只能自己**对出卖人行使的索赔权造成承租人损失的，承担赔偿责任。
承租人支付租金义务	1. 承租人应当按约向出租人**支付租金**。 【注意】租赁物有瑕疵或毁损灭失，承租人**依然需要**支付租金，除非出租人应负瑕疵担保责任。因为租金不是承租人使用租赁物的对价，而是承租人向出卖人**买入租赁物的成本和出租人利润的分期偿还**。租赁物交付给承租人后，出租人的义务已经全部履行完毕。故而，即使租赁物毁损灭失，承租人依然要支付租金。
	2. 承租人经**催告后**在合理期限内仍不支付租金，出租人可以**择一**主张下列权利。 （1）起诉请求支付**全部剩余租金**（加速到期） 出租人可以就拍卖、变卖租赁物所得的价款**优先受偿**；可以请求参照民事诉讼法"实现担保物权案件"的有关规定。（因为出租人对租赁物的所有权具有担保功能） 【注意】若承租人未履行判决，出租人可以再次起诉请求解除合同、收回租赁物。 （2）起诉请求**解除合同，收回租赁物** 承租人可以抗辩或者反诉的方式主张返还租赁物价值超过欠付租金以及其他费用的部分应**返还**承租人。（因为出租人对租赁物的所有权具有担保功能，应当履行**清算**义务） 例：甲根据乙需要购买了大型机器设备并出租给乙，市价 10 亿元，租期十年，每年租金 2 亿元，共 20 亿元，由乙支付给甲。现第六年租金到期，经乙催告后乙在合理期间内仍未支付。①甲**可以**要求乙一次性支付已经到期的第六年租金和尚未到期的第七年至第十年的租金。如果乙无法支付租金，甲可以请求法院将机器拍卖变卖，就所得价款优先偿还乙对甲的租金债务。②甲**也可以**选择解除合同，收回机器，其价值超过欠付租金以及其他费用的部分，应当返还给乙。
合同解除	**双方解除权** 1. 出租人与出卖人订立的**买卖合同解除、被确认无效或者被撤销**，且**未能重新订立**买卖合同。
	2. 租赁物因**不可归责**于当事人的原因**毁损、灭失**，且**不能**修复或者确定替代物。
	3. 因**出卖人的原因**致使融资租赁合同的目的不能实现。
	出租人单方解除权 1. 承租人**未经出租人同意**，将租赁物转让、抵押、质押、投资入股或者以其他方式**处分**。
	2. 承租人**未按照合同约定的期限和数额支付租金**，符合合同约定的解除条件，经出租人**催告**后在合理期限内仍不支付。
	3. 合同对于欠付租金解除合同的情形没有明确约定，但承租人欠付租金达到**2 期以上**，或者数额达到全部租金**15%以上**，经出租人**催告**后在合理期限内仍不支付。
	4. 承租人违反合同约定，致使合同目的不能实现的其他情形。
	承租人单方解除权 因**出租人的原因**致使承租人无法占有、使用租赁物。

【主观题小案例】

案例1： 甲公司与乙公司签订融资租赁合同，约定：甲公司将其 A 设备以 200 万元出售给乙公司，乙公司将 A 设备出租给甲公司，租期 3 年，每季度第一天支付租金 25 万元。合同签订后，乙公司支付了 200 万元价款。甲公司在支付一期租金后，多次逾期，乙公司多次催要，甲公司仍不支付租金。

问题1： 甲公司与乙公司之间的法律关系应当如何定性？为什么？

问题2： 乙公司应当如何寻求法律救济？为什么？

问题3： 乙公司能否请求甲公司支付全部剩余租金，并以拍卖、变卖 A 设备的所得价款优先受偿？

问题4： 若乙公司起诉请求解除合同、收回租赁物，且 A 设备的剩余价值超过欠付的租金及其他必要费用，甲公司可以如何维护自己的权益？为什么？

案例1—问题1： 甲公司与乙公司之间的法律关系应当如何定性？为什么？

答案： 融资租赁合同关系。承租人将其自有物出卖给出租人，再通过融资租赁合同将租赁物从出租人处租回的，虽然承租人和出卖人系同一人，依然构成融资租赁法律关系。法条依据为《民法典》第 735 条。

案例1—问题2： 乙公司应当如何寻求法律救济？为什么？

答案： 乙公司可以请求甲公司支付全部剩余租金，或者请求解除合同、收回租赁物。承租人应当按照约定支付租金，经催告后在合理期限内仍不支付租金的，出租人可以请求支付全部租金；也可以解除合同，收回租赁物。法条依据为《民法典》第 752 条。

案例1—问题3： 乙公司能否请求甲公司支付全部剩余租金，并以拍卖、变卖 A 设备的所得价款优先受偿？

答案： 能。承租人甲公司应当按照约定支付租金，经催告后在合理期限内仍不支付租金的，出租人乙公司可以请求支付全部租金，并以拍卖、变卖租赁物所得的价款优先受偿；由于出租人乙公司对租赁物的所有权起担保作用，所以出租人可以主张对租赁物行使担保物权。法条依据为《担保解释》第 65 条。

案例1—问题4： 若乙公司起诉请求解除合同、收回租赁物，且 A 设备的剩余价值超过欠付的租金及其他必要费用，甲公司可以如何维护自己的权益？为什么？

答案： 甲公司可以提起反诉，请求乙公司返还超过部分。出租人对租赁物的所有权起担保作用，所以出租人在收回租赁物后应当履行清算义务，多退少补。法条依据为《民法典》第 758 条。

第四节　保理合同

【重点法条】

《民法典》

第 766 条　【有追索权保理】当事人约定有追索权保理的，保理人可以向应收账款债权人主张返还保理融资款本息或者回购应收账款债权，也可以向应收账款债务人主张应收账款债权。保理人向应收账款债务人主张应收账款债权，在扣除保理融资款本息和相关费用后有剩余的，剩余部分应当返还给应收账款债权人。

第 767 条　【无追索权保理】当事人约定无追索权保理的，保理人应当向应收账款债务人主张应收账款债权，保理人取得超过保理融资款本息和相关费用的部分，无需向应收账款债权人返还。

第 768 条　【多重保理】应收账款债权人就同一应收账款订立多个保理合同，致使多个保理人主张权利的，已经登记的先于未登记的取得应收账款；均已经登记的，按照登记时间的先后顺序取得应收账款；均未登记的，由最先到达应收账款债务人的转让通知中载明的保理人取得应收账款；既未登记也未通知的，按照保理融资款或者服务报酬的比例取得应收账款。

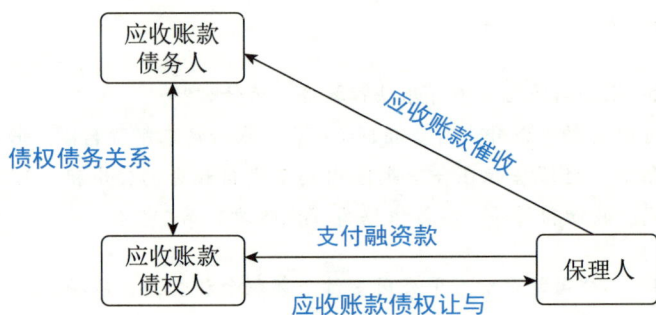

保理三方关系图

概念	保理合同是应收账款债权人将现有的或者将有的应收账款转让给保理人，保理人提供资金融通、应收账款管理或者催收、应收账款债务人付款担保等服务的合同。 【注意】保理人的资格限制：经过批准才可以从事保理业务。
性质	双务、有名、有偿、诺成、要式（书面）。
通知	保理人向应收账款债务人发出应收账款转让通知的，应当表明保理人身份并附有必要凭证。
基础交易合同	1. 虚构基础交易合同：应收账款债权人与债务人虚构应收账款作为转让标的，与保理人订立保理合同的，应收账款债务人不得以应收账款不存在为由对抗保理人，但是保理人明知虚构的除外。
	2. 擅自变更基础交易合同：应收账款债务人接到应收账款转让通知后，应收账款债权人与债务人无正当理由协商变更或者终止基础交易合同，对保理人产生不利影响的，对保理人不发生效力。如甲公司对乙公司有应收账款债权 100 万，甲公司与丙银行签订保理合同。后甲公司与乙公司协商只收 50 万即可，损害保理人利益，不对保理人生效。

续表

类型	有追索权保理	1. 保理人可以向债权人主张返还保理融资款本息或者回购应收账款债权。【债权未卖断】债权人履行后可以请求债务人向其履行应收账款债务。
		2. 保理人可以向债务人主张应收账款债权，在扣除保理融资款本息和相关费用后有剩余的，剩余部分应当返还给债权人。【注意】有追索权保理相当于债权让与担保，即债权人将债权让与给保理人，以担保保理融资款本息。民法典立法者将有追索权保理作为担保对待。所以保理人负有清算义务。
		3. 保理人单独起诉应收账款债权人或者债务人，法院应予受理；保理人一并起诉二者，法院可以受理。
类型	无追索权保理	1. 保理人只能向债务人主张应收账款债权。【债权卖断】
		2. 保理人取得超过保理融资款本息和相关费用的部分，无需向债权人返还（风险与收益一致）。
	【示例】	甲公司对乙公司享有500万应收账款债权，甲公司与丙银行签订保理合同，以该笔应收账款债权换取450万融资款。假设融资款本息和丙银行保理的必要费用合计470万。 ①若甲公司与丙银行签订的是有追索权的保理合同，丙银行既可以向乙公司索要应收账款500万；也可以向甲公司要求直接偿还470万，或者以470万元回购应收账款债权（变相偿还甲公司对丙银行的融资款本息）。如果甲公司偿还470万（无论以哪种名义），甲公司与丙银行之间银货两讫；如果丙银行是从乙公司处顺利要回500万应收账款，多余的30万还需要返还给甲公司。 ②若甲公司与丙银行签订的是无追索权的保理合同，丙银行只能向乙公司索要应收账款，一旦乙公司还不上，丙银行不能找甲公司还钱或回购应收账款。如果丙银行从乙公司处顺利要回500万应收账款，多余的30万丙银行无需还给甲公司，而是作为自己的风险报酬。
多重保理的优先顺位		登记（先登记>后登记）>未登记已通知（先通知>后通知：转让通知到达债务人的先后）>未登记亦未通知（按比例受偿）
		同一应收账款同时存在保理、应收账款质押和债权转让，参照适用上述规则。
		例：甲对乙有应收账款500万。5月1日，甲与丙银行签订保理合同且通知到达乙；2日，甲将债权质押给丁银行并登记；3日，甲将债权转让给戊且通知了乙；4日，甲将债权转让给戌但未通知乙；5日，甲与辛银行签订保理合同并办理登记。受偿顺序为：丁银行（5.2办理登记）>辛银行（5.5办理登记）>丙银行（5.1通知）>戊（5.3通知）>戌（无登记也无通知）。
说明		保理的核心要素是债权让与，合同编分则对保理合同未做规定的，可以参照适用合同编总则中债权转让的相关规定。

第五节 保兑仓

【重点法条】

《九民纪要》第 68 条 【保兑仓交易】保兑仓交易作为一种新类型融资担保方式，其基本交易模式是，以银行信用为载体、以银行承兑汇票为结算工具、由银行控制货权、卖方（或者仓储方）受托保管货物并以承兑汇票与保证金之间的差额作为担保。其基本的交易流程是：卖方、买方和银行订立三方合作协议，其中买方向银行缴存一定比例的承兑保证金，银行向买方签发以卖方为收款人的银行承兑汇票，买方将银行承兑汇票交付卖方作为货款，银行根据买方缴纳的保证金的一定比例向卖方签发提货单，卖方根据提货单向买方交付对应金额的货物，买方销售货物后，将货款再缴存为保证金。

在三方协议中，一般来说，银行的主要义务是及时签发承兑汇票并按约定方式将其交给卖方，卖方的主要义务是根据银行签发的提货单发货，并在买方未及时销售或者回赎货物时，就保证金与承兑汇票之间的差额部分承担责任。银行为保障自身利益，往往还会约定卖方要将货物交给由其指定的当事人监管，并设定质押，从而涉及监管协议以及流动质押等问题。实践中，当事人还可能在前述基本交易模式基础上另行作出其他约定，只要不违反法律、行政法规的效力性强制性规定，这些约定应当认定有效。

一方当事人因保兑仓交易纠纷提起诉讼的，人民法院应当以保兑仓交易合同作为审理案件的基本依据，但买卖双方没有真实买卖关系的除外。

保兑仓，是指以银行承兑汇票为结算工具，由银行控制货权，卖方（或者仓储方）受托保管货物并以承兑汇票与保证金之间的差额作为担保，银行向买卖双方提供银行承兑汇票的一种金融服务。

1. "保兑"模式：

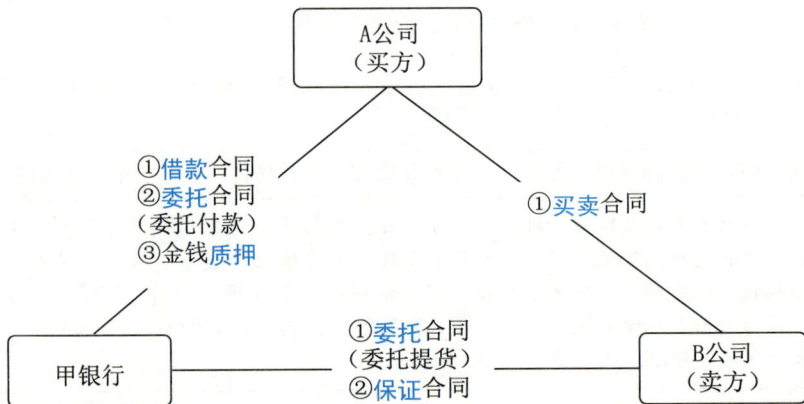

【示例】A 公司欲向供应商 B 公司购买一批价值 500 万元的玉米。因资金不足，A 公司找到甲银行，与 B 公司一起签订了三方协议，约定：甲银行签发 500 万元的承兑汇票（出票人：A 公司；承兑人：甲银行；收款人：B 公司），约定利息 100 万；A 公司需在甲银行设立保证金账户，定期存入保证金，汇票到期日前 A 公司需存入本息之和共 600 万；甲银行依据 A 公司缴存的保证

金比例签发提货单，B公司根据提货单内容向A公司发货，A公司实现销售后再次缴存保证金；汇票到期后，B公司对已存保证金与承兑汇票之间的差额承担连带保证责任。现汇票到期，A公司只存入200万保证金。

①就已存保证金与承兑汇票的差额部分即300万：甲银行既可要求A公司继续还款，也可向B公司主张连带保证责任，也有权一起主张；B公司承担后可以找A公司追偿。

②就100万的利息，甲银行只能找A公司主张，不能找B公司，因为利息不在B公司的担保范围。

2. "保兑仓"模式：

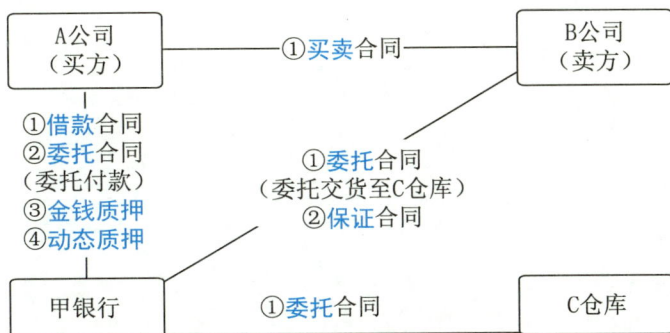

【示例】A公司欲向供应商B公司购买一批价值500万元的玉米。A公司、B公司、甲银行和C仓库，一起签订了四方协议，约定：甲银行签发500万元的承兑汇票（出票人：A公司；承兑人：甲银行；收款人：B公司），约定利息100万；A公司需在甲银行设立保证金账户，定期存入保证金，汇票到期日前A公司需存入本息之和共600万；甲银行依据A公司缴存的保证金比例签发提货单，为控制风险，B公司根据提货单内容将玉米存放于甲银行监管下的C仓库，以该批玉米为甲银行设立动产质权；甲银行根据A公司缴付的保证金，向C仓库发出放货指令，C仓库释放相应玉米给A公司；汇票到期后，B公司对已存保证金与承兑汇票之间的差额承担连带保证责任。现汇票到期，A公司只存入200万保证金。

①就已存保证金与承兑汇票的差额部分即300万：该债权既有A公司提供的玉米动产质权，也有B公司的连带责任保证，构成混合担保。甲银行须先行使A公司的质权，再向B公司主张连带保证。B公司承担后可以找A公司追偿。

②就100万的利息，甲银行只能找A公司主张，行使质权。不能找B公司，因为利息不在B公司的担保范围。

3. 无真实贸易背景的保兑仓交易

【示例】A公司为套取甲银行贷款，和B公司签订虚假的买卖合同，约定向B公司购买500万元玉米，于是甲银行与A、B公司签订三方协议。其他约定同上。现汇票到期，A公司只存入200万保证金。

（1）保兑仓合同是虚假意思表示，无效。

（2）隐藏起来的是借款合同，A公司和甲银行借款合同有效。

（3）B公司与甲银行的保证合同，有效，就差额300万承担连带保证责任。

第六节　保证金账户质押

1. 债务人或者第三人为担保债务的履行，设立专门的保证金账户并由债权人实际控制，或者将其资金存入债权人设立的保证金账户，债权人可以主张就账户内的款项优先受偿。

2. 保证金账户内的款项浮动，不影响债权人对账户内的款项享有优先受偿权。

3. 当事人约定的保证金并非为担保债务的履行设立，债权人无权主张就保证金优先受偿，但是不影响当事人依照法律的规定或者按照当事人的约定主张合同权利。

第八章

债权的担保：共性问题

历年真题考点与考查方式	
2021 年	恒通公司是否应该为甲公司和丙公司承担连带保证责任？为什么？（公司对外担保）
2020 年	若乙公司到期无法偿还借款，丁公司应如何行使其担保权？若丁公司起诉至法院要求相关主体承担责任，当事人的诉讼地位如何确定？（混合担保） 丑能否替乙公司归还 1500 万元的债务，以避免自己的房产被拍卖？如果能，丑在替乙公司归还 1500 万元的债务后，能否向乙主张权利？（担保人之间追偿）
2015 年	问 5：如甲不履行合同义务，在担保权的实现上乙可以行使什么样的权利？担保权实现后，甲、丙、丁的关系如何？（混合担保、担保人之间追偿）
2011 年	问 2：某银行是否必须先实现甲公司的房产的抵押权，后实现乙公司的现有的及将有的生产设备等动产的抵押权？为什么？（共同抵押）

第一节　担保的从属性

【重点法条】

《担保解释》第 2 条　【排除担保合同效力上从属性的条款无效】当事人在担保合同中约定担保合同的效力独立于主合同，或者约定担保人对主合同无效的法律后果承担担保责任，该有关担保独立性的约定无效。主合同有效的，有关担保独立性的约定无效不影响担保合同的效力；主合同无效的，人民法院应当认定担保合同无效，但是法律另有规定的除外。

第 3 条　【内容和范围上的从属性】当事人对担保责任的承担约定专门的违约责任，或者约定的担保责任范围超出债务人应当承担的责任范围，担保人主张仅在债务人应当承担的责任范围内承担责任的，人民法院应予支持。

担保人承担的责任超出债务人应当承担的责任范围，担保人向债务人追偿，债务人主张仅在其应当承担的责任范围内承担责任的，人民法院应予支持；担保人请求债权人返还超出部分的，人民法院依法予以支持。

担保旨在保障债权实现。所以，担保从属于其所担保的债权，担保合同是主债权债务合同的从合同。例如，甲向乙借款 100 万，丙提供保证担保。乙与丙之间的保证合同，从属于甲与乙之间的借款合同，借款合同是主合同，保证合同是从合同。

【注意】从属性是担保的基本属性。现行法唯一承认的独立担保是由**银行或者非银行金融机构开立的独立保函**。

一、成立上的从属性

1. 担保**以主债权的存在为前提**。主债权不成立，则担保不成立。

2. 可以先成立担保，后发生债权。例如，最高额担保。

二、效力上的从属性

1. 主合同**无效**，**担保合同随之无效**。

2. **独立性约定无效**：约定担保合同的效力**独立**于主合同，或者约定担保人对主合同**无效的法律后果**承担担保责任，独立性约定无效，但**不影响**担保合同的效力。

【示例】甲向乙借款 10 万，丙提供保证，保证合同中某条约定："即使甲乙的借款合同无效，丙仍然要承担保证责任"。该条款无效，但保证合同效力不受影响。

【注意】主合同**解除**后，担保人对债务人应当承担的民事责任**仍应当承担担保责任**。

三、内容和范围上的从属性

1. 担保人仅在债务人**应当承担的责任范围内承担**责任。

【说明】担保范围包括主债权及其利息、违约金、损害赔偿金、保管担保财产和实现债权的费用等。当事人另有约定的，按照其约定。

（1）担保债务范围**不得大于**主债务；约定**大于的部分无效**，限缩至主债务范围。

（2）对担保责任**约定专门的违约责任，无效**。

【注意】担保人承担的责任**超出债务人应当承担的责任范围**，担保人**仅**能向债务人在其**应当承担的责任范围内追偿**；担保人可以请求债权人返还超出部分。

2. 债权人和债务人**未经担保人书面同意**，协商变更主债权债务合同内容：**减轻债务**的，担保人对**变更后的债务承担**担保责任；**加重债务**的，担保人对**加重的部分不承担**担保责任。

四、抗辩上的从属性

1. 担保人**可以主张债务人对债权人的抗辩**。债务人**放弃**抗辩的，担保人**仍有权向债权人主张**抗辩。

2. 债务人对债权人享有抵销权或者撤销权的，担保人可以在**相应范围内拒绝承担**担保责任。

五、移转上的从属性

1. 债权转让

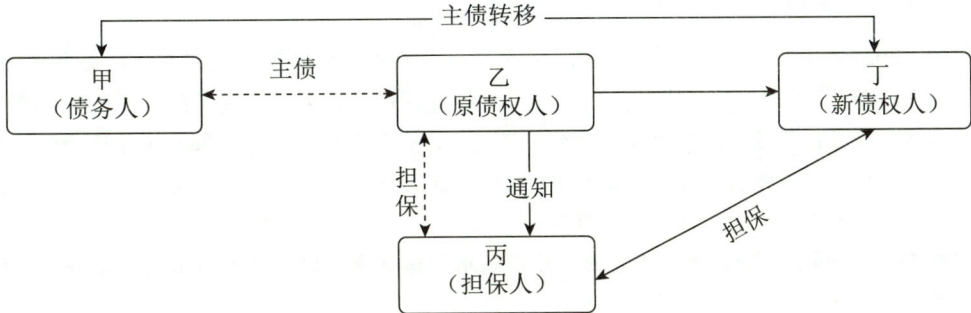

债权转让：

1. 原则：担保随同债权转让给新债权人，继续承担担保责任

（1）即使未转移登记或未转移占有也不影响担保

（2）未通知担保人，对担保人不生效，担保人仍可向原债权人承担担保责任

2. 例外：法律另有规定或者当事人约定不得转的，未经担保人书面同意转让的，担保人对新债权人不承担担保责任

2. 债务承担

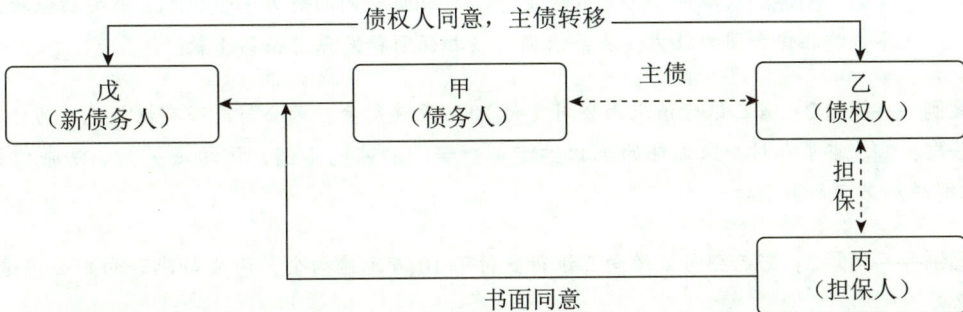

债务承担：

1. 债务承担需要担保人书面同意

2. 未经担保人书面同意：

免责债务承担（只有戊是债务人，甲不是债务人）：担保人不承担担保责任

并存债务承担（戊和甲都是债务人）：担保责任不受影响

六、消灭上的从属性

主债权全部消灭的，担保人不再承担担保责任。

七、管辖上的从属性

1. 债权人一并起诉债务人和担保人的，应当根据主合同确定管辖法院。

2. 债权人依法可以<u>单独起诉</u>担保人，且仅起诉担保人的，应当根据<u>担保合同</u>确定管辖法院。

3. 主合同或者担保合同约定了仲裁条款的，人民法院对约定仲裁条款的合同当事人之间的纠纷无管辖权。

【主观题小案例】

案例：2021 年 1 月 1 日，甲公司与乙银行签订贷款合同，约定乙银行向甲公司提供贷款 100 万元，年利率 5%，借期 1 年。同日，丙公司与乙银行签订保证合同，约定：丙公司为该笔贷款提供连带责任保证；贷款合同若无效，丙公司应对贷款合同无效的法律后果承担保证责任；若丙公司未及时承担保证责任，丙公司应支付 10 万元的违约金。其后，甲公司到期未偿还贷款，乙银行请求丙公司承担保证责任，也无功而返。

问题 1：丙公司应对贷款合同无效的法律后果承担保证责任的约定效力如何？是否影响保证合同的效力？为什么？

问题 2：若乙银行请求丙公司支付 10 万元违约金，丙公司是否有权拒绝？为什么？

问题 3：若丙公司依约向乙银行支付了 10 万元违约金，丙公司能否向甲公司追偿？为什么？

问题 4：若丙公司依约向乙银行支付了 10 万元违约金，丙公司能请求乙银行返还？为什么？

案例——问题 1：丙公司应对贷款合同无效的法律后果承担保证责任的约定效力如何？是否影响保证合同的效力？为什么？

答案：（1）<u>无效</u>。丙公司应对贷款合同无效的法律后果承担保证责任的约定，属于担保独立性的约定，<u>突破了担保的从属性</u>，为无效约定。（2）保证合同的效力<u>不受影响</u>。有关担保独立性的<u>约定无效不影响</u>担保合同的效力。法条依据为《担保解释》第 2 条第 1 款。

案例——问题 2：若乙银行请求丙公司支付 10 万元违约金，丙公司是否有权拒绝？为什么？

答案：<u>能</u>。当事人对担保责任的承担<u>约定独立专门的违约责任</u>，该约定<u>无效</u>。法条依据为《担保解释》第 3 条第 1 款。

案例——问题 3：若丙公司依约向乙银行支付了 10 万元违约金，丙公司能否向甲公司追偿？为什么？

答案：<u>不能</u>。担保人承担的责任<u>超出</u>债务人应当承担的责任范围，担保人向债务人追偿的，债务人可以<u>主张仅在其应当承担的责任范围内</u>承担责任。法条依据为《担保解释》第 3 条第 2 款。

案例——问题 4：若丙公司依约向乙银行支付了 10 万元违约金，丙公司能请求乙银行返还？为什么？

答案：<u>能</u>。担保人承担的责任<u>超出</u>债务人应当承担的责任范围的，有权请求担保权人<u>返还超出部分</u>。法条依据为《担保解释》第 3 条第 2 款。

第二节　担保合同的效力

担保合同的效力，一方面要根据民事法律行为效力规则进行判断，另一方面要考虑主合同对担保合同效力的影响，基于担保的从属性，主合同无效则担保合同无效。

一、担保人资格限制

1. 原则：基于私法自治，原则上任何民事主体均可以提供担保。

2. 例外：禁止提供担保

机关法人和居委会、村委会以及以公益为目的的非营利性学校、幼儿园、医疗机构、养老机构等以公益设施提供担保的，担保合同无效。例如，大学不得以教学楼、图书馆、实验室等教学设施设定抵押。

3. 例外之例外——可以提供担保

（1）机关法人：经国务院批准为使用外国政府或者国际经济组织贷款进行转贷。

（2）村委会：依法代行村集体经济组织职能的村委会，依照村委会组织法规定的讨论决定程序对外提供担保。

（3）以公益为目的的非营利性学校、幼儿园、医疗机构、养老机构等：

①以保留所有权买卖方式购入公益设施或者以融资租赁方式租入公益设施；

②以公益设施以外的不动产、动产或者财产权利设立担保物权。

【示例1】保留所有权买卖：甲公立医院与乙医疗器械公司签订手术机器人买卖合同，约定：在甲医院付清价款前，乙公司保留手术机器人的所有权。

【示例2】融资租赁：甲公立医院与丙融资租赁公司签订融资租赁合同，约定：丙公司向乙医疗器械公司购买手术机器人一台，出租给甲医院使用，甲医院按月支付资金，期限届满手术机器人归甲医院所有。

【示例3】以非公益设施提供担保：甲公立大学以校园内的古树设立抵押，向银行借款。

【注意】登记为营利法人的学校、幼儿园、医疗机构、养老机构等提供担保，担保合同有效。

二、公司对外担保

【重点法条】

《公司法》第16条第1、2款　公司向其他企业投资或者为他人提供担保，依照公司章程的规定，由董事会或者股东会、股东大会决议；公司章程对投资或者担保的总额及单项投资或者担保的数额有限额规定的，不得超过规定的限额。

公司为公司股东或者实际控制人提供担保的，必须经股东会或者股东大会决议。

1. 法定代表人逾越《公司法》第16条关于对外担保权限的限制，对外提供担保，构成无权代表。故而，法定代表人以公司名义签订的担保合同效力待定。

2. 在公司拒绝追认担保合同的情形，担保合同能否对公司生效，取决于是否成立表见代表。而表见代表是否成立，取决于相对人是否善意，即相对人在订立担保合同时是否知道或者应当知道法定代表人超越权限。相对人善意的，成立表见代表，担保合同对公司发生效力，相对人可以请求公司承担担保责任；相对人非善意的，担保合同对公司不发生效力，相对人只能请求公司承担赔偿责任。

3. 相对人善意的判断

（1）相对人对公司法定决议机关的决议进行了形式审查，可以认定相对人善意。

【注意】对于上市公司，相对人只能根据其公开披露的关于担保事项已经董事会或者股东大会决议通过的信息与之订立担保合同。

（2）法定决议机关

①关联担保（为公司股东或者实际控制人提供担保）：股东会或者股东大会决议。

②非关联担保（为公司股东或者实际控制人之外的人提供担保）：董事会或者股东会、股东大会决议。

【注意】相对人只要审查法定决议机关的决议即可，至于具体作出决议的机关是否是章程规定的有权决议机关，在所不问。例如，在非关联担保中，相对人审查了董事会决议即可，即使公司章程规定有权决议机关是股东会，依然应当认定相对人为善意。

（3）无须决议的情形

①金融机构开立保函或者担保公司提供担保。

②公司为其全资子公司开展经营活动提供担保（上市公司除外）。

③担保合同系由单独或者共同持有公司三分之二以上对担保事项有表决权的股东签字同意（上市公司除外）。

④一人公司为股东提供担保。

【补充】一人公司因承担担保责任导致无法清偿其他债务，提供担保时的股东不能证明公司财产独立于自己的财产，其他债权人可以请求该股东承担连带责任。

【注意1】并存的债务承担（债务加入）在功能上与保证类似。故而，法定代表人以公司名义加入债务的，适用法定代表人越权担保规则。

【注意2】公司的分支机构未经授权对外提供担保的，公司及其分支机构不承担担保责任。例外：①金融机构的分支机构在其营业执照记载的经营范围内开立保函；②相对人善意，即相对人不知道且不应当知道分支机构对外提供担保未经授权。

三、担保合同无效的责任承担

（一）担保人的赔偿责任

担保合同有效，则担保人可能承担担保责任；担保合同无效，则担保人不承担担保责任，但是有可能需要对债权人的损失承担赔偿责任。

情形	过错		担保人责任承担
	债权人	担保人	
主合同有效，担保合同无效	有错	有错	≤债务人不能清偿部分的1/2
	没错	有错	=债务人不能清偿的部分
	有错	没错	不承担
主合同无效导致担保合同无效	/	没错	不承担
	/	有错	≤债务人不能清偿部分的1/3

【总结】担保人只要没错就不承担赔偿责任。

【示例】甲向乙借款，丙村委会提供保证。村委会按照法律规定不得提供保证，担保合同无效。债权人乙、担保人丙对此均有过错，故丙应就债务人甲不能清偿部分的1/2对债权人乙承担赔偿责任。

【注意】担保合同对上市公司不发生效力时，上市公司不承担赔偿责任，无论是否有错。

（二）担保人的追偿

1. 担保人承担了赔偿责任，可以在其承担责任的范围内向债务人追偿。

2. 担保人承担了赔偿责任，可以在其承担赔偿责任的范围内请求反担保人承担担保责任。

第三节　反担保

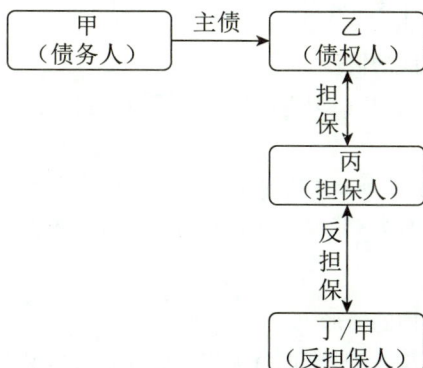

1. 反担保，是指债务人或者第三人为确保担保人承担担保责任后实现对债务人的追偿权而设定的担保。债务人提供反担保只能是抵押、质押形式；第三人提供反担保可以是保证，也可以是抵押、质押。

2. 反担保的担保对象是担保人对债务人的追偿权。只要担保人对债务人有追偿权，反担保人就要承担担保责任。

【注意】反担保和一般的担保并无本质不同，只不过它担保的是担保人对债务人的追偿权而已。通常将担保人提供的担保称之为本担保。

3. 反担保合同不是担保合同的从合同，反担保人不得仅以担保合同无效为由主张反担保合同无效。担保合同无效，担保人承担赔偿责任后，有权请求反担保人承担担保责任。

【示例】甲向乙借款100万，丙提供保证担保。丙担心自己承担保证责任后，无法顺利向甲追偿。为此，丁向丙提供保证担保，若丙无法向甲追偿，则由丁承担责任。①甲与乙之间存在借款合同，乙与丙之间存在保证合同，该保证合同是借款合同的从合同。②一旦丙向乙承担保证责任，则丙与甲之间成立追偿法律关系，丁与丙之间的保证合同是该追偿法律关系的从合同。③乙与丙之间的保证合同关系被称之为本担保，丙与丁之间的保证合同关系被称之为反担保。前者担保的是乙对甲的借款债权，后者担保的是丙对甲的追偿权。

第四节　借新还旧对担保的影响

借新还旧，是指在旧的贷款尚未清偿的情况下，贷款人与借款人再次签订贷款合同，以新贷出的款项清偿旧的贷款。

一、对旧贷担保的影响

借新还旧，意味着旧贷消灭。基于担保的从属性，旧贷的担保也随之消灭。故而，担保人对旧贷**不再承担**担保责任。

二、对新贷担保的影响

借新还旧，通常是借款人无力偿还旧贷，此时债务人也并未实际收到新贷款项，所以为新贷提供担保的风险远远大于普通的担保。故而，新贷担保人是否需要承担担保责任，取决于其**是否知道或者应当知道**以新贷偿还旧贷的事实。

1. 旧贷与新贷的担保人相同的情形

在新贷与旧贷的担保人**相同**时（即同一人），说明新贷担保人**知情**，其自然**应当承担**担保责任。

【注意】旧贷的物保人在登记尚未注销的情形下**同意**继续为新贷提供担保，在订立新的贷款合同前又以该担保财产为其他债权人设立担保物权的，新贷债权人的担保物权顺位**优先**于其他债权人。

2. 旧贷与新贷的担保人不同的情形

如果新贷与旧贷的担保人**不同**，或者旧贷无担保而新贷有担保，**知情**的新贷担保人**承担**担保责任；**不知情**的新贷担保人**不承担**担保责任。

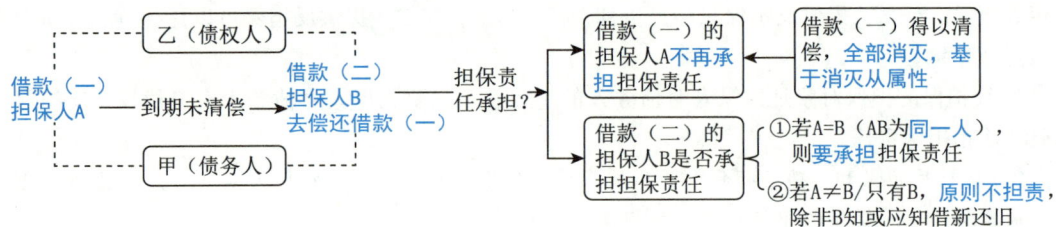

【示例】2021年10月1日，甲向乙银行借款300万元，丙以自己的A房提供抵押，并办理了抵押登记。2021年12月1日，丙向丁银行借款100万元，并以自己的A房提供抵押，办理了抵押登记。甲到期无力偿还借款，于2022年11月1日再次向乙银行借款320万元用于偿还到期本息，丙承诺继续以A房提供抵押担保，不知情的戊承诺提供保证。其后，甲、丙均无力偿还银行到期借款。①2022年11月1日借款的目的是借新还旧。②丙同时为旧贷和新贷提供抵押担保，所以丙要为新贷承担保责任。③乙银行对A房的抵押权优先于丁银行对A房的抵押权。④不知情的丁不承担保证责任。

第五节　共同担保

【重点法条】

《民法典》

第392条　【混合担保】被担保的债权**既有物的担保又有人的担保**的，债务人不履行到期债务或者发生当事人约定的实现担保物权的情形，债权人应当按照约定实现债权；没有约定或者约定不明确，债务人自己提供物的担保的，债权人应当先就该物的担保实现债权；第三人提供物的担保的，债权人可以就物的担保实现债权，也可以请求保证人承担保证责任。提供担保的第三人承担担保责任后，有权向债务人追偿。

《担保解释》第13条　【共同担保的担保人之间相互追偿问题】同一债务有两个以上第三人提供担保，担保人之间约定相互追偿及分担份额，承担了担保责任的担保人请求其他担保人按照约定分担份额的，人民法院应予支持；担保人之间约定承担连带共同担保，或者约定相互追偿但是未约定分担份额的，各担保人按照比例分担向债务人不能追偿的部分。

同一债务有两个以上第三人提供担保，担保人之间未对相互追偿作出约定且未约定承担连带共同担保，但是各担保人在同一份合同书上签字、盖章或者按指印，承担了担保责任的担保人请求其他担保人按照比例分担向债务人不能追偿部分的，人民法院应予支持。

除前两款规定的情形外，承担了担保责任的担保人请求其他担保人分担向债务人不能追偿部分的，人民法院不予支持。

第18条　【共同担保中，担保人向债务人追偿问题】承担了担保责任或者赔偿责任的担保人，在其承担责任的范围内向债务人追偿的，人民法院应予支持。

同一债权既有债务人自己提供的物的担保，又有第三人提供的担保，承担了担保责任或者赔偿责任的第三人，主张行使债权人对债务人享有的担保物权，人民法院应予支持。

共同担保，是指同一债务存在两个以上担保的情形。

一、共同担保的类型

1. 分类标准：担保方式

（1）人保与人保并存。例如，甲向乙借款100万元，丙、丁均提供保证担保。

（2）物保与物保并存。例如，甲向乙借款100万元，丙以其A设备提供抵押担保，丁以其B手表提供质押担保。

（3）人保与物保并存（混合担保）。例如，甲向乙借款100万元，丙以其A设备提供抵押担保，丁提供保证担保。

2. 分类标准：担保人的责任形态

（1）按份共同担保：共同担保人对债权人承担按份担保责任。例如，甲向乙借款100万元，丙以其A设备提供抵押，丁以其B汽车提供质押担保。乙丙丁三人约定：丙、丁各自担保50万元的债务。此为按份共同担保。若甲到期无法偿还债务，则债权人乙只能按照份额请求丙、丁各承担50万元的担保责任。

（2）连带共同担保：共同担保人对债权人承担连带担保责任。例如，甲向乙借款100万元，丙、丁承诺提供保证担保，对乙承担连带责任。此为连带共同担保。若甲到期无法偿还债务，则债权人乙可以请求丙或者和丁承担100万元的担保责任。

二、混合担保情形下债权人实现债权的顺序

1. 有约定，从约定。

2. 没有约定或者约定不明确：

（1）**债务人自己提供物保**：应**先**就债务人的物保实现债权，不足以清偿债权的，才能请求第三人承担担保责任；债权人放弃债务人物保的，其他担保人在债权人丧失优先受偿权益的**范围内免除**担保责任，但是其他担保人承诺仍然提供担保的除外。

【示例】甲向乙借款 500 万元，并以自己价值 400 万元的房屋设定抵押，办理了抵押登记，丙则提供保证担保。若乙放弃房屋抵押权，则丙可主张在乙丧失优先受偿 400 万元的范围内免责，即丙的担保责任范围缩减至 100 万元。

（2）**债务人自己未提供物保**：债权人可以**任意**行使担保权，没有顺序限制。

【注意】债务人提供物保和第三人提供物保并存的，债权人也应**先就债务人的物保**实现债权。

三、担保人的追偿

（一）担保人向债务人追偿

1. 担保人**可以**在其承担责任的范围内**向债务人追偿**。

2. 若债务人自己提供了物保，担保人可以行使**债权人对债务人**享有的担保物权。

【示例】甲向乙借款 100 万元，以自己的房屋提供抵押，办理了抵押登记，丙则提供连带责任保证。三方约定，如果甲到期无力还款，丙先承担保证责任。若甲到期未能还款，丙依约承担保证责任后，可以向债务人甲追偿，并且可以行使乙对甲房屋的抵押权。

（二）担保人之间的追偿

1. **原则**：担保人之间**禁止**互相追偿。

2. **例外**：担保人之间**可以追偿**的三种法定情形

（1）担保人之间**约定**相互**追偿**：①同时约定了分担份额：可以直接向其他担保人追偿。②未同时约定分担份额：必须先向债务人追偿，不足部分再按比例向其他担保人追偿。

（2）担保人之间**约定**承担**连带**共同担保：必须先向债务人追偿，不足部分再按比例向其他担保人追偿。

（3）担保人在**同一份合同书**上签字、盖章或者按指印：必须先向债务人追偿，不足部分再按比例向其他担保人追偿。

【示例】甲向乙借款 1000 万元，并以自己价值 600 万元的房屋提供抵押，办理了抵押登记，丙提供连带责任保证，丁以其价值 100 万元的 A 设备提供抵押担保，丙丁约定可以相互追偿。甲到期无力偿还借款，房屋拍卖所得价款为 600 万元。①甲和丁的物保+丙的人保，构成混合担保。②**债务人甲自己提供了物保**，乙应**先实现**甲房屋的抵押权，再就剩下的 400 万元债务任意请求丙或者丁承担担保责任。③如果丙此后承担了 400 万元的担保责任，则丙必须先向债务人甲追偿，不足部分再向丁追偿。

3. **防止规避法律的应对规则**

同一债务有**两个以上第三人**提供担保，担保人**受让债权**的，该行为应被认为系承担**担保责任**。受让债权的担保人**不得**作为债权人请求其他担保人承担担保责任。至于担保人之间能否追偿，适用前述**追偿**的规则。

【示例】甲向乙借款 100 万元，丙提供保证，丁以其房屋提供抵押。到期后甲无力还款。①如果乙将其对甲的 100 万债权转让给丙，基于担保的从属性，乙对丁房屋的抵押权也将一并转移，那么丙就可以请求丁承担 100 万的抵押担保责任。最后的结果是，本来应当承担担保责任的丙，最后彻底免责，不仅变相实现了向丁追偿，而且是全额追偿。②这样的结果显然不合理，也明显规避了担保人之间原则上不得追偿的规定。故而，《担保解释》将共同担保人之一受让债权的行为定性为承担担保责任。

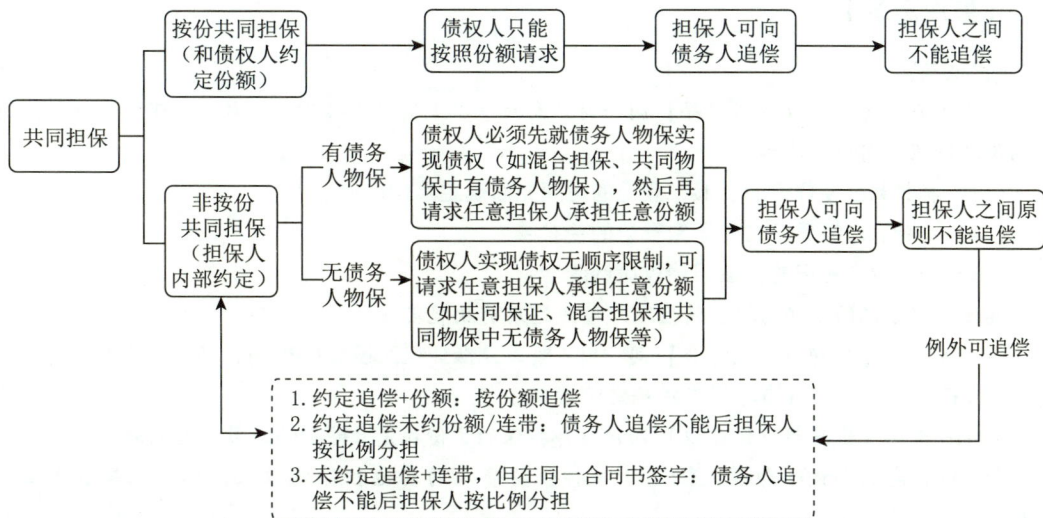

【主观题小案例】

案例：甲向乙借款 500 万元，以自己市值 350 万元的 A 房设定抵押，办理了抵押登记。丙与丁在借款合同上以连带责任保证人身份签字。甲到期仅偿还利息，无法偿还本金。

问题1：乙能否直接请求丙或者丁承担保证责任？为什么？

问题2：若乙放弃了甲提供的房屋抵押，乙能否请求丙或丁承担 500 万元的保证责任？为什么？

问题3：若丙向乙承担了 150 万元的保证责任后，丙可以寻求何种法律救济？为什么？

案例——问题1：乙能否直接请求丙或者丁承担保证责任？为什么？

答案：不能。在债务人物保和第三人保证并存的混合担保情形，如果没有特别约定，债权人应当先就债务人物保实现债权。法条依据为《民法典》第 392 条。

案例——问题2：若乙放弃了甲提供的房屋抵押，乙能否请求丙或丁承担 500 万元的保证责任？为什么？

答案：不能。债务人以自己的财产设定抵押，抵押权人放弃该抵押权的，其他担保人在抵押权人丧失优先受偿权益的范围内免除担保责任。法条依据为《民法典》第 409 条第 2 款。

案例——问题3：若丙向乙承担了 150 万元的保证责任后，丙可以寻求何种法律救济？为什么？

答案：丙可以先向甲追偿，对于不能追偿的部分，再按照比例向丁追偿。保证人承担了保证责任后，可以向债务人追偿；丙和丁甲均在借款合同上签字，承担了保证责任的丙可以请求丁人按照比例分担向甲不能的追偿部分。法条依据为《担保解释》第 13 条第 2 款、第 18 条第 1 款。

第六节　担保物权的竞合

【重点法条】

《民法典》

第 414 条　【抵押权清偿顺序】同一财产向两个以上债权人抵押的，拍卖、变卖抵押财产所得的价款依照下列规定清偿：

（一）抵押权已经登记的，按照登记的时间先后确定清偿顺序；

（二）抵押权已经登记的先于未登记的受偿；

（三）抵押权未登记的，按照债权比例清偿。

其他可以登记的担保物权，清偿顺序参照适用前款规定。

第 415 条　【抵押与质权竞合】同一财产既设立抵押权又设立质权的，拍卖、变卖该财产所得的价款按照登记、交付的时间先后确定清偿顺序。

第 416 条　【价款超级优先权】动产抵押担保的主债权是抵押物的价款，标的物交付后十日内办理抵押登记的，该抵押权人优先于抵押物买受人的其他担保物权人受偿，但是留置权人除外。

第 456 条　【留置权与抵押权或者质权的关系】同一动产上已经设立抵押权或者质权，该动产又被留置的，留置权人优先受偿。

《担保解释》 第 57 条　担保人在设立动产浮动抵押并办理抵押登记后又购入或者以融资租赁方式承租新的动产，下列权利人为担保价款债权或者租金的实现而订立担保合同，并在该动产交付后十日内办理登记，主张其权利优先于在先设立的浮动抵押权的，人民法院应予支持：（一）在该动产上设立抵押权或者保留所有权的出卖人；（二）为价款支付提供融资而在该动产上设立抵押权的债权人；（三）以融资租赁方式出租该动产的出租人。

买受人取得动产但未付清价款或者承租人以融资租赁方式占有租赁物但是未付清全部租金，又以标的物为他人设立担保物权，前款所列权利人为担保价款债权或者租金的实现而订立担保合同，并在该动产交付后十日内办理登记，主张其权利优先于买受人为他人设立的担保物权的，人民法院应予支持。

同一动产上存在多个价款优先权的，人民法院应当按照登记的时间先后确定清偿顺序。

同一财产向两个以上债权人设定担保物权，就担保财产拍卖、变卖所得的价金，各个债权人的优先受偿顺位如何确定？

【说明】法律允许同一财产之上设立数个担保物权，而不必考虑担保财产的价值是否足以担保数个债权。因而，必须采用一定的顺位规则解决数个担保物权担保的债权总额超过担保财产价值的问题。

一、不动产抵押权竞合

不动产抵押权实行登记生效主义，因此以登记时间先后确定不动产抵押权的顺位。

【示例】1 月 1 日，甲向乙借款 500 万元，以其 A 房提供抵押，并于同日办理了抵押登记。1 月 10 日，甲又向丙借款 500 万元，以其 A 房提供抵押，并于同日办理了抵押登记。其后，甲到期无力偿还乙和丙的借款，而 A 房拍卖所得仅为 800 万元。因乙的抵押权先于丙的抵押权登记，故而乙可以分得 500 万元，而丙只能分得剩下的 300 万元。

二、动产抵押权竞合

1. 抵押权均已经登记的：按照登记的时间先后确定清偿顺序。
2. 抵押权已经登记的先于未登记的受偿。
3. 抵押权均未登记：按照债权比例清偿。

【示例】1 月 1 日，甲向乙借款 50 万元，以其 A 设备提供抵押，未办理抵押登记。1 月 10 日，甲向丙借款 50 万元，以其 A 设备提供抵押，并于同日办理了抵押登记。1 月 20 日，甲向丁借款 50 万元，以其 A 设备提供抵押，并于同日办理了抵押登记。1 月 30 日，甲向戊借款 50 万元，以其 A 设备提供抵押，未办理抵押登记。其后，甲到期无力偿还乙、丙、丁和戊的借款，而 A 设备拍卖所得仅为 120 万元。①乙和戊的抵押权未登记，丙和丁的抵押权均已经登记且丙的抵押权登记在先，故而优先顺位排序为：丙＞丁＞乙＝戊。②因此，丙和丁可以各分得 50 万元；剩下的 20 万元由乙和戊均分。

【注意 1】担保物权人优先顺位的确定，不考虑当事人主观上的善意或者恶意。上例中，即使丙知道甲将 A 设备先抵押给了乙，丙依然可以优先于乙。

【注意 2】其他可以登记的担保物权，例如所有权保留、融资租赁和保理，均参照适用动产抵押权竞合的顺位规则。

三、抵押权及其顺位的放弃与变更

1. 抵押权人可以放弃抵押权或者抵押权的顺位。
2. 抵押权人与抵押人可以协议变更抵押权顺位以及被担保的债权数额等内容。但是，抵押权的变更未经其他抵押权人书面同意的，不得对其他抵押权人产生不利影响。

【示例】黄河公司以其房屋作抵押，先后向甲银行借款 100 万元，乙银行借款 300 万元，丙银行借款 500 万元，并依次办理了抵押登记。因黄河公司无力偿还三家银行的到期债务，银行拍卖其房屋，仅得价款 600 万元。黄河公司的房屋上有 3 个抵押登记，根据登记的时间先后，甲是第一顺位受偿 100 万，乙是第二顺位受偿 300 万，丙是第三顺位受偿 200 万。如抵押权人丙银行、甲银行与抵押人黄河公司商定交换二者抵押权的顺位，并办理了变更登记，但乙银行并不知情。债权总额 500 万的丙如果成为第一顺位优先受偿，则乙只能受偿 100 万，对乙产生了不利影响。因"变更"未经过乙的书面同意，则不能对乙产生不利影响。丙受偿 300 万，乙依然受偿 300 万，丙的剩余 200 万和甲的 100 万不能优先受偿。

3. 债务人以自己的财产设定抵押，抵押权人放弃该抵押权、抵押权顺位或者变更抵押权的，其他担保人在抵押权人丧失优先受偿权益的范围内免除担保责任，但是其他担保人承诺仍然提供担保的除外。

四、动产抵押权与质权竞合

按照登记、交付的时间先后确定清偿顺序。

【示例】1 月 1 日，甲向乙借款 50 万元，以其 A 设备提供抵押，并于同日办理了抵押登记。1 月 10 日，甲向丙借款 50 万元，并将其 A 设备交付给丙作为质押担保。其后，甲到期无力偿还乙和丙的借款，而 A 设备拍卖所得仅为 80 万元。①乙的动产抵押权设立于 1 月 1 日并于同日登记。②丙的质权设立于1月10日。③故而，乙的动产抵押权优先于丙的质权，乙可以分得50万元，而丙只能分到30万元。④若乙的动产抵押权并未办理登记，则丙的质权优先于乙的抵押权，丙可以分到50万元，而乙只能分到30万元。

五、价款优先权

（一）构成要件

买受人通过融资购入动产+以购买的动产为融资提供担保+动产交付后十日内办理担保登记
主要分为以下四种情形：

1. 向出卖人赊购：以购买的动产为出卖人提供抵押并办理抵押登记；

2. 以所有权保留买卖方式购入：以出卖人保留所有权的方式提供担保并办理所有权保留登记；

3. 以融资租赁方式租入新的动产：以出租人对租赁物享有所有权的方式提供担保并办理融资租赁登记；

4. 向银行贷款购买动产：以购买的动产为银行提供抵押并办理抵押登记。

（二）法律效果

1. 无论是存在先登记的动产浮动抵押权，还是买受人取得动产后又以动产为其他人设定担保物权，提供融资方优先于动产买受人的其他担保物权人受偿，但是留置权人除外。

【总结】享有价款优先权的四类人：（1）以买卖标的物设定抵押的出卖人；（2）保留所有权买卖的出卖人；（3）融资租赁的出租人；（4）为买受人支付价款提供融资并以买卖标的物设定抵押的人。

【注意】售后回租中的出租人不享有价款优先权。

2. 同一动产上存在多个价款优先权的，按照登记的时间先后确定清偿顺序。

【注意】价款优先权不是一个独立的权利，而是说抵押权等担保物权具有超级优先效力。

【示例】1月1日，甲公司向乙银行借款，并设定动产浮动抵押，于同日办理了抵押登记。

①3月1日，甲公司与丙公司签订设备买卖合同，约定甲公司于设备交付后3个月内一次性付清价款，并以A设备提供抵押担保。3月7日，丙公司交付A设备。3月16日，甲公司配合丙公司办理抵押登记。虽然丙公司的抵押权后于乙银行的抵押权登记，但是丙公司的抵押权优先于乙银行的抵押权。

②3月1日，甲公司与丙公司签订A设备买卖合同，约定甲公司分期付款，在甲公司付清全部价款之前A设备属于丙公司所有。3月7日，丙公司交付A设备。3月16日，办理保留所有权买卖登记。虽然保留所有权买卖登记晚于乙银行的抵押权登记，但是丙公司对A设备保留的所有权优先于乙银行的抵押权。

③3月1日，甲公司向丁银行借款，约定：甲公司以该笔借款向丙公司支付购买A设备的价款，并以A设备为借款提供抵押担保。3月7日，丙公司交付A设备。3月16日，甲公司配合丁银行办理抵押登记。虽然丁银行的抵押权登记晚于乙银行的抵押权登记，但是丁银行的抵押权优先于乙银行的抵押权。

④3月1日，甲公司与戊公司签订融资租赁合同，约定戊公司向丙公司购买A设备，出租给甲公司。3月7日，丙公司交付A设备。3月16日，办理融资租赁登记。虽然融资租赁登记晚于乙银行的抵押权登记，但是戊公司对租赁物的所有权优先于乙银行的抵押权。

【说明】无论甲公司以何种方式购入新设备，新设备均将自动成为乙银行动产浮动抵押权的客体。若坚持动产抵押权竞合的顺位规则，因为乙银行的动产浮动抵押权登记于前，即使丙公司或丁银行的抵押权、丙公司对 A 设备的所有权、戊对租赁物的所有权办理了登记，丙、丁或戊在优先顺位上也劣后于乙银行。如此一来，丙、丁或戊自然不愿意与甲公司进行交易，甲公司的再融资能力就因为动产浮动抵押权的设立受到了严重影响，而甲公司无法购买到需要的设备，其生产能力和盈利能力自然也会受到影响，这对乙银行来说也并非好事，丙、丁或戊则丧失了一次潜在的交易机会，由此出现了多方皆输的局面。为改变这种局面，《民法典》规定价款优先权，着力解决中小企业在将现有的和将有的动产设定浮动抵押后的再融资能力问题。

【注意】最高院认为，价款优先权不仅存在于动产浮动抵押权登记在先的情形，还存在于动产固定抵押权登记在先的情形。例如，1 月 1 日，甲公司与丙公司签订 A 设备买卖合同，约定甲公司于设备交付后 3 个月内一次性付清价款，并以 A 设备提供抵押担保。1 月 7 日，丙公司交付 A 设备。1 月 10 日，甲公司向乙银行借款用于资金周转，并以 A 设备提供抵押，于同日办理了抵押登记。1 月 15 日，甲公司配合丙公司办理了抵押登记。按照最高院的观点，虽然丙公司的抵押权晚于乙银行的抵押权登记，但是丙公司的抵押权优先于乙银行的抵押权。此种观点的正当性存疑，不过法考应按照该观点解题。

六、留置权恒优先

同一动产上已经设立抵押权或者质权，该动产又被留置的，留置权人优先受偿。即使在先设立的是价款优先权，留置权也具有优先地位。

【示例】1 月 1 日，甲公司向乙银行借款，并以其 A 设备提供抵押担保，办理了抵押登记。3 月 1 日，A 设备出现故障，甲公司送交丙公司维修。因无力支付维修费，丙公司扣住 A 设备不放。丙公司对 A 设备的留置权优先于乙银行登记在先的抵押权。

【总结】留置权>价款优先权（内部看登记时间先后）>公示的抵押权/质权（内部看登记/交付的时间先后）>未登记的抵押权（内部顺位相同，按债权比例）>普通债权

【知识点分析思路总结】
担保责任的承担以及担保人承担责任后的权利问题：
第一步，保证合同是否有效？担保物权是否有效设立？
【总结】担保合同未成立、无效/担保物权未有效设立的情形
1. 担保合同未采用书面形式。
2. 主合同无效，担保合同无效。
3. 担保人不具备担保资格。
4. 不动产抵押权未登记。
第二步，是否存在导致担保责任消灭的情形？是否存在不影响担保责任的情形？
【总结】导致担保责任消灭的情形
1. 债权人在保证期间未依法行使权利，保证责任消灭。
2. 保证人与债权人约定禁止债权转让，债权人未经保证人书面同意转让债权的，保证人对受让人不再承担保证责任。
3. 免责的债务承担未经第三担保人同意，第三担保人不再承担担保责任。
4. 质权人自愿返还质物的，质权消灭。

5. 留置权人丧失留置物占有或接受债务人另行提供的担保的，留置权消灭。

【总结】不影响担保责任的情形

1. 合同的解除，不影响担保责任的承担。

2. 第三人加入债务的，担保人的保证责任不受影响。

3. 债权人和债务人未经担保人书面同意，协商变更主债权债务合同内容，减轻债务的，担保人仍对变更后的债务承担保证责任。

第三步，担保人是否存在抗辩？

【总结】担保人的抗辩

1. 担保人可以主张债务人对债权人的抗辩。例如，主债务诉讼时效经过的抗辩权。债务人放弃抗辩的，担保人仍有权向债权人主张抗辩。

2. 以登记为公示方式的担保物权受主债务诉讼时效的限制。

3. 一般保证人享有先诉抗辩权；一般保证人在主债务履行期限届满后提供财产线索，债权人放弃或者怠于行使权利致使该财产不能被执行的，保证人在其提供可供执行财产的价值范围内不再承担保证责任。

4. 债务人对债权人享有抵销权或者撤销权的，担保人可以在相应范围内拒绝承担保证责任。

5. 借新还旧中，不知情的新债担保人可以拒绝承担担保责任。

6. 债权人转让债权，未通知担保人的，该转让对担保人不发生效力。

7. 债权人和债务人未经担保人书面同意，协商变更主债权债务合同内容，加重债务的，担保人对加重的部分不承担保证责任。

8. 混合担保中，债权人放弃债务人物保的，其他担保人在放弃的范围内免责。

第四步，担保人承担责任之后的权利

1. 能否追偿？

（1）一概可以向债务人追偿；在有债务人物保的情况下，担保人可主张债权人对债务人享有的担保物权。

（2）能否向其他担保人追偿？→是否存在可以追偿的法定情形？YES→可以追偿；NO→不可以追偿

【总结】担保人之间可以追偿的三种法定情形

（1）担保人之间约定相互追偿：①同时约定了分担份额：可以直接向其他担保人追偿。②未同时约定分担份额：必须先向债务人追偿，不足部分再按比例向其他担保人追偿。

（2）担保人之间约定承担连带共同担保：必须先向债务人追偿，不足部分再按比例向其他担保人追偿。

（3）担保人在同一份合同书上签字、盖章或者按指印：必须先向债务人追偿，不足部分再按比例向其他担保人追偿。

2. 能否请求反担保人承担担保责任？

担保人无论承担的是担保责任还是赔偿责任，只要反担保合同有效，均可以请求反担保人承担担保责任；反担保合同不会因主债权债务合同无效而无效。

【主观题小案例】

案例：2020年1月，甲公司向银行贷款200万元，并就公司现有的以及将有的生产设备设立浮动抵押，并办理了抵押登记。2020 年 6 月，甲公司向乙公司购买口罩生产设备，并将该设备抵押给乙公司，同样办理了抵押登记。2020 年 7 月，甲公司将该口罩生产设备质押给丙公司并完成交付，以获取流动资金。而后因仓库变动，丙公司委托货运公司运输口罩生产设备，经多次催促未支付运费，货运公司遂留置了口罩生产设备。之后，甲公司无力清偿。

问题 1：银行与乙公司对于口罩生产设备的抵押权何者优先？为什么？。

问题 2：银行的抵押权与丙公司的质权何者优先？为什么？

问题 3：货运公司对于口罩生产设备是否享有留置权？若享有，其留置权与乙公司的抵押权何者优先？为什么？

案例——问题 1：银行与乙公司对于口罩生产设备的抵押权何者优先？为什么？

答案：乙公司的抵押权优先。银行的抵押权虽然登记在先，但是乙公司的抵押权是价款优先权。法条依据为《民法典》第 416 条。

案例——问题 2：银行的抵押权与丙公司的质权何者优先？为什么？

答案：银行的抵押权优先。银行抵押权的登记时间早于质权的设立时间。法条依据为《民法典》第 415 条。

案例——问题 3：货运公司对于口罩生产设备是否享有留置权？若享有，其留置权与乙公司的抵押权何者优先？为什么？

答案：（1）享有。债务人不履行到期债务，债权人可以留置因同一法律关系合法占有的第三人的动产。（2）货运公司的留置权优先于乙公司的抵押权。价款优先权可以优先于其他担保物权，但是留置权除外。法条依据为《民法典》第 416 条、第 447 条。

第九章

合同的转让

历年真题考点与考查方式	
2012 年	问2：丙有权请求乙支付甲消费的款项但不得请求甲支付其消费的款项，其法律含义是什么？乙可否以甲不支付其消费的款项为理由，拒绝向丙付款？为什么？（免责的债务承担）
2011 年	问8：丙公司能否以自己不是合同的真正当事人为由拒绝向丁公司承担连带责任？为什么？（债务加入）

第一节　债权让与

【重点法条】

《民法典》

第545条第2款　【禁止债权转让约定】当事人约定非金钱债权不得转让的，不得对抗善意第三人。当事人约定金钱债权不得转让的，不得对抗第三人。

第546条　【债权转让的通知】债权人转让债权，未通知债务人的，该转让对债务人不发生效力。

债权转让的通知不得撤销，但是经受让人同意的除外。

第547条　【从权利的转移】债权人转让债权的，受让人取得与债权有关的从权利，但是该从权利专属于债权人自身的除外。

受让人取得从权利不因该从权利办理转移登记手续或者未转移占有而受到影响。

第548条　【债务人的抗辩】债务人接到债权转让通知后，债务人对让与人的抗辩，可以向受让人主张。

第549条　【债务人的抵销权】有下列情形之一的，债务人可以向受让人主张抵销：

（一）债务人接到债权转让通知时，债务人对让与人享有债权，且债务人的债权先于转让的债权到期或者同时到期；

（二）债务人的债权与转让的债权是基于同一合同产生。

债权让与，是指在不改变债的同一性的前提下，债权人与第三人达成合意，将其债权转让给第三人。让与债权的一方（债权人）称为让与人，受让债权的一方（第三人）为受让人。

一、债权让与的构成要件

1. 债权合法有效。

2. 债权人（让与人）与受让人签订**有效**的债权让与合同。

3. 债权具有可让与性。

下列三类债权**不能转让**：

（1）依照**法律规定**不得转让。如赡养费请求权、抚养费请求权。

（2）根据**债权性质**不得转让。

①基于**人身信赖关系**产生的债权（如合伙、委托等合同所生的债权）；

②专为**特定人利益**设定的债权（如人身损害赔偿金）；

③**不作为**债权（如竞业禁止协议）；

④**从债权不得单独转让**（如保证债权）。

（3）按照**当事人约定**不得转让。

①当事人约定**非金钱**债权不得转让的，不得对抗**善意第三人**。

②当事人约定**金钱**债权不得转让的，不得对抗**第三人**。

【示例】甲以50万元购入乙的汽车，双方明确约定禁止任何一方向第三人转让债权。①若甲将其对乙享有的**交付汽车的债权**转让给善意的丙，因该债权性质系**非金钱债权**，禁止转让的约定不得对抗善意的丙，债权让与有效，故丙可以要求乙交付汽车。②若乙将其对甲享有的请求**支付50万元价款的债权**转让给丁，因该债权性质系**金钱债权**，禁止转让的约定不得对抗第三人，因此无论丁是善意还是恶意，债权让与均有效，丁可以请求甲支付50万元价款。

二、债权让与的法律效果

（一）内部效力
债权由债权人转移于受让人，受让人取代债权人的地位，成为**新的债权人**。

（二）外部效力

1. 对债务人

（1）**通知**了债务人

①债权让与**对债务人发生效力**：债务人只能向**受让人**履行债务，且未经受让人同意，**不得撤销**债权让与通知。

②通知到达债务人之日起，**诉讼时效中断**。

③因债权转让增加的履行费用，由**让与人**负担。

④债务人对让与人的抗辩，可以向受让人主张。

⑤债务人可以向受让人主张抵销的两种情形：

a. 债务人接到债权转让通知时，债务人对让与人享有债权，且**债务人的债权先于**转让的债权到期或者**同时**到期。

【示例】甲欠乙100万元，于2021年1月2日到期。乙欠甲80万元，于2020年12月15日到期。2020年9月20日，乙将其对甲的100万元债权转让给丙，并通知。由于甲对乙的债权（2020年12月15日到期）先于乙对甲的债权（2021年1月2日到期）到期，甲可以对丙主张抵销。

123

b. 债务人的债权与转让的债权是基于同一合同产生。

【示例】甲与乙订立加工承揽合同，约定：甲负责为乙加工一批高级红木做家具，乙向甲支付加工费 20 万元。后甲使用普通木材为乙加工，致使乙损失 10 万元。若甲将其对乙的货款请求权转让给丙，因为乙对甲的违约损害赔偿请求权与甲转让给丙的货款请求权系基于同一合同产生，乙可以对丙主张抵销 10 万元。

（2）未通知债务人

债权让与对债务人不发生效力，即：债务人对原债权人的履行属于有效清偿，受让人无权要求其再次履行，只能请求原债权人返还不当得利。

【注意】未通知债务人并不影响债权让与本身的效力，仅仅是债权让与对债务人不发生效力。

2. 对担保人（结合担保的从属性理解）

（1）债权的从权利原则上随之转移，且不以办理转移登记手续或者转移占有为前提，担保人继续承担担保责任。

（2）通知担保人是债权让与对担保人发生效力的条件。

（3）法律另有规定或约定不得转让债权的，债权人未经担保人书面同意转让债权的，担保人对受让人不再承担担保责任。

第二节　债务承担

【重点法条】

《民法典》

第 551 条　【债务承担】债务人将债务的全部或者部分转移给第三人的，应当经债权人同意。

债务人或者第三人可以催告债权人在合理期限内予以同意，债权人未作表示的，视为不同意。

第 552 条　【债务加入】第三人与债务人约定加入债务并通知债权人，或者第三人向债权人表示愿意加入债务，债权人未在合理期限内明确拒绝的，债权人可以请求第三人在其愿意承担的债务范围内和债务人承担连带债务。

第 553 条　【新债务人的权利和义务】债务人转移债务的，新债务人可以主张原债务人对债权人的抗辩；原债务人对债权人享有债权的，新债务人不得向债权人主张抵销。

第 554 条　【从债务的转移】债务人转移债务的，新债务人应当承担与主债务有关的从债务，但是该从债务专属于原债务人自身的除外。

债务承担，是指在不改变债的同一性的前提下，债务人与第三人达成合意，将其债务移转于第三人承担。移转债务的一方被称为原债务人，承担债务的一方被称之为新债务人。根据承担方式不同，可以分为免责的债务承担（即原债务人免责）和并存的债务承担（即原债务人与新债务人承担连带债务）。

一、免责的债务承担

（一）构成要件

1. 债务合法有效。

2. 债务具有可转移性。

3. 债务人与第三人签订有效的免责的债务承担合同。

4. 债权人同意。

债务人或者第三人可以催告债权人在合理期限内予以同意，债权人未作表示的，视为不同意。

（二）法律效果

1. 原债务人退出，第三人成为新债务人。

2. 从债务原则上随之转移。

3. 新债务人可以主张原债务人对债权人的抗辩。

4. 原债务人对债权人享有债权的，新债务人不得向债权人主张抵销。

5. 未经担保人书面同意，担保人不再承担担保责任。

6. 从债务承担的意思表示到达债权人之日起，诉讼时效中断。

二、并存的债务承担（债务加入）

（一）构成要件

1. 债务合法有效。

2. 债务具有可转移性。

3. 债务人与第三人签订有效的并存的债务承担（债务加入）合同。

三种方式：

①第三人与债务人约定，并通知债权人；

②第三人向债权人表示加入债务；

③三方达成合意。

在①和②的情形，不需要债权人同意，债权人未在合理期限内明确拒绝即可。

（二）法律效果

1. 债务人并不退出，第三人与债务人对债权人承担连带债务。

2. 担保人不得以第三人加入债务未经其同意为由主张免责。

【总结】第三人向债权人提供的承诺文件，如何定性？

1. 具有提供担保的意思表示→保证。

2. 具有成为债务人的意思：

（1）原债务人不退出，第三人与原债务人一起对债权人承担连带债务→并存的债务承担（债务加入）

【注意】①保证与债务加入难以识别→推定为保证。②既非保证，也非债务加入→独立的合同义务：债权人可以请求第三人履行约定的义务或者承担相应的民事责任。

（2）原债务人退出，第三人成为新债务人→免责的债务承担

3. 第三人只是代债务人清偿债务，并无成为债务人的意思，也无提供担保的意思→第三人代为清偿/履行。

【注意】免责的债务承担与第三人代为履行难以识别→推定为第三人代为履行。

【主观题小案例】

案例1：甲对乙享有20万元债权，丙提供保证。后丁向甲表示愿意与乙一起承担对甲的20

万元债务，丙并不知情。

问题：丙是否有权主张免除保证责任？为什么？

案例2：甲公司将1台挖掘机出租给乙公司，为担保乙公司依约支付租金，丙公司提供保证。其后，经甲公司同意，乙公司将租金债务移转给丁公司，但是未通知丙公司。

问题：若丁公司无力履行租金债务，甲公司能否请求丙公司承担保证责任？为什么？

案例3：在甲困难时，乙曾经借给甲10万元。后甲为表示感激便将自己价值20万元的汽车折价8万元出卖给乙。乙与丙约定，由丙向甲支付8万元的购车款，甲表示同意。后丙以乙曾经借款10万元给甲为由主张抵销。

问题：丙的主张能否得到支持？为什么？

案例4：甲向乙借款500万元，丙以自己的A房提供抵押担保，办理了抵押登记。其后，乙将其对甲的借款债权转让给丁，并通知了甲和丙，但是并未办理抵押变更登记。甲到期无力偿还借款。

问题：丁能否请求丙承担抵押担保责任？为什么？

案例1—问题：丙是否有权主张免除保证责任？为什么？

答案：无权。丁和乙共同构成并存的债务承担，由于原债务人乙并未退出，故担保人丙不得以第三人加入债务未经其同意为由主张免责。法条依据为《民法典》第697条第2款。

案例2—问题：若丁公司无力履行租金债务，甲公司能否请求丙公司承担保证责任？为什么？

答案：不能。在免责的债务承担中，由于原债务人乙公司退出，此时未经担保人书面同意，担保人丙公司不再承担担保责任。法条依据为《民法典》第697条第1款。

案例3—问题：丙的主张能否得到支持？为什么？

答案：不能。在免责的债务承担中，原债务人乙对债权人甲享有债权的，新债务人丙不得向债权人甲主张抵销。法条依据为《民法典》第553条。

案例4—问题：丁能否请求丙承担抵押担保责任？为什么？

答案：能。债权人乙转让债权的，受让人丁取得从属于债权的抵押权，且不以办理转移登记手续为前提。法条依据为《民法典》第407条。

第十章
合同的解除

	历年真题考点与考查方式
2018 年	1. 甲公司是否有权解除与丙公司的委托合同？如果能够解除，是否承担赔偿责任？赔偿范围是什么？为什么？（委托合同任意解除）
	2. 甲公司是否有权解除与乙公司的建筑施工合同？为什么？
2014 年	问 5：针对甲要求乙履行购买 02 号房的义务，乙可主张什么权利？为什么？（情势变更）
2011 年	问 7：丁公司能否解除房产买卖合同？为什么？

合同解除，是指合同成立后履行完毕前，经双方当事人协议或具备约定、法定解除事由时，解除权人行使解除权消灭合同效力的行为。

第一节　合同解除事由

【重点法条】

《民法典》

第 533 条　【情势变更】合同成立后，合同的基础条件发生了当事人在订立合同时无法预见的、不属于商业风险的重大变化，继续履行合同对于当事人一方明显不公平的，受不利影响的当事人可以与对方重新协商；在合理期限内协商不成的，当事人可以请求人民法院或者仲裁机构变更或者解除合同。

人民法院或者仲裁机构应当结合案件的实际情况，根据公平原则变更或者解除合同。

第 562 条　【约定解除】当事人协商一致，可以解除合同。

当事人可以约定一方解除合同的事由。解除合同的事由发生时，解除权人可以解除合同。

第 563 条　【法定解除】有下列情形之一的，当事人可以解除合同：

（一）因不可抗力致使不能实现合同目的；

（二）在履行期限届满前，当事人一方明确表示或者以自己的行为表明不履行主要债务；

（三）当事人一方迟延履行主要债务，经催告后在合理期限内仍未履行；

（四）当事人一方迟延履行债务或者有其他违约行为致使不能实现合同目的；

（五）法律规定的其他情形。

以持续履行的债务为内容的不定期合同，当事人可以随时解除合同，但是应当在合理期限之前通知对方。

第580条 【非金钱债务的继续履行】当事人一方不履行非金钱债务或者履行非金钱债务不符合约定的，对方可以请求履行，但是有下列情形之一的除外：

（一）法律上或者事实上不能履行；

（二）债务的标的不适于强制履行或者履行费用过高；

（三）债权人在合理期限内未请求履行。

有前款规定的除外情形之一，致使不能实现合同目的的，人民法院或者仲裁机构可以根据当事人的请求终止合同权利义务关系，但是不影响违约责任的承担。

一、协议解除

双方协商一致后可以解除合同。

二、约定解除

合同事先约定解除事由，待解除事由发生时，解除权人有权解除合同。

1. 对约定解除事由的限制：如果违约程度显著轻微，不影响合同目的的实现，不能解除合同。

【示例】甲与乙订立汽车买卖合同，约定：乙应于10月10日24：00之前支付50万元购车款，否则甲有权解除合同。若乙于10月11日零点5分支付50万元购车款，则甲不能解除合同，因为乙的违约程度显著轻微，不影响甲的合同目的的实现。

2. 区别于附解除条件的合同：附解除条件合同的条件成就时，合同自动解除；合同约定解除事由发生，合同不会自动解除，需要解除权人行使解除权才会导致合同解除。

【示例1】甲与乙订立汽车买卖合同，约定：乙应于10月10日之前支付50万元购车款，否则汽车买卖合同自动解除（附解除条件的合同）。若乙于10月10日并未支付50万元购车款，则汽车买卖合同自动解除。

【示例2】甲与乙订立汽车买卖合同，约定：乙应于10月10日之前支付50万元购车款，否则甲有权解除汽车买卖合同（约定解除）。若乙于10月10日并未支付50万元购车款，则甲可以通知乙解除合同。

三、法定解除

出现法定解除事由，当事人可以依法解除合同。

（一）一般法定解除事由——根本违约，适用于所有合同

1. 因不可抗力致使合同目的不能实现（双方都有解除权）。

不可抗力：不能预见、不能避免、不能克服的客观情况。例如地震、海啸、泥石流等。

【示例】甲与乙旅行社签订旅游合同，后因疫情防控，导致甲无法出行，合同目的不能实现，甲乙均享有解除权。

2. 预期违约（仅守约方有解除权）：履行期限届满前，一方明确表示不履行或者以自己的行为表明不履行主要债务（合同一方的主给付义务）。

【示例】2019年11月1日，甲百货商场与乙电器公司订立空调买卖合同，约定：乙电器公司于2020年5月30日之前交付500台空调给甲百货商场。2020年3月，因气象部门预测当年夏天将持续高温，乙电器公司的空调被商家订购一空。2020年3月30日，乙电器公司向甲百货公司发信函称：因供货能力有限，无法履约。履行期届满前，乙电器公司明确表示自己不履行合同的主要债务。甲百货商场可以乙电器公司预期违约为由主张解除合同。

3. 迟延履行（仅守约方有解除权）

（1）迟延履行主要债务后经催告仍不履行；

【示例】甲向乙订购一批月饼，约定8月1日交货，乙8月10日仍未交货。乙构成迟延履行，此时乙经催告后仍然不交货的，甲可以解除合同。

（2）迟延履行导致合同目的不能实现（不需要先催告，因为催告已无意义）。

【示例】甲向乙订购一批月饼，约定8月1日交货，乙9月1日仍未交货。乙构成迟延履行，因月饼未交付导致合同目的不能实现（中秋节都过了），此时甲可以直接解除合同。

4. 其他根本违约（仅守约方有解除权）：其他违约行为导致合同目的不能实现。

【注意】通常，只有违反主给付义务才构成根本违约，但是违反从给付义务致使合同目的不能实现，也构成根本违约。

【示例】甲与乙订立汽车买卖合同，钱货两清。此后，因乙迟迟未提供相关单证资料给甲，致使甲无法办理车辆所有权登记。乙未交付有关单证资料属于对从给付义务的违反，该行为致使买卖合同的目的不能实现，甲享有法定解除权。

（二）特别法定解除事由——任意解除权

任意解除权：不需要理由，随时可以解除。

双方享有任意解除权	特定方享有任意解除权
1. 委托合同 2. 不定期继续性合同 ①不定期租赁合同 ②不定期物业服务合同 ③不定期保管合同 ④不定期合伙合同 ⑤不定期肖像使用合同	1. 承揽合同的定作人（承揽工作完成前） 2. 货运合同的托运人 3. 定期保管合同的寄存人 4. 定期物业服务合同的业主

【总结】有名合同中关于解除权的特别规定：

1. 分期付款的买受人未支付到期价款的数额达到全部价款的五分之一，经催告后在合理期限内仍未支付到期价款的，出卖人可以请求买受人支付全部价款或者解除合同。

2. 借款人未按照约定的借款用途使用借款的，贷款人可以停止发放借款、提前收回借款或者解除合同。

3. 承租人未经出租人同意转租的，出租人可以解除合同。

4. 承揽人将其承揽的主要工作交由第三人完成的，应当就该第三人完成的工作成果向定作人负责；未经定作人同意的，定作人也可以解除合同。

5. 承包人将建设工程转包、违法分包的，发包人可以解除合同。

（三）特别法定解除事由——违约方解除权（司法解除）

通常仅守约方享有合同解除权，但满足以下条件时，违约方也享有请求人民法院或者仲裁机构解除合同的权利。

1. 守约方的继续履行请求权被排除

（1）法律上或者事实上**不能履行**；（如出卖禁止流通物、已经卖给别人、标的物灭失等）

（2）债务**不适于强制履行**或**履行费用过高**；（如人身性质、成本太高失去经济合理性等）

（3）债权人在合理期限内**未请求履行**。

2. 致使合同目的不能实现

【注意1】最高院认为，违约方行使解除权还需同时符合下列3个条件：①违约方不存在恶意违约；②违约方继续履行对其显失公平；③守约方拒绝解除合同有违诚实信用原则。（法考采取综合观点，在考虑违约方是否有解除权时，需综合考虑前两者。）

【注意2】违约方解除权必须通过人民法院或者仲裁机构行使；**违约方虽然可以请求解除合同，但是不影响其承担违约责任**。

【示例】2017年，乙经纪公司与尚未成年的甲（父母代理）签署一份艺人合同，合同期限11年。2018年9月，甲返回原籍就读高中。2018年10月，甲委托律师向乙公司发函解除合同。乙公司不允，甲遂起诉请求判令解除合同。甲虽然是违约方，但是继续履行该份长期合同无法保障甲的受教育权，且人身性的债务不适于强制履行，此时合同陷入僵局，应当判决允许甲解除合同，因违约所造成的损失甲仍需承担。

【说明】如果不允许违约方行使解除权，会出现这种局面：守约方可以解除合同，但是拒绝解除；违约方不能解除但也无法履行。此时只有允许违约方解除合同，才能打破合同僵局。

（四）特别法定解除事由——情势变更（司法解除）

情势变更：合同成立后合同的基础条件发生了当事人在订立合同时无法预见的不属于商业风险的**重大变化**，继续履行合同对一方当事人明显不公平，受不利影响的当事人可以请求人民法院或者仲裁机构变更或者解除合同。

1. 构成要件

（1）须合同的基础条件发生了**不属于商业风险的重大变化**；（如国家政策、金融危机、严重通胀等）商业风险属于当事人在一定范围内应预见且能够合理预见的风险（如价格小幅上涨下跌等）。

（2）变化须发生在合同成立后履行完毕前；

（3）变化的发生须不可归责于任何一方当事人；

（4）变化是当事人于缔约时所无法预见的；

（5）继续履行合同将显失公平。

2. 法律效果

（1）受不利影响的一方可与对方**重新协商**；

（2）合理期限内协商不成，可以请求法院或仲裁机构**变更或解除合同**；

①如果是由于新冠疫情的影响**直接致使合同不能履行**的，按照**不可抗力**处理，免除责任。

②如果尚未达到完全履行不能的程度，只是按原合同履行对一方当事人的权益有**重大影响**的，按照**情势变更**处理。

③可以履行但**履行困难**的一般都按**变更**合同处理，变更价款、履行期限、履行方式等；实在**不能实现合同目的**的，才会判决**解除**，且不承担违约责任。

【示例1】甲乙签订房屋买卖合同，在房屋交付过程中由于房价暴涨，导致甲只需花费100万即可购得市价200万元的房屋。房屋价格的大幅度上涨属于**当事人可以预见的正常的商业风**

险，不成立情势变更。

【示例 2】甲为了去海南文昌航天火箭发射台观看火箭发射，遂与乙旅馆约定：甲承租乙旅馆 A 屋一周，总租金 3500 元。后火箭发射推迟。火箭发射推迟是**无法预见的、不属于商业风险的重大变化**，致使继续履行合同会对甲**显失公平**，成立情势变更。

第二节　合同解除权的行使

【重点法条】

《民法典》

第 564 条　【解除权行使期限】法律规定或者当事人**约定**解除权行使期限，**期限届满**当事人不行使的，该权利消灭。

法律没有规定或者当事人没有约定解除权行使期限，自解除权人**知道或者应当知道**解除事由之日起**一年内**不行使，或者经对方催告后在合理期限内不行使的，该权利消灭。

第 565 条　【合同解除权的行使规则】当事人一方依法主张解除合同的，应当**通知**对方。合同自**通知到达对方时**解除；通知载明债务人在一定期限内不履行债务则合同自动解除，债务人在该期限内未履行债务的，合同自**通知载明的期限届满时**解除。对方对解除合同有异议的，任何一方当事人均可以请求人民法院或者仲裁机构确认解除行为的效力。

当事人一方未通知对方，直接以提起诉讼或者申请仲裁的方式依法主张解除合同，人民法院或者仲裁机构确认该主张的，合同自**起诉状副本或者仲裁申请书副本送达对方时**解除。

约定或者法定解除事由发生，仅仅意味着当事人享有合同解除权，**合同不会自动解除**。只有当事人依法行使了解除权，合同才能解除。

一、解除权的行使方式

1. 通知解除

（1）合同自**通知到达对方时**解除；

（2）通知载明债务人一定期限内不履行则合同自动解除，债务人在该期限内未履行债务的，合同自**通知载明的期限届满时**解除；

（3）解除异议

对方有异议的，任何一方当事人均可请求法院或者仲裁机构确认解除行为的效力。

【注意】不享有解除权的一方通知解除合同，即使另一方未及时提出异议，也不发生解除的效果。

2. 起诉/仲裁解除

当事人也可以不通知对方解除，选择直接提起诉讼或者申请仲裁。法院或者仲裁机构确认解除的，起诉状或仲裁申请书**副本送达对方时**合同解除。

【注意】**违约方解除权、情势变更**引发的解除权只能通过**诉讼或者仲裁**方式行使。

二、解除权的行使期限

1. 解除权是**形成权**，适用除斥期间。除斥期间届满，则解除权消灭。

2. 除斥期间：法律规定/当事人约定>解除权人知道或应知解除事由之日起 1 年内/经对方催告后的合理期限内。

第三节　合同解除的法律效果

【重点法条】

《民法典》

第 566 条　【合同解除的法律后果】合同解除后，尚未履行的，终止履行；已经履行的，根据履行情况和合同性质，当事人可以请求恢复原状或者采取其他补救措施，并有权请求赔偿损失。

合同因违约解除的，解除权人可以请求违约方承担违约责任，但是当事人另有约定的除外。

主合同解除后，担保人对债务人应当承担的民事责任仍应当承担担保责任，但是担保合同另有约定的除外。

第 567 条　【结算、清理条款效力的独立性】合同的权利义务关系终止，不影响合同中结算和清理条款的效力。

第 933 条　【委托合同的任意解除】委托人或者受托人可以随时解除委托合同。因解除合同造成对方损失的，除不可归责于该当事人的事由外，无偿委托合同的解除方应当赔偿因解除时间不当造成的直接损失，有偿委托合同的解除方应当赔偿对方的直接损失和合同履行后可以获得的利益。

1. 尚未履行：终止履行；

2. 已经履行：根据履行情况和合同性质，当事人可以请求恢复原状或者采取其他补救措施，并有权请求赔偿损失。

（1）继续性合同的解除：不具有溯及力，已经履行的部分应当按照原合同约定结算。

（2）非继续性合同的解除：原则上具有溯及力，溯及自合同成立时终止。

3. 合同因违约解除的，解除不影响违约责任的承担。合同中的违约金、约定损害赔偿的计算方法、定金条款属于结算、清理条款，不因合同的解除而丧失效力。

4. 主合同解除后，担保人对债务人应当承担的民事责任仍应当承担担保责任。

5. 合同解除，不影响合同中结算和清理条款、解决争议方法条款（如管辖协议）的效力。

【知识点分析思路总结】

某某是否有权请求某某解除合同？

第一步，是否协议了要解除？YES→按照双方协商一致解除合同；NO→进入第二步。

第二步，是否享有约定解除权？YES→按照双方事先约定，一方行使约定解除权；NO→进入第三步。

第三步，是否存在特别法定解除事由？YES→根据特别法定解除事由申请解除合同；NO→进入第四步。

（1）常考有名合同的特别法定解除事由：

①双方有任意解除权：委托合同；不定期继续性合同

②特定方有任意解除权：承揽工作完成前的定作人；货运合同的托运人；定期保管合同的寄存人；定期物业服务合同的业主

（2）情势变更

（3）违约方解除权

第四步，是否存在<u>一般法定解除事由</u>？核心"是否构成<u>根本违约</u>"。YES→根据<u>一般法定解除权事由</u>申请解除合同；NO→进入第五步。

第五步，如果以上都没有，则<u>不能解除</u>合同。

【主观题小案例】

案例1：甲与乙签订房屋买卖合同，约定：交付的房屋须安装燃气管道。乙按照约定交付了房屋，并办理了房屋登记。甲入住后发现，房屋未按照合同约定安装燃气管道。

问题：甲是否有权解除合同？为什么？

案例2：甲与乙签订房屋租赁合同，约定：乙不得在房屋里养宠物，否则甲有权立即解除合同。为担保租金的支付，丙提供连带责任保证。后甲发现乙偷偷养宠物。由于乙尚欠缴租金，甲于2022年1月1日起诉至法院，请求解除合同，支付拖欠的租金。起诉状副本于1月5日送达乙。法院于6月1日判决解除合同，判令乙向甲支付租金。

问题1：租赁合同于何时解除？为什么？

问题2：如果乙拒绝履行生效判决，甲能否请求丙承担保证责任？为什么？

案例3：为解决女儿就读小学的问题，甲向乙公司购买城市花园小区的A房，因为该小区对口当地最好的宇宙小学。商品房买卖合同中明确约定：乙公司保证城市花园小区对口宇宙小学。房屋交付使用后，因当地教育部门的学区政策发生变化，城市花园小区的对口小学变更为当地一个口碑较差的学校。

问题：甲能否主张解除合同？为什么？

案例1—问题：甲是否有权解除合同？为什么？

答案：<u>无权</u>。交付的房屋未安装燃气管道，乙构成违约，但是这并<u>不会导致买卖商品房这一合同目的无法实现</u>，不属于<u>根本违约</u>，故不具备法定解除事由，甲<u>无权解除</u>合同。法条依据为《民法典》第563条第1款第4项。

案例2—问题1：租赁合同于何时解除？为什么？

答案：<u>2022年1月5日</u>。甲以提起诉讼方式依法主张解除合同，法院确认解除的，租赁合同<u>自起诉状副本送达对方时解除</u>。法条依据为《民法典》第565条第2款。

案例2—问题2：如果乙拒绝履行生效判决，甲能否请求丙承担保证责任？为什么？

答案：<u>能</u>。<u>主合同解除后</u>，担保人丙对债务人乙应当承担的民事责任<u>仍应当承担担保责任</u>。法条依据为《民法典》第566条第3款。

案例3—问题：甲能否主张解除合同？为什么？

答案：<u>不能</u>。虽然甲的合同目的因学区政策变化而无法实现，但是学区变化<u>发生于合同履行完毕之后</u>，乙公司并<u>不存在违约行为</u>，也不成立<u>情势变更</u>，甲并无解除合同的理由。法条依据为《民法典》第533条。

第十一章
重要有名合同

历年真题考点与考查方式	
2021 年	丙公司是否可以把 18 层转租给另一个公司？为什么？（转租） 枫桥公司把"枫叶"写字楼整体转让给峰塔公司时，甲公司等的租赁合同是否当然解除？为什么？（买卖不破租赁） 甲公司能否就 16 层行使优先购买权？（优先购买权）
2020 年	丁公司与戊公司能否主张撤销乙公司与基金会的捐赠合同？乙公司自己能否主张撤销捐赠合同？（赠与人任意撤销权）
2018 年	乙公司对甲公司的工程房屋是否有优先受偿权？为什么？优先受偿权的范围是什么？（工程价款优先权）
2017 年	问 4：谁有权收取 M 房屋 2 个月的租金？为什么？（买卖合同中标的物的孳息） 问 5：谁应承担 M 房屋火灾损失？为什么？（买卖合同中的风险负担）
2013 年	问 3：李某是否可以更换热水器？李某更换热水器的费用应当由谁承担？为什么？（租赁合同中维修费用的负担） 问 4：李某购买空调的费用应当由谁承担？为什么？（租赁合同中装饰装修费用的承担）
2010 年	问 3：大蒜在运往戊公司途中毁损的风险由谁承担？为什么？（买卖合同中的风险负担）
2009 年	问 1：甲乙之间租赁合同的期限如何确定？理由是什么？如乙欲解除与甲的租赁合同，应如何行使权利？（不定期租赁） 问 2：别墅维修及费用负担问题应如何处理？理由是什么？（出租人维修义务） 问 3：大蒜在运往戊公司途中毁损的风险由谁承担？为什么？（买卖合同中的风险负担） 问 6：丙可否行使对别墅的承租使用权？理由是什么？（房屋租赁合同中的法定承受）

第一节　买卖合同

【重点法条】

《民法典》

第 603 条　【交付的地点】出卖人应当按照约定的地点交付标的物。

当事人没有约定交付地点或者约定不明确，依据本法第五百一十条的规定仍不能确定的，适用下列规定：

（一）标的物需要运输的，出卖人应当将标的物交付给第一承运人以运交给买受人；

（二）标的物不需要运输，出卖人和买受人订立合同时知道标的物在某一地点的，出卖人应当在该地点交付标的物；不知道标的物在某一地点的，应当在出卖人订立合同时的营业地交付标的物。

第604条　【标的物毁损、灭失的风险负担】标的物毁损、灭失的风险，在标的物交付之前由出卖人承担，交付之后由买受人承担，但是法律另有规定或者当事人另有约定的除外。

第605条　【迟延交付标的物的风险负担】因买受人的原因致使标的物未按照约定的期限交付的，买受人应当自违反约定时起承担标的物毁损、灭失的风险。

第606条　【在途标的物的风险承担】出卖人出卖交由承运人运输的在途标的物，除当事人另有约定外，毁损、灭失的风险自合同成立时起由买受人承担。

第607条　【标的物交付给第一承运人后的风险负担】出卖人按照约定将标的物运送至买受人指定地点并交付给承运人后，标的物毁损、灭失的风险由买受人承担。

当事人没有约定交付地点或者约定不明确，依据本法第六百零三条第二款第一项的规定标的物需要运输的，出卖人将标的物交付给第一承运人后，标的物毁损、灭失的风险由买受人承担。

第608条　【买受人不收取标的物的风险负担】出卖人按照约定或者依据本法第六百零三条第二款第二项的规定将标的物置于交付地点，买受人违反约定没有收取的，标的物毁损、灭失的风险自违反约定时起由买受人承担。

第610条　【出卖人根本违约的风险负担】因标的物不符合质量要求，致使不能实现合同目的的，买受人可以拒绝接受标的物或者解除合同。买受人拒绝接受标的物或者解除合同的，标的物毁损、灭失的风险由出卖人承担。

第611条　【风险负担不影响违约责任】标的物毁损、灭失的风险由买受人承担的，不影响因出卖人履行义务不符合约定，买受人请求其承担违约责任的权利。

《买卖合同解释》第9条　【标的物运送至指定地点后的风险负担】出卖人根据合同约定将标的物运送至买受人指定地点并交付给承运人后，标的物毁损、灭失的风险由买受人负担，但当事人另有约定的除外。

第10条　【在途货物买卖中出卖人负担风险】出卖人出卖交由承运人运输的在途标的物，在合同成立时知道或者应当知道标的物已经毁损、灭失却未告知买受人，买受人主张出卖人负担标的物毁损、灭失的风险的，人民法院应予支持。

第11条　【尚未特定化的标的物风险负担】当事人对风险负担没有约定，标的物为种类物，出卖人未以装运单据、加盖标记、通知买受人等可识别的方式清楚地将标的物特定于买卖合同，买受人主张不负担标的物毁损、灭失的风险的，人民法院应予支持。

一、买卖合同的风险负担

买卖合同的风险负担，是指买卖合同生效后，标的物因不可归责于任何一方当事人的事由毁损灭失时，价金风险由谁承担的问题。风险若由买方承担，标的物虽已毁损灭失，买方仍需付款（已付的不能要回来）；风险若由卖方负担，买方不用付款（已付的可以要回来）。

讨论风险负担问题，必须满足以下几个前提条件：

1. 标的物的毁损灭失不可归责于任何一方当事人。

如果可归责于一方当事人，则属于违约责任或者侵权责任承担的问题。

2. 标的物已经完成**特定化**。

特定物才存在风险负担的问题，种类物不存在此问题。种类物特定化的方式是，出卖人以装运单据、加盖标记、通知买受人等可识别的方式清楚地将标的物特定于买卖合同。

【示例】湖北武汉的甲与黑龙江五常的农户乙签订大米购销合同，约定甲向乙购买500斤五常大米。当乙从仓库中取出500斤大米、用袋子装好并在袋子上标注好甲的名字时，种类物五常大米即完成特定化。

3. 标的物毁损灭失发生于**合同生效之后消灭之前**。

如果合同**不成立、无效或被撤销**，买受人并无支付价金的义务，**不存在风险负担问题**。

风险负担的具体规则	
有约定，从约定；没有约定按照下列规则：	
原则	交付主义：**交付之前由出卖人**承担，**交付之后由买受人**承担。
	1. 货交第一承运人风险转移：标的物需要运输（出卖人代办托运+承运人系独立主体）+**未约定**交付地点。
	2. 在指定地点货交承运人风险转移：标的物需要运输+**约定**了交付地点。
	3. 出卖人依法提存标的物后，风险由买受人承担。
例外	1. 已交付，风险不转移：出卖人根本违约，**且**买受人拒绝接受标的物或者解除合同。
	2. 尚未交付，风险已经转移：（1）**在途货物买卖**：自合同成立时起风险转移。（例外：出卖人在合同成立时知道或者应当知道标的物已经毁损灭失**却未告知**买受人，风险不转移。）（2）买受人受领迟延或者提货迟延：自买受人**违反约定之日**起风险转移。例如：2月1日，甲依照约定的时间将一个茶壶送至乙住处，不料乙外出未归。次日，茶壶因地震彻底毁损。乙2月1日迟延受领，自此日起应负担茶壶毁损灭失的风险。
注意	1. 风险转移与所有权是**否转移无关**。例如：在房屋买卖合同中，房屋已经交付但是并未办理过户登记，此时房屋所有权并未转移，但是房屋毁损、灭失的风险已经转移给买受人。
	2. 违反**从给付义务**（未交付有关标的物的单证和资料等），不影响风险转移。
	3. 风险转移，并**不影响**买受人请求出卖人承担违约责任。
	4. 其他合同风险负担总结：（1）试用买卖：试用期内的风险由**出卖人**承担。（2）租赁合同：租赁期内的风险由**出租人**承担。（3）融资租赁合同：租赁期内的风险由**承租人**承担。

二、分期付款买卖

概念	买受人将应付的总价款在一定期间内**至少分3次**向出卖人支付的合同。

出卖人权利	买受人**未支付到期**价款的金额达到全部价款的**1/5**，经催告后在合理期限内仍未支付到期价款的，出卖人可以**择一行使**下列权利： 选择一：请求买受人**支付剩余的全部价款**（加速到期）。 **【注意】**"1/5"为法定**最低**比例，系强制性规范。当事人约定低于该比例损害买受人利益的，约定**无效**。 选择二：**解除合同**，可以请求买受人**支付标的物的使用费**。当事人对标的物的使用费没有约定的，法院可以参照当地**同类标的物**的**租金**标准确定。
诉讼时效	从最后一期届满时起算。
分期付款买卖与所有权保留买卖的关系	所有权保留买卖和分期付款买卖并存的时候，分别适用各自的规则。 **【示例】**甲乙订立电脑买卖合同，约定：甲将一台价值20000元的电脑出卖给乙，共分10期支付，每期2000元，在乙付清全部价款前，甲保留该电脑的所有权。乙在按时支付完8期后便不再支付价款。此时，因乙支付的价款已达75%以上，甲不能行使取回权；但是，由于剩余两期未支付的价款达到全部价款的1/5，乙经催告后在合理期限仍未支付的，甲可以请求乙支付剩余全部价款或者解除合同。 **【技巧】**看题目问什么，如果问取回权，就想到所有权保留的75%；如果问一次性支付全部价款/解除合同，就想到分期付款买卖的1/5。

三、商品房买卖合同

概念		商品房买卖合同，是指**房地产开发企业**将**未建成或者已竣工**的房屋向买受人销售，买受人支付价款的合同。
合同效力		出卖人未取得预售许可证明→无效；**起诉前取得**→有效。
合同解除	迟延履行	买受人迟延支付购房款/出卖人迟延交房+催告后在**三个月内**仍未履行，对方可以解除合同（另有约定的除外）。 行权期间：对方**催告的，要在三个月**内行使解除权；**没有催告的**，自知或应知解除事由起**一年内**行使。
	质量问题	1. 因房屋**主体结构质量不合格**不能交付使用，或者交付使用后主体结构质量经核验不合格。
		2. 因房屋**质量问题严重影响正常居住使用**。 **【注意】**必须达到严重影响居住。如果只是存在质量问题，出卖人应当承担修复责任。
		3. 因出卖人在交房前将房屋出卖给他人并办理过户登记，导致**无法交付**。
	无法登记	**因出卖人原因**，导致买受人在约定或法定的办理不动产登记的**期限届满后超过一年无法办理不动产登记**，买受人可以解除。
	未能订立担保贷款合同导致商品房买卖合同无法履行	1. 因当事人一方原因，**对方**当事人可以请求解除合同、赔偿损失。
		2. 因不可归责于双方当事人的事由，**双方**当事人都可以请求解除合同，出卖人应当将收受的购房款本金及利息或者定金返还买受人（即不用赔偿损失）。例如：签订商品房买卖合同后，由于国家出台新的购房政策对首付款的比例进行调整，使得买受人能够申请到的贷款与合同中拟贷款金额存在较大差距，对买受人的履约能力造成重大影响，双方均可解除合同。

四、多重买卖

1. 普通动产多重买卖

有处分权的同一出卖人就同一标的物与不同买受人分别订立多个买卖合同。在买卖合同均有效的情况下，买受人均要求实际履行合同的，应当按照下列顺序确定：

先受领交付的>先支付价款的>先成立合同的

【注意】数个买卖合同不会单纯因一物数卖而无效。后手买受人即使知道一物数卖，也不构成恶意串通。

2. 特殊动产多重买卖

在特殊动产买卖合同均有效的情况下，买受人均要求实际履行合同的，应当按照下列顺序确定：

先受领交付的>先办理所有权转移登记的>先成立合同的

第二节　赠与合同

【重点法条】

《民法典》

第658条　【赠与合同的任意撤销与限制】赠与人在赠与财产的权利转移之前可以撤销赠与。

经过公证的赠与合同或者依法不得撤销的具有救灾、扶贫、助残等公益、道德义务性质的赠与合同，不适用前款规定。

第660条　【受赠人的交付请求权和赠与人责任】经过公证的赠与合同或者依法不得撤销的具有救灾、扶贫、助残等公益、道德义务性质的赠与合同，赠与人不交付赠与财产的，受赠人可以请求交付。

依据前款规定应当交付的赠与财产因赠与人故意或者重大过失致使毁损、灭失的，赠与人应当承担赔偿责任。

第663条　【赠与的法定撤销】受赠人有下列情形之一的，赠与人可以撤销赠与：

（一）严重侵害赠与人或者赠与人近亲属的合法权益；

（二）对赠与人有扶养义务而不履行；

（三）不履行赠与合同约定的义务。

赠与人的撤销权，自知道或者应当知道撤销事由之日起一年内行使。

第664条　【赠与人的继承人或法定代理人的撤销权】因受赠人的违法行为致使赠与人死亡或者丧失民事行为能力的，赠与人的继承人或者法定代理人可以撤销赠与。

赠与人的继承人或者法定代理人的撤销权，自知道或者应当知道撤销事由之日起六个月内行使。

概念		赠与合同是赠与人将自己的财产无偿给予受赠人，受赠人表示接受赠与的合同。
赠与人的 任意撤销权	适用范围	赠与财产的权利尚未转移给受赠人的情形
	排除情形	1. 经过公证的赠与合同
		2. 具有救灾、扶贫、助残等公益、道德义务性质的赠与合同
	撤销的后果	赠与合同自始无效，可以不再履行赠与义务
赠与人的 法定撤销权	适用范围	适用于一切赠与合同，且不以赠与财产的权利尚未转移为前提。
	法定情形	1. 受赠人严重侵害赠与人或者赠与人近亲属的合法权益
		2. 受赠人对赠与人有扶养义务而不履行
		3. 受赠人不履行赠与合同约定的义务
	除斥期间	1. 赠与人：自知道或者应当知道撤销事由之日起1年内行使
		2. 赠与人的继承人或者法定代理人：自知道或者应当知道撤销事由之日起6个月内行使（因受赠人的违法行为致使赠与人死亡或者丧失民事行为能力的，赠与人的继承人或者法定代理人可以撤销赠与）。
	撤销的后果	赠与合同自始无效，财产权利尚未转移给受赠人的，可以不再履行赠与义务；财产权利已经转移的，可以请求返还。
赠与人的 穷困抗辩权	适用范围	赠与财产的权利尚未转移的情形
	法定情形	赠与人的经济状况显著恶化，严重影响其生产经营或者家庭生活。
	行使抗辩 权的效果	可以不再履行赠与义务；已履行的不得反悔请求返还。
赠与人的 瑕疵担保 责任	原则	赠与人对赠与财产不承担瑕疵担保责任。
	例外	1. 赠与人故意不告知瑕疵或者保证无瑕疵。
		2. 附义务的赠与，赠与人在附义务的限度内承担与出卖人相同的责任。
注意		赠与财产因赠与人故意或者重大过失致使毁损、灭失的，赠与人应当承担赔偿责任。

第三节　借款合同

【重点法条】

《民法典》

第670条　【利息的预先扣除】借款的利息不得预先在本金中扣除。利息预先在本金中扣除的，应当按照实际借款数额返还借款并计算利息。

第679条　【自然人间借款合同的生效时间】自然人之间的借款合同，自贷款人提供借款时成立。

第680条　【利率】禁止高利放贷，借款的利率不得违反国家有关规定。

借款合同对支付利息没有约定的，视为没有利息。

借款合同对支付利息约定不明确，当事人不能达成补充协议的，按照当地或者当事人的交易方式、交易习惯、市场利率等因素确定利息；自然人之间借款的，视为没有利息。

《民间借贷规定》第 13 条　【民间借贷合同的无效】具有下列情形之一的，人民法院应当认定民间借贷合同无效：

（一）套取金融机构贷款转贷的；

（二）以向其他营利法人借贷、向本单位职工集资，或者以向公众非法吸收存款等方式取得的资金转贷的；

（三）未依法取得放贷资格的出借人，以营利为目的向社会不特定对象提供借款的；

（四）出借人事先知道或者应当知道借款人借款用于违法犯罪活动仍然提供借款的；

（五）违反法律、行政法规强制性规定的；

（六）违背公序良俗的。

第 29 条　【逾期利率和违约金的适用规则】出借人与借款人既约定了逾期利率，又约定了违约金或者其他费用，出借人可以选择主张逾期利息、违约金或者其他费用，也可以一并主张，但是总计超过合同成立时一年期贷款市场报价利率四倍的部分，人民法院不予支持。

民间借贷合同的特殊规则	
适用范围	1. 自然人之间的借款合同（单务、实践合同） 2. 自然人与法人、非法人组织之间的借贷合同（金融机构除外）。 3. 法人、非法人组织之间的借贷合同（金融机构除外）。 【注意】金融机构作为出借方的贷款合同，不属于民间借贷合同。
无效事由	1. 套取金融机构贷款转贷的；
	2. 以向其他营利法人借贷、向本单位职工集资，或者以向公众非法吸收存款等方式取得的资金转贷的； 【注意】有效：法人之间、非法人组织之间以及它们相互之间为生产、经营需要订立的民间借贷合同；法人或者非法人组织在本单位内部通过借款形式向职工筹集资金，用于本单位生产、经营。
	3. 未依法取得放贷资格的出借人，以营利为目的向社会不特定对象提供借款的；
	4. 出借人事先知道或者应当知道借款人借款用于违法犯罪活动仍然提供借款的；
	5. 违反法律、行政法规强制性规定的；
	6. 违背公序良俗的。
	注意：借款人或者出借人的借贷行为涉嫌犯罪，或者已经生效的裁判认定构成犯罪，民间借贷合同并不当然无效。如果没有法定无效事由，则有效。
利息管制	不得超过合同成立时一年期贷款市场报价利率（LPR）4倍；允许计算复利（前期借款的本息作为后期借款的本金），但是最后总额也不得超过一年期贷款市场报价利率（LPR）4倍。

续表

逾期利率	1. 有约定从约定，不得超过合同成立时一年期贷款市场报价利率（LPR）4 倍。
	2. 未约定借期内利率+未约定逾期利率：参照当时 LPR 标准计算的利息承担逾期还款违约责任。
	3. 约定了借款内利率+未约定逾期利率：自逾期还款之日起按照借期内利率支付资金占用期间利息。
	4. 约定了逾期利率+约定了违约金或者其他费用：出借人可以选择主张逾期利息、违约金或者其他费用；也可以一并主张，但是总计不得超过合同成立时 LPR 的 4 倍。

第四节　租赁合同

一、租赁合同的一般规则

【重点法条】

《民法典》

第 716 条　【转租】承租人经出租人同意，可以将租赁物转租给第三人。承租人转租的，承租人与出租人之间的租赁合同继续有效；第三人造成租赁物损失的，承租人应当赔偿损失。

承租人未经出租人同意转租的，出租人可以解除合同。

第 719 条　【次承租人代为支付租金和违约金情形】承租人拖欠租金的，次承租人可以代承租人支付其欠付的租金和违约金，但是转租合同对出租人不具有法律约束力的除外。

第 720 条　【租赁物收益归属】在租赁期限内因占有、使用租赁物获得的收益，归承租人所有，但是当事人另有约定的除外。

第 725 条　【买卖不破租赁】租赁物在承租人按照租赁合同占有期限内发生所有权变动的，不影响租赁合同的效力。

概念	租赁合同，是出租人将租赁物交付承租人使用、收益，承租人支付租金的合同。
性质	双务、有名、有偿、诺成、不要式（租赁期限6 个月以上为要式）、继续性合同。
不定期租赁	1. 没有约定租赁期限或者约定不明，无法确定租赁期限，视为不定期租赁。
	2. 租赁期限6 个月以上，未采用书面形式，且无法确定租赁期限的，视为不定期租赁。
	3. 租赁期限届满，承租人继续使用租赁物，出租人没有提出异议，视为不定期租赁。
	双方均有任意解除权，但是应当在合理期限之前通知对方。

合同效力	1. 违法建筑物（未取得规划许可证建设的房屋/未经批准建设的临时建筑）租赁合同无效，但一审辩论终结前取得许可或经批准的有效。	
	2. 租赁期限最长 20 年。超过的，超过部分无效；租赁期限届满，可以续订，但续订也不得超过 20 年；租赁期限超过临时建筑的使用期限，超过部分无效。	
	3. 无效时，参照合同约定的租金支付房屋占有使用费。	
	【注意】未办理租赁合同登记备案手续，不影响合同效力。	
出租人义务	适租义务	出租人按约交付租赁物，保持租赁物符合约定的用途。
	维修义务	原则：出租人。 出租人不履行维修义务，承租人可自行维修，维修费用由出租人负担。
		例外：承租人过错致使租赁物需要维修。
	瑕疵担保	1. 因第三人主张权利，致使承租人不能对租赁物使用、收益的，承租人可以请求减少或不付租金。
		2. 租赁物危及承租人的安全或者健康的，即使承租人订立合同时明知质量不合格，仍然可以随时解除合同。
承租人义务	正当使用	承租人未按照约定的方法或租赁物性质使用租赁物，致使租赁物受到损失的，出租人可以解除合同并请求赔偿损失。
	支付租金	承租人无正当理由未支付或迟延支付租金的，出租人可以请求承租人在合理期限内支付；承租人逾期不支付的，出租人可以解除合同。
	保管义务	承租人应当妥善保管租赁物，因保管不善造成租赁物毁损、灭失的，应当承担赔偿责任。
	返还义务	租赁期间届满，承租人应当返还租赁物。
转租	合法转租（经出租人同意）	1. 承租人与次承租人之间存在租赁合同关系（转租合同）；承租人与出租人之间租赁合同继续有效。
		2. 出租人和次承租人之间没有租赁关系，出租人无权请求次承租人支付租金；承租人对次承租人的行为负责，次承租人造成租赁物损失，出租人只能找承租人承担违约责任（可以找次承租人承担侵权责任）。
		3. 超期转租的，超过部分的约定对出租人不具有法律约束力。
		4. 承租人拖欠租金的，次承租人可以代承租人支付其欠付的租金和违约金（第三人代为清偿）。 【注意】限于合法转租，否则出租人有权拒绝。
	非法转租（未经出租人同意）	1. 转租合同有效。承租人向次承租人收取的租金，对出租人而言并非不当得利，因为承租人在租赁期限内对租赁物享有收益权能。
		2. 出租人可以解除合同。次承租人相对于出租人是无权占有人，出租人解除租赁合同后，对次承租人享有返还原物请求权。
		3. 出租人知道或者应当知道转租，但是 6 个月内未提出异议的，视为同意。

续表

买卖不破租赁	1. 租赁物在承租人按照租赁合同占有期限内发生所有权变动的，不影响租赁合同的效力。例：甲将房屋出租给乙，在乙占有使用房屋期间，甲将房屋出售给丙，则丙取代甲的地位成为出租人，甲与乙的租赁合同将变成丙与乙的租赁合同，且租赁合同内容维持不变。
	2. 租赁物的所有权发生变动，包括买卖、互易、赠与、投资、继承、遗赠、企业合并、实现抵押权等。
	【注意】买卖破租赁：①先抵后租，且抵押权已经登记；②先查封后租。
风险负担	租赁物毁损灭失的，由出租人负担风险。

二、房屋租赁合同的特殊规则

【重点法条】

《民法典》

第726条　【房屋承租人的优先购买权】出租人出卖租赁房屋的，应当在出卖之前的合理期限内通知承租人，承租人享有以同等条件优先购买的权利；但是，房屋按份共有人行使优先购买权或者出租人将房屋出卖给近亲属的除外。

出租人履行通知义务后，承租人在十五日内未明确表示购买的，视为承租人放弃优先购买权。

第728条　【侵害承租人优先购买权的赔偿责任】出租人未通知承租人或者有其他妨害承租人行使优先购买权情形的，承租人可以请求出租人承担赔偿责任。但是，出租人与第三人订立的房屋买卖合同的效力不受影响。

第734条　【续租及承租人的优先承租权】租赁期限届满，承租人继续使用租赁物，出租人没有提出异议的，原租赁合同继续有效，但是租赁期限为不定期。

租赁期限届满，房屋承租人享有以同等条件优先承租的权利。

房屋承租人优先购买权	概念	房屋租赁合同租期内，房屋所有权转移，承租人享有以同等条件优先购买房屋的权利。
	前提	出租人出卖房屋，或者出租人与抵押权人协议折价、变卖租赁房屋偿还债务。 【注意】出租人将房屋出卖给近亲属，房屋承租人无优先购买权；房屋按份共有人优先购买权>房屋承租人的优先购买权。
	通知	出租人应于出卖前的合理期限内或拍卖5日前通知承租人。
	除斥期间	承租人收到出卖通知或知道出卖事实之日起15日，未明确表示购买，视为放弃。
	侵害后果	出租人未通知承租人或有其他妨害优先购买权情形的，承租人可以请求出租人承担赔偿责任；出租人与第三人订立的买卖合同效力不受影响。

房屋承租人 优先承租权	租赁期限届满，出租人继续出租房屋的，承租人享有以同等条件优先承租的权利。				
房屋承租人地位的法定承受	承租人在房屋租赁期限内死亡，生前共同居住的人或者共同经营人可以按照原租赁合同租赁该房屋。例：甲乙是合伙伙伴，共同居住在甲承租的房屋中经营生意，租赁期限还剩 1 年时，甲死亡，乙基于法定承受承租人的地位，可以继续居住在该房屋中直至租赁期限届满。				
房屋装饰装修	未经同意	承租人负担装饰装修费用			
		出租人可以请求恢复原状或者赔偿损失			
	经同意	未附合	承租人取回；造成房屋毁损的，承租人恢复原状		
			承租人无费用补偿请求权		
		附合	租期届满	承租人无权请求补偿	
			合同无效	出租人同意利用	折价归出租人所有
				出租人不同意利用	按导致合同无效的过错分担残值损失
			合同解除	不可归责于双方	公平原则分担
				出租人原因	出租人承担
				承租人原因	承租人承担
				双方原因	按过错分担
	【总结】1. 原则上承租人自行负责（自担费用、自行取回、恢复原状或赔偿损失）；2. 只有在出租人同意装饰装修+形成附合+合同无效/被解除的情况下，出租人才可能根据自己的过错承担或者分担费用、损失。				
房屋扩建	未经同意	承租人负担扩建费用			
		出租人可以请求恢复原状或者赔偿损失			
	经同意	办理合法手续	出租人负担扩建费用		
		未办理合法手续	按过错分担扩建费用		

第五节　建设工程合同

【重点法条】

《民法典》

第 807 条　【工程价款的支付】发包人未按照约定支付价款的，承包人可以催告发包人在合理期限内支付价款。发包人逾期不支付的，除根据建设工程的性质不宜折价、拍卖外，承包人可以与发包人协议将该工程折价，也可以请求人民法院将该工程依法拍卖。建设工程的价款就该工程折价或者拍卖的价款优先受偿。

《建设工程施工合同解释（一）》第 36 条 【优先受偿权的顺位】承包人根据民法典第八百零七条规定享有的建设工程价款优先受偿权优于抵押权和其他债权。

第 37 条 【工程价款优先受偿】装饰装修工程具备折价或者拍卖条件，装饰装修工程的承包人请求工程价款就该装饰装修工程折价或者拍卖的价款优先受偿的，人民法院应予支持。

第 38 条 【承包人优先受偿权】建设工程质量合格，承包人请求其承建工程的价款就工程折价或者拍卖的价款优先受偿的，人民法院应予支持。

第 39 条 【未竣工，但质量合格的部分可以优先受偿】未竣工的建设工程质量合格，承包人请求其承建工程的价款就其承建工程部分折价或者拍卖的价款优先受偿的，人民法院应予支持。

第 40 条 【优先受偿权的范围】承包人建设工程价款优先受偿的范围依照国务院有关行政主管部门关于建设工程价款范围的规定确定。

承包人就逾期支付建设工程价款的利息、违约金、损害赔偿金等主张优先受偿的，人民法院不予支持。

第 41 条 【优先受偿权行使期限】承包人应当在合理期限内行使建设工程价款优先受偿权，但最长不得超过十八个月，自发包人应当给付建设工程价款之日起算。

第 42 条 【放弃或限制建设工程价款优先受偿权】发包人与承包人约定放弃或者限制建设工程价款优先受偿权，损害建筑工人利益，发包人根据该约定主张承包人不享有建设工程价款优先受偿权的，人民法院不予支持。

建设工程施工合同无效的情形和处理方式	
合同无效的情形	1. 承包人未取得或超越相应资质等级（在建设工程竣工前取得相应资质等级的除外）。 2. 没有资质的实际施工人借用有资质的建筑施工企业名义。 3. 建设工程必须进行招标而未招标或中标无效。 4. 转包和违法分包。 违法分包包括：①未经发包人同意分包。②全部工程支解后以分包名义转包。③分包人不具有相应资质。④将工程主体结构分包。⑤分包人将工程再分包。【注意】无效的是转包合同和分包合同，发包人与承包人之间的承包合同不受影响。 5. 发包人未取得建设工程规划许可证等规划审批手续（发包人起诉前取得相应手续的除外；发包人能够办理审批手续而未办理，不得以未办理审批手续为由请求确认合同无效）。
处理方式	1. 建设工程施工合同无效，但是建设工程经过验收合格的，可以参照合同关于工程价款的约定折价补偿实际施工人。 【注意】建设工程合同无效，承包人被称之为实际施工人。 参照合同的确定：实际履行的合同>最后签订的合同。
	2. 建设工程施工合同无效，且建设工程经过验收不合格的，先进行修复： （1）修复后验收合格，实际施工人享有工程价款请求权，但要承担修复费用； （2）修复后仍验收不合格，实际施工人不享有工程价款请求权。

处理方式	3. 实际施工人可以仅以**转包人或者违法分包人**为被告起诉，法院应当受理。
	4. 实际施工人也可以直接起诉**发包人**（突破合同相对性）。 实际施工人以发包人为被告主张权利的，人民法院**应当追加转包人或者违法分包人为本案第三人**，在查明发包人欠付转包人或者违法分包人建设工程价款的数额后，判决发包人在**欠付建设工程价款范围内**对实际施工人承担责任。
	5. 转包人或者违法分包人怠于向发包人行使到期债权或者与该债权有关的从权利，影响其到期债权实现，实际施工人可以向发包人提起**代位权**诉讼。
	6. 因建设工程质量发生争议的，**发包人**可以以总承包人、分包人和实际施工人为**共同被告**提起诉讼。（突破合同相对性）

以招投标方式订立的建设工程合同

原则	1. 当事人就同一建设工程另行订立的建设工程施工合同与经过备案的中标合同实质性内容不一致的，应当以**备案的中标合同**作为根据。 2. 招标人和中标人在中标合同之外就明显高于市场价格购买承建房产、无偿建设住房配套设施、让利、向建设单位捐赠财物等另行签订合同，**变相降低工程价款**的，该合同**无效**。
例外	非必须招投标的建设工程进行招标后，另行订立实质性内容不一致的合同，是因为发包人与承包人因客观情况发生了**在招标投标时难以预见的变化**的，以**后订立**的合同为准。 【说明】依法必须招标的，主要是大型基础设施、公用事业等关系社会公共利益、公众安全的项目；全部或者部分使用国有资金投资或者国家融资的项目；使用国际组织或者外国政府贷款、援助资金的项目。

承包人工程价款优先受偿权

主体	1. 与发包人订立建设工程施工合同的**承包人**（不包括实际施工人）。
	2. 装饰装修工程的**承包人**（仅就装饰装修工程享有优先权）。
前提	1. 发包人与承包人之间存在**有效**的建设工程施工合同或装饰装修施工**合同**。
	2. 发包人未按约定支付价款+承包人**催告**发包人在**合理期限**内支付价款，发包人仍不支付。
	3. 建设工程在性质上**适宜折价**或请求人民法院**拍卖**。
	4. 建设工程经**验收质量合格**，是否竣工，在所不问。
范围	工程价款。①包括：应当支付的工作人员报酬、材料款等实际支出的费用和利润。②不包括：工程价款的逾期利息、违约金、损害赔偿金等。
期限	1. 合理期限内行使：最长不得超过**18个月**，自发包人**应当给付建设工程价款之日**起算。
	2. 应当给付工程价款之日的确定：约定>工程交付之日>竣工结算文件提交之日>当事人起诉之日。

续表

方式	1. 承包人可与发包人协议将工程折价归承包人所有； 2. 承包人也可申请法院拍卖建设工程，以折价、拍卖价款优先清偿到期工程价款。
法定	发包人与承包人约定放弃或限制建设工程价款优先受偿权，损害建筑工人利益的，无效。
顺位	1. 商品房消费者物权期待权>承包人优先权>一般不动产买受人物权期待权>抵押权>普通债权。
	2. 商品房消费者物权期待权的构成要件： （1）法院查封前已订立有效合同； （2）用于居住且名下无其他居住房屋，既包括涉案房屋同一设区的市或者县级市范围内消费者名下没有用于居住的房屋，还包括名下虽已有 1 套房屋但购买的房屋在面积上仍属于满足基本居住需要的情形； （3）已付价款超过约定总额的 50%（已支付的价款接近 50%，且已按约将剩余价款支付的也符合要求）。
	3. 一般不动产买受人物权期待权的构成要件： （1）法院查封前已订立有效合同； （2）法院查封前已合法占有； （3）已支付全部价款/按约支付部分价款且将剩余价款按法院要求交付执行； （4）非因买受人自身原因未办理过户登记，如①买受人有作出办理登记的积极行为，如请求出卖人登记等；②买受人有未办理登记的合理客观理由。

【主观题小案例】

案例 1：甲将其房屋出售给乙并办理了房屋过户手续。在交付之前，因雷电引发火灾，房屋严重毁损。

问题：谁应承担房屋毁损的损失？为什么？

案例 2：位于 A 地的甲公司与位于 B 地的乙公司订立货物买卖合同，由于路途遥远，需要甲代办托运，甲将该批货物交由丙公司承运，丙公司在运输过程中又将该批货物交由丁公司海路运输，在丁公司承运过程中，由于发生海啸导致该批货物毁损。

问题：谁应当承担货物毁损的损失？为什么？

案例 3：甲乙约定卖方甲负责将所卖货物运送至买方乙指定的仓库。甲如约交货，乙验收收货，但甲未将产品合格证和原产地证明文件交给乙。乙已经支付 80% 的货款。交货当晚，因山洪暴发，乙仓库内的货物全部毁损。

问题：甲能否请求乙支付 20% 的尾款？为什么？

案例 4：甲与乙签订房屋租赁合同，约定乙承租甲的房屋，租期 2 年，月租金 5000 元。其后，因儿子出国留学需要资金，甲在未通知乙的情况下，将房屋出售给丙，并办理了过户登记。

问题：乙能否以甲侵害自己的优先购买权为由请求确认甲与丙之间的房屋买卖合同无效？为什么？

案例 5：甲与乙签订房屋租赁合同，约定乙承租甲的房屋，租期 2 年，月租金 5000 元。在租赁期内，未经甲同意，乙将房屋转租给丙。

问题 1：甲享有何种权利？为什么？

问题 2：若乙拖欠租金，丙提出代乙支付欠付的租金，甲能否拒绝？为什么？

案例 1—问题：谁应承担房屋毁损的损失？为什么？

答案：甲。房屋在甲交付乙之前已经因雷电引发的火灾导致毁损，故房屋的毁损应当由出卖人甲承担。法条依据为《民法典》第 604 条。

案例 2—问题：谁应当承担货物毁损的损失？为什么？

答案：乙公司。标的物需要运输且没有约定交付地点的，风险自货交第一承运人丙公司时转移给买受人乙公司。法条依据为《民法典》第 607 条。

案例 3—问题：甲能否请求乙支付 20% 的尾款？为什么？

答案：能。标的物交付之后的风险由买受人承担，甲未将产品合格证和原产地证明文件交给乙违反的是从给付义务，且未导致乙的合同目的不能实现，不影响风险转移。法条依据为《民法典》第 609 条。

案例 4—问题：乙能否以甲侵害自己的优先购买权为由请求确认甲与丙之间的房屋买卖合同无效？为什么？

答案：不能。出卖人甲出卖房屋未通知承租人乙的，此时出租人甲与第三人丙订立的房屋买卖合同的效力不受影响。法条依据为《民法典》第 728 条。

案例 5—问题 1：甲享有何种权利？为什么？

答案：甲可以解除合同。承租人乙未经出租人甲同意转租的，出租人甲可以解除合同。法条依据为《民法典》第 716 条第 2 款。

案例 5—问题 2：若乙拖欠租金，丙提出代乙支付欠付的租金，甲能否拒绝？为什么？

答案：能。承租人乙未经出租人甲同意非法转租，此时转租合同对出租人甲不具有法律约束力，因此甲有权拒绝次承租人丙代为清偿。法条依据为《民法典》第 719 条第 1 款。

第十二章
权利的救济：请求权

历年真题考点与考查方式	
2021 年	丁就遭到的损害，可以向谁主张？为什么？（物件致人损害责任、安全保障义务人责任） 乙公司就因此未能签订 5000 万元的合同所遭受的损失是否可以主张赔偿？为什么？（缔约过失责任、纯粹经济损失）
2020 年	针对铲车的质量问题和设计缺陷，E 可以主张乙公司承担何种责任？为什么？（违约责任与侵权责任） 购房人 F 如何寻求救济？可否依据《消费者权益保护法》主张三倍的惩罚性赔偿？（惩罚性赔偿）
2016 年	问 4：丁与戊的租赁合同是否有效？为什么？丁获得的租金属于什么性质？（不当得利） 问 6：如不考虑交强险责任，辛的 2000 元损失有权向谁请求损害赔偿？为什么？（用人单位责任）
2015 年	问 1：在本案中，如甲不履行房屋预购合同，乙能否请求法院强制其履行？为什么？（预约合同的违约责任） 问 2：甲未告知乙房屋已出租的事实，应对乙承担什么责任？（违约责任）
2014 年	问 4：乙的诉讼请求是否应当得到支持？为什么？（违约责任） 问 6：邻居丁所遭受的损失应当由谁赔偿？为什么？（用人单位责任、承揽合同中定作人责任） 问 7：丙热水器的毁损，应由谁承担赔偿责任？为什么？（用人单位责任）
2013 年	问 2：李某的医疗费应当由谁承担？为什么？（违约责任） 问 5：对于黄某的损失，李某、张某是否应当承担赔偿责任？为什么？（违约责任与侵权责任） 问 6：对于黄某的损失，郝某、B 公司是否应当承担赔偿责任？为什么？（用人单位责任） 问 7：对于张某木箱内衣物浸泡受损，李某、B 公司是否应当承担赔偿责任？为什么？（侵权责任）
2012 年	问 3：如甲不向乙支付其消费的款项，乙可以主张什么权利？如乙不向丙支付甲消费的款项，丙可以主张什么权利？（违约责任） 问 4：如丙拒绝接受甲持卡消费，应由谁主张权利？可以主张什么权利？为什么？（违约责任的相对性：不真正利益第三人合同） 问 5：张某拒绝向甲提供借款是否构成违约？为什么？（合同未成立不存在违约责任）

续表

历年真题考点与考查方式	
2011 年	甲公司可否请求法院减少违约金数额？为什么？（违约金调整）
2010 年	问 4：甲公司能否以未收到戊公司的大蒜货款为由，拒绝向乙公司支付尾款？为什么？（违约责任的相对性；因第三人原因违约） 问 5：乙公司未收到甲公司的大蒜尾款，可否同时要求甲公司承担定金责任和违约金责任？为什么？（违约金和定金条款的适用）
2009 年	问 7：丙应如何向戊主张自己的权利？理由是什么？（占有返还请求权）

第一节　违约责任

一、违约责任的归责原则

1. 原则：严格责任原则

只要存在违约行为，不论违约方有无过错，非违约方均可请求违约方承担违约责任。

2. 例外：过错责任

（1）赠与合同：赠与人故意或重大过失致使标的物毁损灭失的；赠与人故意不告知瑕疵或保证无瑕疵造成受赠人损失。

（2）租赁合同：承租人保管不善造成租赁物毁损灭失。

（3）承揽合同：承揽人保管不善致材料毁损灭失。

（4）委托合同：有偿委托的受托人有过错；无偿委托中受托人有故意或重大过失。

（5）保管合同：保管期内，因保管人保管不善造成保管物毁损、灭失的，保管人应当承担赔偿责任。但是，无偿保管人证明自己没有故意或者重大过失的，不承担赔偿责任。

（6）仓储合同：保管不善致仓储物毁损、灭失。

二、违约责任的构成要件

除了归责原则可能有所不同外，所有的违约责任均需要满足三个要件：

违约责任=合同成立并生效+存在违约行为+不存在法定或约定免责事由。

1. 合同成立并生效。合同未成立、被撤销、无效等承担的是缔约过失责任。

2. 存在违约行为：包括预期违约和实际违约。

（1）预期违约

①明示预期违约：在履行期届满前，债务人无正当理由，明确表示将不履行合同主要义务。

②默示预期违约：在履行期届满前，债权人有证据证明，债务人的行为表明其将不履行合同主要义务。

【注意】预期违约：无须等待履行期届满，守约方就享有法定解除权，且可向对方主张违约责任。

（2）实际违约

实际违约：合同履行期限届满后，当事人不履行（拒绝履行）或不适当履行（部分履行、迟延履行、瑕疵履行、加害给付等）合同义务。

【注意】加害给付，是指履行不符合合同的约定或者法律的规定，并且**导致对方遭受履行利益以外的人身、财产损害**的情形。例如，甲通过某宝向乙购买面膜，在使用过程中，因面膜质量问题导致甲的脸部皮肤大范围溃烂。此时，甲可以请求乙承担违约责任或者侵权责任。

3. **不存在**法定或约定**免责事由**

（1）法定免责事由：**不可抗力**

①根据不可抗力的影响，**部分**或**全部**免除责任。迟延履行后发生不可抗力，不免责。

②因不可抗力无法履行，应及时**通知**对方，并应在合理期限内**提供证明**。

【示例】农户甲与乙公司约定，出售活鸡一万只，后由于鸡棚失火，甲饲养的大部分鸡毁于一旦，无法交付。失火属于**意外事件**，而非不可抗力，甲不能免责。

（2）约定免责事由：不违反法律、行政法规的强制性规定，即有效。

①造成对方**人身损害**的免责条款无效。

②因**故意或者重大过失**造成对方**财产**损失的免责条款无效。

三、违约责任的承担方式

违约责任承担方式，包括继续履行、采取补救措施、赔偿损失、支付违约金、定金。

（一）继续履行

【重点法条】

《民法典》

第 580 条 【非金钱债务的违约责任】当事人一方不履行非金钱债务或者履行非金钱债务不符合约定的，对方可以请求履行，但是有下列情形之一的除外：

（一）法律上或者事实上**不能履行**；

（二）债务的标的**不适于强制履行或者履行费用过高**；

（三）债权人在合理期限内**未请求履行**。

有前款规定的除外情形之一，致使不能实现合同目的的，人民法院或者仲裁机构可以根据当事人的请求终止合同权利义务关系，但是不影响违约责任的承担。

大陆法系奉行实际履行原则，只要能够继续履行的，守约方均可请求违约方继续履行，违约方不得以赔偿损失等方式排除守约方的继续履行请求权，除非守约方接受。

1. **金钱债务**：**不存在履行不能，守约方可以请求继续履行。**

2. **非金钱债务**：**守约方原则上可以请求继续履行。**但存在下列 3 种情况时，则**不能**请求继续履行：

（1）法律上或者事实上**不能履行**（如特定物已经被出售于他人或者毁损灭失）；

（2）债务的标的**不适于强制履行**（如劳务之债）或者履行费用过高；

（3）债权人在**合理期限内未请求**履行。

【注意】

1. 合同不能继续履行，**不影响其他违约责任**（如损害赔偿等）的承担。

2. 根据债务的性质不适宜强制履行的，债权人可以请求第三人**代替履行**。该费用由债务人负担。例：乙与甲培训机构约定，乙在寒假为甲培训机构录课。后乙因身体不适无法上课，甲只能请丙代课。甲可以请求乙承担自己向丙支付的课时费。

3. 预约合同的违约责任：当事人一方不履行预约合同约定的订立合同义务的，对方可以**请求其承担预约合同的违约责任**，不得强制订立本约。

（二）采取补救措施

采取补救措施，具体包括：请求对方**修理、重作、更换、退货、减少价款或者报酬**等。在采取补救措施后，对方还有**其他损失**的，应当**赔偿**损失。

（三）赔偿损失

【重点法条】

《民法典》

第 584 条 **【可预见规则】**当事人一方不履行合同义务或者履行合同义务不符合约定，造成对方损失的，损失赔偿额应当相当于**因违约所造成的损失，包括合同履行后可以获得的利益**；但是，**不得超过**违约一方订立合同时预见到或者应当预见到的因违约可能造成的损失。

第 591 条 **【减损规则】**当事人一方违约后，对方应当**采取适当措施防止损失的扩大**；没有采取适当措施致使损失扩大的，**不得就扩大的损失请求赔偿**。

当事人因防止损失扩大而支出的合理费用，由违约方承担。

第 592 条 **【过失相抵规则】**当事人都违反合同的，应当各自承担相应的责任。

当事人一方违约造成对方损失，对方对损失的发生有过错的，**可以减少相应的损失赔偿额**。

1. 构成要件

赔偿损失，除了前述违约责任的构成要件外，还额外需要 2 个要件：有**损失**+违约行为与损失之间有**因果关系**。

2. 赔偿范围

（1）**完全赔偿原则（损失多少赔多少）**

包括因违约所造成的**直接损失**（已造成的损失）+可得利益（合同履行后可获得的利益）。直接损失指现有财产的直接减少，如标的物灭失等；可得利益，如生产利润、经营利润、转售利润等。

（2）限制

①**可预见规则**：赔偿范围不得超过**违约方订立合同时预见到**或应当预见到的因违约可能造成的损失。

【示例】甲公司向乙公司订购一批防疫口罩，准备出口到欧洲，在订购合同中明确约定：防疫口罩将销往欧洲，应当符合欧盟标准。其后，因乙公司交付的口罩不符合欧盟标准，乙公司的欧洲客户向其索赔 500 万元。对于这 500 万元，乙公司在订立合同时虽然不能预见其具体的金额，但是**应当可以预见**到如果口罩不符合欧盟标准，甲公司将向其客户承担违约责任，因此甲公司可以请求乙公司赔偿该 500 万元的损失。

②**减损规则**：一方违约后，对方没有采取适当措施**致使损失扩大**的，**不得就扩大的损失**请求赔偿；因防止损失扩大而支出的合理费用，由违约方负担。

【示例】2021 年 9 月 1 日，甲公司与乙签订商铺租赁合同，约定租期为 2022 年一年，每月租金 6000 元。其后，因乙未按约定于 2022 年 1 月 1 日交接商铺，商铺空置一年。乙虽然存在违约行为，但是甲公司应当积极寻找其他租户，避免自己的损失扩大。因甲公司怠于采取适当措施致使损失扩大，对于扩大部分的损失，甲公司无权请求乙赔偿。

③**损益相抵**：一方违约造成对方损失的同时，也给对方带来了利益，则在计算损害赔偿的数额时应**扣除**得益数额。（违约方的违约行为必须是守约方获益的原因）

【示例】 甲公司与乙公司签订运输合同，约定乙公司将甲公司购买的设备（价值8万元）从上海运送至甲公司所在地，运费5000元，货到无损付款。运输途中，因乙公司保管不善，设备毁损，残值3万元。甲公司受领了毁损的设备。乙公司违约，应赔偿甲公司8万元，但是因为乙公司的违约行为，甲公司获得了价值3万元的设备，同时减少了5000元的运费支出，所以甲公司可以请求乙公司赔偿的数额为：8万-3万-5000元=45000元。

④**过失相抵**：一方违约造成对方损失，**对方**对损失的发生也有**过错**，可以**减少**相应的损失赔偿额。

【示例】 甲公司与丙公司签订运输合同，约定由丙公司将甲出售的防疫口罩运到欧洲。由于丙公司的疏忽，价值100万的口罩失火焚毁。事后查明，甲公司本应为产品包上防火布而没有包，对于这100万的损失，甲公司也有过错。根据**过失相抵**规则，甲在请求乙公司赔偿损失之时应根据其自己的过错减少相应的数额。

（四）违约金

【重点法条】

《民法典》

第585条 【违约金】当事人可以**约定**一方违约时应当根据违约情况向对方支付一定数额的违约金，也可以**约定**因违约产生的损失赔偿额的计算方法。

约定的违约金**低于**造成的损失的，人民法院或者仲裁机构可以根据当事人的**请求**予以增加；约定的违约金**过分高于**造成的损失的，人民法院或者仲裁机构可以根据当事人的**请求**予以适当减少。

当事人就迟延履行约定违约金的，违约方支付违约金后，还应当履行债务。

违约金：当事人约定，一方违约时应向对方支付一定数额的金钱。

1. 违约金以约定为前提，但**不**以有实际损失为前提。没有实际损失，只要约定了违约金，一方违约，对方也可请求支付违约金。

2. 违约金**不能与补偿性损害赔偿并用**；但违约金能与**合同解除**、**继续履行**等并用。

3. 违约金的调整：

（1）约定的违约金**低于**实际损失的，法院或仲裁机构可以根据当事人的**请求**予以增加，但不得超过实际损失；

【注意】 违约金调增要一步到位，调增之后，当事人不得再请求赔偿损失。

（2）约定的违约金**过分高于**（即超过损失的30%）实际损失，违约方可以**请求**法院或者仲裁机构予以适当减少；高于但不过分高于的，不做调整。

【注意】 法官不得依职权主动调整违约金。

【示例】 甲公司与乙公司签订买卖合同，总价款100万元，同时约定如果乙公司迟延交付一天，应支付总价款1%的违约金。后因乙公司迟延交付10天，甲公司损失20万元。乙公司已经按约向甲公司支付了10万元违约金。①约定的违约金10万低于实际损失20万，可请求增加，但总共不得超过实际损失20万。②甲公司无权请求乙公司再支付20万元损害赔偿金，因为违约金不能与损害赔偿并用。

（五）定金

【重点法条】

《民法典》

第586条 【定金】当事人可以约定一方向对方给付定金作为债权的担保。定金合同自**实际交付**定金时成立。

定金的数额由当事人约定；但是，不得超过主合同标的额的**百分之二十**，超过部分不产生定金的效力。实际交付的定金数额多于或者少于约定数额的，视为变更约定的定金数额。

第587条 【定金罚则】债务人履行债务的，定金应当抵作价款或者收回。给付定金的一方不履行债务或者履行债务不符合约定，致使不能实现合同目的的，无权请求返还定金；收受定金的一方不履行债务或者履行债务不符合约定，致使不能实现合同目的的，应当**双倍返还**定金。

第588条 【定金与违约金、损害赔偿】当事人既约定违约金，又约定定金的，一方违约时，对方可以**选择适用**违约金或者定金条款。

定金不足以弥补一方违约造成的损失的，对方可以**请求赔偿**超过定金数额的损失。

定金：当事人约定的由一方在履行前预先向对方给付一定数量的货币或者其他代替物，以保证债权实现的方式。

1. 定金认定：须使用"**定金**"字样，或明确适用**定金罚则**。当事人交付留置金、担保金、保证金、订约金、押金或订金等，但**没有约定定金性质的**，**不能**主张定金权利。

2. 定金合同的性质：**实践**合同，自**实际交付**定金时成立。当事人订立定金合同后，不履行交付定金的约定，不承担违约责任，因为合同还没成立。

3. 定金数额认定：

（1）定金的数额由当事人**约定**，但不得超过主合同标的额的**20%**。**超过的部分不产生定金的效力**。

（2）实际交付的定金数额多于或者少于约定数额的，视为**变更**约定的定金数额，以**实际数额**适用定金罚则。

4. 定金罚则

一方不履行债务或者履行债务不符合约定导致**合同目的不能实现的**（即根本违约的程度），给付定金的一方**无权请求返还**定金，收受定金的一方应当**双倍返还定金**。

【示例】甲向乙购买口罩10000箱，总价值100万元，甲交付**定金**的最高限额是总价款的20%，即20万元。后甲根本违约，则甲无权要求20万元定金的返还。如果乙根本违约，则乙需要返还给甲40万元定金（甲的20万+乙的20万）。【定金罚则对于给付定金一方和收受定金一方是一样的效果，并没有额外惩罚收受定金的一方。】

【注意】违约方必须因违约行为**承担违约责任**的，才适用定金罚则；如果违约方因不可抗力而**免责**，则**不适用**定金罚则。

【总结：违约责任承担方式的并用】

当事人可获赔偿额＝**补偿性质（定金/违约金/补偿性损害赔偿）**＋**惩罚性质（惩罚性损害赔偿）**

1. **继续履行**一般可以和任何其他违约责任承担方式并用。

2. **惩罚性赔偿**可以和任何其他违约责任承担方式并用。（惩罚性赔偿就是为了加大打击力

度，避免发生这些现象）

3. 三金的适用：

①违约金与定金不能并用；

②违约金与损害赔偿金不能并用；

③定金与损害赔偿金可以并用：定金不足以弥补损失的，对方可请求赔偿超过定金数额的损失，但数额不得超过违约造成的总损失。

四、违约责任的相对性

【重点法条】

《民法典》

第 593 条　【第三人原因造成违约的责任承担】当事人一方因第三人的原因造成违约的，应当依法向对方承担违约责任。当事人一方和第三人之间的纠纷，依照法律规定或者按照约定处理。

基于债的相对性，违约责任也具有相对性，只能向合同相对人主张。因合同关系以外第三人的原因造成违约的，仍由债务人承担违约责任。

【总结】违约责任相对性的体现：

1. 由第三人履行的合同：第三人不履行的，由债务人承担违约责任。

2. 不真正利益第三人合同：债务人不履行的，只能由债权人主张违约责任，第三人无权主张违约责任。

3. 合法转租：次承租人造成租赁物损失的，只有承租人有权主张其承担违约责任；出租人只能主张次承租人承担侵权责任或者向承租人主张违约责任。

4. 承揽合同：承揽人将主要或者辅助工作交由第三人完成的，承揽人应对第三人完成的工作成果向定作人负责。

第二节　缔约过失责任

在订立合同的过程中，基于诚信原则，当事人彼此之间负有告知、照顾、保密等义务。一方违反此种义务导致对方遭受损失的，应当承担缔约过失责任。

一、构成要件

1. 行为发生在订立合同过程中（缔约中）；

2. 一方因过错违反基于诚信原则的告知、照顾、保密等先合同义务；

典型情形：①假借订立合同，恶意进行磋商；②故意隐瞒与订立合同有关的重要事实或提供虚假情况；③泄露或不正当使用对方商业秘密或其他应当保密的信息。

3. 另一方因此受到损失：行为与损失之间存在因果关系。

二、法律效果

1. 违反先合同义务的一方应当赔偿对方遭受的损失。

2. 赔偿范围限于信赖利益损害，包括所受损害与所失利益。

（1）所受损害：包括为订立合同而支出的各种必要费用；

（2）所失利益：主要指丧失与第三人订立合同的机会所遭受的损失。

3. 当事人所承担的缔约过失责任不应超过合同履行利益。

第三节　基于无因管理的请求权

无因管理，是指在没有法定或约定义务的前提下，为避免他人利益受损，而自愿管理他人事务的行为。

一、无因管理的构成要件

无因管理＝管理他人事务＋为他人利益＋符合受益人的真实意思＋无法定/约定义务

1. 管理他人事务：客观上实施了管理他人事务的行为。

2. 为他人利益：主观上有为了他人利益的心态。

（1）管理人知道管理的系他人事务，且意在将管理所得利益归于他人。

（2）不成立无因管理的情形

①误信管理：误将他人事务作为自己事务管理。管理人主观上纯粹为了自己的利益，故不构成无因管理。

【示例】甲与乙婚后育有一子丙，5年后甲得知丙是乙和丁所生，甲不构成无因管理。

②不法管理：明知系他人事务，为自己利益进行管理。

【示例】甲家的羊误入乙家羊圈，乙明知该羊是甲的，仍进行饲养并打算出卖。乙属于不法管理。

3. 符合本人的真实意思：管理事务要有利于本人，且不违反本人明示或可推知的意思。

违反本人意思仍可成立无因管理的情形：

①为本人履行法定扶养义务。例：甲遗弃患病的儿子丙，乙送丙治疗并抚养。

②为本人尽公益上的义务。例：为他人缴纳税款、修缮他人具有危险性的建筑物。

③阻止本人违背公序良俗的行为。例：甲遗弃自己的孩子，把他扔进冰冷的湖里，乙跳入湖中把孩子救出，并将其送往医院。

4. 无法定/约定义务：若出于法定/约定义务管理他人事务，不构成无因管理。

二、无因管理的法律效果

满足上述构成要件，即在管理人与受益人之间成立无因管理之债，阻却侵权和不当得利的成立。

1. 必要费用偿还请求权：管理人可以请求受益人偿还因管理事务而支出的必要费用（包括所负担的必要债务）。

【示例】张某在其小区看见一只受伤的小狗，寻其主未果，便将小狗带回家中包扎、喂养，花费500元。吴某得知自家的小狗被张某带走，便向张某索要。喂养费和包扎费属于张某管理事务支出的必要费用，张某有权向吴某主张这500元。

2. 损失补偿请求权：管理人因管理事务受到损失的，可以请求受益人给予适当补偿。

【示例】甲落水，乙下水施救，导致自己的手表和手机进水损坏。乙可以请求甲补偿手表和手机的损失。

【注意】必要费用偿还请求权和损失补偿请求权的诉讼时效期间，从无因管理行为结束并且管理人知道或者应当知道本人之日起计算。

3. 管理人没有报酬请求权。例：管理人不得请求支付劳务费。

第四节 不当得利请求权

不当得利，是指没有合法根据，使他人受到损失而自己获得利益的事实。不当得利是债发生的根据之一。

一、不当得利的构成要件

不当得利 = 一方取得利益 + 一方受到损失 + 因果关系 + 无法律原因

【示例】 甲的鸡飞入乙家的院子，乙误认为是自己的鸡而吃掉。

1. 一方取得利益：限于财产利益，包括财产积极增加与财产消极增加（如本应划扣的费用没有划扣、本应承担的债务而未承担或减少）；

2. 一方受到损失：包括财产积极减少与财产消极减少（如免费获赠的物品未获得、擅自出租他人房屋使他人无法获利）；

3. 获益与受损之间有因果关系：受损人的损失是由于获益人的获益所造成的；

4. 取得利益无法律原因：获益人的获益没有合法的理由。

二、不构成不当得利的情形

1. 为履行道德义务进行的给付。例：侄子对叔伯的抚养、对媒人支付报酬、对救命恩人支付感谢费等，不构成不当得利。

2. 债务到期之前的清偿。例：甲对乙的债务 2022 年 10 月到期，甲于 2022 年 1 月向乙归还，乙不构成不当得利。

3. 已过诉讼时效债务的自愿清偿。例：甲知道诉讼时效已过，仍向债权人乙清偿债务，乙不构成不当得利。

4. 明知无给付义务而进行的债务清偿。例：甲欠乙 300 元，但一直无钱偿还。丙是甲的好友，得知此事后偷偷塞到乙抽屉里 300 元，乙不构成不当得利。

5. 因不法原因而给付。例：受贿款、嫖资。不法原因仅存在于受领一方时除外。

6. 强迫得利。指受损人的行为虽然使他人受有利益，但违反了他人的意思，不符合其经济计划。例：甲雇人耕田，雇工误耕了乙已弃置多年的田地，属于强迫得利，乙不构成不当得利。

7. 反射利益。指有人获益但无人受损的情形。例：房屋因拆迁获得补偿 500 万。

三、不当得利的法律效果

1. 在当事人之间成立不当得利之债，受损失的一方可以请求得利人返还不当得利。

（1）原物存在：返还原物及孳息（包括法定孳息和天然孳息）；

（2）原物不存在：折价返还。

①原物毁损有代位物，返还代位物。例：补偿金、保险金、赔偿金。

②性质无法返还的应当折价。例：被吃掉的牛、被喝完的牛奶、被用完的化妆品等。

【注意】 得利少于损失时，以得利为准返还；得利大于损失时，以损失为准返还。

2. 善意得利人：以现存利益为限负返还义务。若现存利益不存在，不用返还。

3. **恶意**的不当得利人：返还义务不以现存利益为限，对不足部分承担损害赔偿责任。

【注意】得利人先善意后恶意：在善意阶段，按照善意不当得利人返还；在恶意阶段，按照恶意不当得利人返还。

4. 无偿受益的第三人：得利人已经将取得的利益无偿转让给第三人的，受损失一方可以请求第三人在相应范围内承担返还义务。

【注意】不当得利返还请求权的诉讼时效：从当事人一方知道或者应当知道不当得利事实及对方当事人之日起计算。

【示例】甲价值 2000 元的手机不慎遗忘在乙家。因甲与乙的手机相同，乙误以为甲的手机是自己的手机。刚好乙决定换手机，乙便将该手机以 100 元的价格卖给小区楼下拾破烂的丙。甲得知后要求乙返还 2000 元。乙是善意的不当得利人，仅对"受返还请求之时"尚存之"现存利益"负有返还义务，故仅需返还现存利益 100 元。

第五节　物权请求权和占有保护请求权

一、物权请求权

物权请求权，是指物权人于其物被侵害或者有被侵害之危险时，可以请求回复物权圆满状态或者防止侵害的权利。包括返还原物请求权、排除妨害请求权、消除危险请求权。

【注意】物权确认请求权：因物权的归属、内容发生争议的，利害关系人可以请求确认权利。该权利名为请求权，实质上并非请求权。

（一）返还原物请求权

无权占有不动产或者动产的，权利人可以请求返还原物。

1. 请求权人为物权人，且该物权须具有占有权能。例如，抵押不移转占有，故而抵押权人无返还原物请求权。

2. 被请求人是相对于物权人的现时的无权占有人。

【示例】甲的 A 手表被乙偷走，丙又从乙处偷走手表。丙为现时的无权占有人，故而甲可以所有权人的身份请求丙返还手表；但是，甲对乙并无返还手表的请求权，因为乙丧失了对手表的占有，不属于现时的无权占有人。当然，甲可以请求乙承担侵权损害赔偿责任。

（二）排除妨害、消除危险请求权

1. 请求权主体：物权人（占有人也可以行使）；

2. 请求对象：妨害人+消除义务人；

3. 前提：妨害或者危险依然存在或有发生妨害的可能（排除妨害请求权 VS 消除危险请求权：前者妨害已经发生，后者妨害还未发生。）

【注意】妨害必须具有违法性，或者超越了正常的容忍限度。

【示例1】甲将其房屋出租给乙居住，乙经常和友人通宵达旦喧闹，邻居丙不堪其扰。丙可以请求乙在正常休息时间停止喧闹，丙也可以请求甲制止乙的行为。

【示例2】甲在装修时将承重墙拆掉了，此种行为有可能导致整栋楼房坍塌，楼下的住户乙可以请求甲消除危险，即重砌承重墙。

二、占有保护请求权

占有虽然仅为一种事实，并非权利，但是为了维护物的秩序与社会平和，有必要对占有予以保护，而不论占有是无权占有抑或有权占有。例如，小偷对其所盗窃之物的占有也受到法律的保护，任何人不得非法侵夺。

（一）占有返还请求权

占有物被侵占的，占有人有权请求返还占有。

1. 前提：**占有被侵夺**，即**非基于占有人的意思**而排除其对物的管领与控制。例如，手机被盗窃、抢夺或者抢劫、非法霸占。

【注意】基于**合同关系**占有他人之物、**拾得遗失物**，并非侵夺他人对物的占有，故而**不适用占有返还请求权的规则**。例如，承租人在租赁期间占有租赁物属于有权占有，因为其系基于租赁合同占有租赁物；承租人于租赁期限届满后拒不返还租赁物的，构成无权占有。此时，出租人要么基于所有权人的身份主张原物返还请求权，要么基于租赁合同要求返还租赁物，而不得主张占有返还请求权。

2. 请求权人：**占有被侵夺的占有人，**既包括有权占有人，也包括无权占有人；既包括直接占有人，也包括间接占有人。

【示例1】**请求权人系无权占有人**：甲偷来的汽车又被乙偷走，甲作为汽车的无权占有人，其占有依然是受法律保护的，即甲可以向乙主张占有返还请求权。

【示例2】**请求权人系间接占有人**：甲将自己的汽车借给乙，乙开出去被丙偷走。甲是间接占有人，乙是直接占有人，丙既侵夺了乙的直接占有，也侵夺了甲的间接占有，因此甲、乙都可以向丙主张占有返还请求权。

3. 被请求人：**现时的无权占有人**

①侵夺占有人：须于被请求返还占有之时依然为占有人，**直接占有、间接占有均可**；若侵夺人的占有已经消灭，则对侵夺人不再享有占有返还请求权。

②自侵夺占有人处取得占有之第三人：须属于**概括承继人或者恶意的特定承继人**。所谓的概括承继人，是指通过继承、法人合并等方式取得占有之人；所谓特定承继人，是指基于侵夺占有人之意思而取得占有之人。至于恶意，是指特定承继人对占有被侵夺知情。

【示例】甲的手表被乙偷走。①若乙将手表借给知情的丙使用，则甲既可以请求间接占有人乙返还占有，也可以请求恶意的特定承继人丙（直接占有人）返还占有。②若乙将手表出售给不知情的丙并交付，则甲不得请求乙返还占有，因为乙已经丧失占有；甲也不得请求善意的特定承继人丙返还占有。甲可以所有权人的身份请求丙返还手表。③若乙死亡后手表由丙继承，则无论丙是否知道手表系乙所偷，甲均可请求丙返还占有。

4. **除斥期间：自侵占发生之日起1年内。**

【注意】在占有被侵夺时，物权人可以选择**行使返还原物请求权**或者**占有返还请求权**。前者不受诉讼时效的限制（未登记动产除外），后者**受1年除斥期间的限制**。由此可见，法律对物权的保护要强于对占有的保护。

（二）占有妨害排除请求权与占有妨害防止请求权

对妨害占有的行为，占有人有权**请求排除妨害或者消除危险。**

【说明】与物权请求权中的排除妨害请求权、消除危险请求权类似。

第六节 侵权责任

一、归责原则

（一）过错责任原则

侵权责任原则上奉行过错责任原则，即：加害人承担侵权责任以具有过错为前提，加害人的过错是让其承担责任的正当理由。受害人应举证证明加害人有过错，若不能证明，即使行为造成损害，加害人也不需要承担侵权责任。

（二）无过错责任原则

1. 彻底突破过错责任原则，不问加害人有无过错，只要满足其他条件，加害人均应承担责任。加害人即使证明自己没有过错，依然需要承担责任。

2. 法定情形：

（1）监护人责任；

（2）用人单位责任；

（3）个人用工者责任；

（4）被帮工人责任；

（5）建筑物倒塌、塌陷；

（6）动物侵权（动物园除外）；

（7）产品责任（包括医疗产品致人损害）；

（8）机动车交通事故责任（机动车与行人、非机动车间发生道路交通事故；机动车之间发生交通事故适用过错责任原则）；

（9）环境侵权责任；

（10）高度危险责任；

（11）在公共道路上堆放、倾倒、遗撒妨碍通行的物品，行为人承担无过错责任。

（三）过错推定责任

1. 从举证责任的负担上降低受害人的证明义务，首先推定加害人有过错，加害人若能证明自己没有过错，则无责任；加害人若不能证明自己没有过错，则承担责任；即使加害人能够证明第三人具有过错，只要不能证明自己没有过错，就无法免责（本质上，依然为过错责任，只是举证责任倒置）。

2. 法定情形：

（1）教育机构侵权责任（限于无行为能力人）；

（2）医疗机构责任（限于特定情形：违反法律、行政法规、规章以及其他有关诊疗规范的规定；隐匿或者拒绝提供与纠纷有关的病历资料；遗失、伪造、篡改或者违法销毁病历资料）；

（3）建筑物、构筑物或者其他设施及其搁置物、悬挂物脱落、坠落致人损害（不动产倒塌或者塌陷的除外）；

（4）堆放的物品倒塌致人损害的；

（5）林木折断致人损害的；

（6）地下设施致人损害的；

（7）道路维护缺陷致人损害的；

（8）动物园动物致人损害的。

【注意】无过错责任与过错推定责任均以**法律明文规定**为限。法律未明文规定属于无过错责任或者过错推定责任的，则适用过错责任原则。

（四）公平责任

1. 公平责任，是指受害人和行为人对损害的发生**都没有过错**，依照法律的规定由双方分担损失。

【注意】承担公平责任依然要求加害行为与损害之间具**有因果关系**。

2. 法定情形之一：高空抛物致人损害无法确定具体侵权人

从建筑物中抛掷物品或者从建筑物上坠落的物品造成他人损害的，由侵权人依法承担侵权责任；经调查难以确定具体侵权人的，除能够证明自己不是侵权人的外，由**可能加害**的建筑物使用人给予**补偿**。

二、一般侵权的构成要件

一般侵权责任是指奉行过错责任原则的一般侵权行为。一般侵权责任的构成要件包括：

加害行为+**损害**+**因果关系**+**主观过错**

1. 加害行为	（1）侵害他人民事权益，受意志支配的人之行为。包括作为（不当为而为）和不作为（当为而不为）。
	（2）**不作为侵权**以存在某种**作为的义务**为前提，义务可能源于：法律规定、合同约定、在先行为、特定关系。例：甲带着五岁的小外甥乙去游泳。游泳时，甲让乙自己在泳池旁玩。乙因调皮不小心掉入深水区，身受重伤。甲带乙去游泳使得其对乙负有保护义务，甲构成不作为侵权。
2. 损害	（1）侵害民事权益造成可救济的损害，包括人身损害、精神损害与财产损害。 【注意】债权一般不受侵权法保护。故意以悖于善良风俗的方式侵害债权的，例外构成侵权。
	（2）非因侵害人身权或者财产权造成的**纯粹经济损失一般不赔**。 【注意】合同法上的损害赔偿包括纯粹经济损失，但要受可预见性规则的限制。例：甲女士从某商场购买了一套化妆品，使用后皮肤红肿溃烂，经治疗花去医药费2万余元，且错失了年薪30万的模特面试机会。商场应当赔付医疗费，工作机会的损失超出了可预见范围，不应当赔偿。
	【注意】侵权责任一定要有损害结果，违约责任可以没有损害结果（损害赔偿也要求有损害）。
3. 因果关系	加害行为与损害之间具有**相当因果关系**：（1）条件：无此行为，则无此种损害+（2）相当性：有此行为，通常生此种损害。 【注意】受害人的特殊体质，不影响因果关系的成立。
4. 主观过错	包括故意或过失。

三、多数人侵权

（一）共同侵权行为

1. 共同加害行为

指二人以上基于共同的故意或过失侵权，造成他人损害，应当承担连带侵权责任。

（1）类型

①二人以上共同故意侵权，即二人以上的行为人彼此间存在意思联络，共同故意实施侵权行为造成他人损害。

【示例】甲乙丙三人事先商量欺负丁，随后三人按计划一同殴打丁，致其轻伤。

②二人以上共同过失侵权。

【示例】甲乙一起搬东西，在抬东西下楼过程中因两人只顾聊天没注意到楼道里的丙，将丙撞成轻伤。

（2）法律后果

①共同加害人对受害人承担连带责任。该责任法定，不因加害人的内部约定而改变，受害人也无权免除部分共同加害人的责任。

②就加害行为人内部而言，按照各自过错及原因力的大小确定各自应当承担的份额；无法确定责任大小时，各加害人平均承担。任一加害人承担责任后，对超过其责任份额部分可以向其他赔偿义务人追偿。

2. 教唆帮助行为

（1）教唆、帮助完全民事行为能力人（或法人）侵权的：构成共同侵权，教唆、帮助人与被教唆、被帮助人承担连带责任。

（2）教唆、帮助无、限制民事行为能力人侵权的：

①监护人尽到监护责任（无过错）的，不构成共同侵权，由教唆、帮助人单独承担全部责任；

②监护人未尽到监护责任（有过错）的，构成共同侵权。监护人承担与其过错相应的责任（监护人不对外承担连带责任）。

【注意】教唆帮助不同于共同加害行为。在共同加害中，各加害人都实施了直接的侵权行为；而教唆帮助中，教唆、帮助人没有直接实施侵权行为，只是怂恿、劝诱第三人或者为其提供帮助。

3. 共同危险行为

指二人以上实施侵害他人权益的危险行为，其中一人或数人的行为造成了实际损害，但无法查明实际加害人的情形。

（1）构成要件

①二人或者二人以上均实施了足以造成他人人身、财产损害的危险行为；

②其中一个行为或者部分行为造成了损害后果；（区别于共同加害行为）

③无法查明实际加害人。

（2）法律后果

①对外：行为人承担连带责任；

②对内：各行为人内部能够确定责任大小的，承担按份责任，不能确定责任大小的，平均承担。任一加害人承担责任后，对超过其责任份额部分可以向其他赔偿义务人追偿。

【注意】如果能查明实际加害人，就由实际加害人承担责任，此时不是共同危险行为。

（3）免责情形

行为人可以通过举证证明谁是真正的加害人而免责；但不能通过证明自己行为与结果没有因果关系而免责。

【示例】甲、乙、丙三人在公路边玩弹弓，恰巧一辆轿车经过，先后被两颗弹子打中玻璃，导致玻璃破碎。甲乙丙三人均实施了打弹子行为，其中两人的弹子造成了玻璃破碎，但无法查明，属于共同危险行为，甲乙丙应对受害人承担连带责任。

【比较】共同危险行为与共同加害行为的简易识别方法：无法确定实际造成损害的行为人，则为共同危险行为；能够确定实际造成损害的行为人，则为共同加害行为。

（二）无意思联络的数人分别侵权

无意思联络的数人分别侵权，是指没有共同故意的数人，分别实施侵权行为，造成他人同一损害。

1. 累积因果关系

（1）构成要件

①二人以上分别实施加害行为，无共同故意或者共同过失，故不构成共同侵权；

②其加害行为结合在一起，同时造成同一个不可分割的损害后果；

③因果关系上，每个人的行为单独均足以造成损害后果。

（2）责任承担

加害人承担连带责任（因为在因果关系上，每个人的行为单独均足以造成损害后果）。

2. 共同因果关系

（1）构成要件

①二人以上分别实施加害行为，无共同故意或共同过失，故不构成共同侵权；

②其加害行为结合在一起，共同造成同一个不可分割的损害；

③在因果关系上，每个人的行为单独不足以造成损害后果，只有结合在一起才能造成损害后果。

（2）责任承担

加害人按照其原因力大小及过错程度承担按份责任（因为单独不足以导致损害的发生），责任份额难以确定的，各个行为人平均承担责任份额。

【总结】数人侵权的具体判断

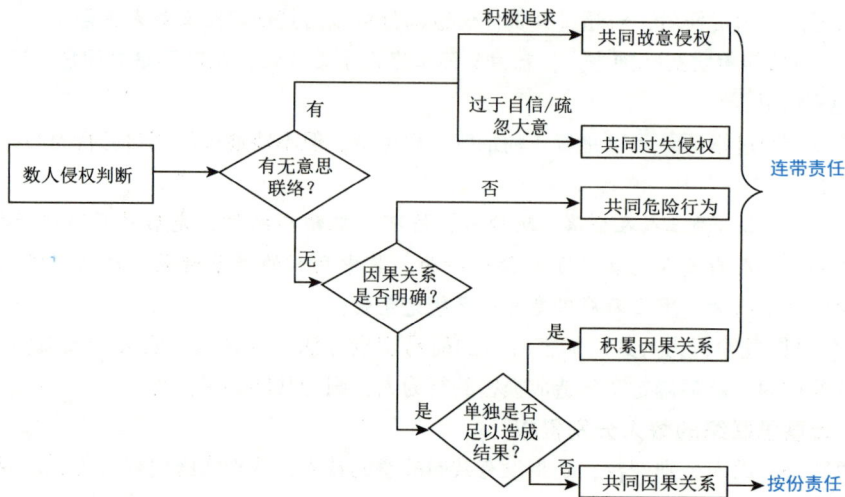

四、重要的特殊侵权

（一）用人单位责任

【重点法条】

《民法典》

第 1191 条 【用人单位责任】用人单位的工作人员因执行工作任务造成他人损害的，由用人单位承担侵权责任。用人单位承担侵权责任后，可以向有故意或者重大过失的工作人员追偿。

劳务派遣期间，被派遣的工作人员因执行工作任务造成他人损害的，由接受劳务派遣的用工单位承担侵权责任；劳务派遣单位有过错的，承担相应的责任。

用人单位责任	
情形	用人单位的工作人员因执行工作任务造成他人损害。 执行工作任务的判断：行为外观和职务客观上存在联系。
责任主体	用人单位：无过错责任。
	用人单位承担侵权责任后，可以向有故意或者重大过失的工作人员追偿。
	【注意】对外承担责任的主体只有用人单位，工作人员并非与用人单位对外承担连带责任。
	【注意】依法应当参加工伤保险统筹的用人单位的劳动者不能请求用人单位承担民事赔偿责任：①因工伤事故遭受人身损害，只能享受工伤保险待遇。②因用人单位以外的第三人侵权遭受工伤，可以请求第三人承担赔偿责任，同时还可以享受工伤保险待遇。
劳务派遣	若执行工作任务的工作人员是劳务派遣人员：①接受劳务派遣的用工单位：无过错责任；②派遣单位：承担与其过错相应的责任。

（二）产品责任

【重点法条】

《民法典》

第 1202 条 【生产者责任】因产品存在缺陷造成他人损害的，生产者应当承担侵权责任。

第 1203 条 【生产者与销售者之间的不真正连带责任】因产品存在缺陷造成他人损害的，被侵权人可以向产品的生产者请求赔偿，也可以向产品的销售者请求赔偿。

产品缺陷由生产者造成的，销售者赔偿后，有权向生产者追偿。因销售者的过错使产品存在缺陷的，生产者赔偿后，有权向销售者追偿。

情形	因产品存在缺陷造成他人损害。
	缺陷，是指产品具有危及他人人身、财产的不合理危险；产品有保障人体健康和人身、财产安全的国家标准、行业标准的，指不符合该标准。
责任主体	1. 对外：生产者、销售者：无过错责任、不真正连带责任。
	2. 对内：销售者是过错责任：①销售者有过错，导致产品存在缺陷：销售者承担责任（生产者赔偿后有权向销售者追偿）；②销售者没有过错，产品缺陷是由生产者造成的，生产者承担（销售者赔偿后有权向生产者追偿）。
	3. 因运输者、仓储者等第三人的过错使产品存在缺陷，造成他人损害的，产品的生产者、销售者赔偿后，有权向第三人追偿。
	注意：被侵权人可以向销售者主张违约责任、侵权责任，只能向生产者主张侵权责任，可以同时向生产者与销售者主张侵权责任。

（三）公共场所安保义务人责任

情形	宾馆、商场、银行、车站、机场、体育场馆、娱乐场所等经营场所、公共场所的经营者、管理者或者群众性活动的组织者，未尽到安全保障义务，造成他人损害。
责任主体	安保义务人：过错责任
	第三人侵权：第三人承担侵权责任；安保义务人有过错的，承担相应的补充责任；承担责任后可以向第三人追偿。例：甲与乙前往饭店吃饭，期间两人醉酒后因口角发生打斗，饭店老板张某未上前制止。后丙被甲扔过来的盘子砸伤。甲应对丙承担侵权责任，张某未尽到安保义务，承担相应的补充责任。
注意	不要求被侵权人与安保义务人存在交易关系。例：因天气炎热，甲大妈去商场蹭空调纳凉。甲因不慎踩到地面的水渍而滑倒，摔成重伤。商场未及时处理水渍，存在过错，应对甲的损害承担赔偿责任。

（四）机动车交通事故责任

一般规则	
情形	机动车发生交通事故造成损害。
责任承担	机动车与机动车之间发生交通事故
	机动车与行人、非机动车之间发生交通事故
注意	属于机动车一方责任：先由承保机动车强制保险的保险人在强制保险责任限额范围内予以赔偿；不足部分，由承保机动车商业保险的保险人按照保险合同的约定予以赔偿；仍然不足或者没有投保机动车商业保险的，由侵权人赔偿。

（责任承担栏内容）

机动车与机动车之间发生交通事故——过错责任：①由有过错的一方承担责任；②双方均有过错的，各自承担与其过错相应的责任。

机动车与行人、非机动车之间发生交通事故——机动车一方：无过错责任
①行人、非机动车故意碰撞机动车：免责；
②行人、非机动车对损害的发生具有过失：可以适当减轻责任；
③机动车能证明自己没有过错：仅承担不超过10%的责任。

特殊情形	
情形	责任主体
1. 当事人之间已经以买卖或者其他方式转让并交付机动车但是未办理登记	受让人
2. 因租赁、借用等情形，机动车所有人、管理人与使用人不是同一人	机动车使用人有过错的机动车所有人、管理人：相应责任
3. 未经允许驾驶他人机动车	
4. 非营运机动车无偿搭乘	机动车使用人应当减责，机动车使用人有故意或者重大过失的除外
5. 以挂靠形式从事道路运输经营的机动车	由挂靠人和被挂靠人承担连带责任
6. 以买卖或者其他方式转让拼装或者已经达到报废标准的机动车	由转让人和受让人承担连带责任
7. 盗窃、抢劫或者抢夺的机动车	盗窃人、抢劫人或者抢夺人与机动车使用人不是同一人：连带责任
8. 交通事故后逃逸	（1）有交强险，则保险人赔偿（2）机动车不明、该机动车未参加强制保险或者抢救费用超过机动车交通事故责任强制保险责任限额，抢救、丧葬等费用由道路交通事故社会救助基金垫付，可向责任人追偿。

（五）建筑物与物件损害责任

情形	归责原则	责任主体	免责事由
不动产倒塌、坍塌	无过错	建设和施工单位承担连带责任	1. 因所有人、管理人、使用人或者第三人的原因造成； 2. 能证明不存在质量缺陷。
不动产及其搁置物、悬挂物脱落、坠落	过错推定	所有人、管理人或使用人	证明自己没有过错。 【注意】第三人原因不能免责，形成不真正连带责任，承担责任后可以追偿。
堆放物倒塌、滚落或滑落	过错推定	堆放人	证明自己没有过错
公共道路上堆放、倾倒、遗撒妨碍通行物	无过错	行为人	
	过错推定	公共道路管理人	证明已尽到清理、防护、警示义务
林木折断、倾倒或者果实坠落	过错推定	所有人或管理人	证明自己没有过错
地面施工	过错推定	施工人	证明已经设置明显标志和采取安全措施
窨井等地下设施	过错推定	管理人	证明尽到管理职责
高空抛物	能确定具体侵权人	侵权人承担责任（由公安机关负责调查责任人）	
		可能加害的建筑物使用人承担补偿责任；补偿后，有权向侵权人追偿。	
	难以确定具体侵权人	能够证明自己不是侵权人的建筑物使用人：免责	
	物业服务企业	未采取必要安全保障措施防止高空抛物，承担未履行安全保障义务的侵权责任。	

（六）饲养的动物致人损害责任

情形	饲养的动物造成他人损害。 【注意】必须是动物独立加害，且必须是动物固有危险致害。主人驱狗咬人，或者小狗从阳台坠落砸伤小区业主，均非动物侵权。		
动物类型	归责原则	责任主体	免责事由

续表

一般动物	无过错责任	饲养人或者管理人	被侵权人故意或者重大过失：免责或减责
遗弃、逃逸动物		原饲养人或者管理人	
违反管理规定，未对动物采取安全措施		饲养人或者管理人	被侵权人故意：减责
禁止饲养的危险动物		饲养人或者管理人	无免责事由
动物园	过错推定责任	动物园	能够证明尽到管理职责

因第三人过错致使动物致人损害：被侵权人可以向动物饲养人或者管理人请求赔偿，也可以向第三人请求赔偿。动物饲养人或者管理人赔偿后，有权向第三人追偿。（不真正连带责任）

（七）网络服务提供者的侵权责任

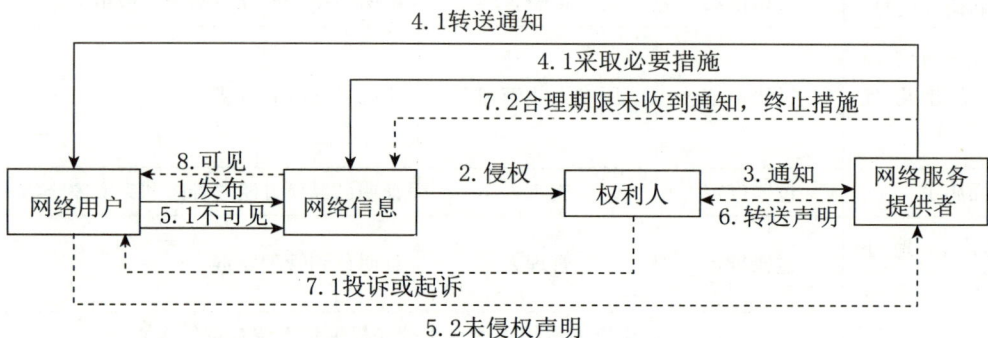

1. 权利人因网络信息侵权而通知网络提供者：

（1）网络用户利用网络侵权的，承担侵权责任。（如2）

（2）（红旗规则）网络服务提供者明知或应知网络用户利用网络服务侵权而未采取必要措施的，由网络用户与网络服务提供者承担连带责任（不以权利人告知为前提）。

（3）权利人有权通知网络服务提供者采取删除、屏蔽、断开链接等必要措施。（如3）

（4）通知：

①合格通知：构成侵权的初步证据及权利人的真实身份信息（不是义务人的身份信息）。

②错误通知：错误通知造成损失的，通知者承担侵权责任。

2. 网络信息提供者收到通知：

（1）应当及时将该通知转送相关网络用户。（如4.1）

（2）（避风港规则）根据构成侵权的初步证据和服务类型采取必要措施（删除、屏蔽、断开链接等）；（如4.2）未及时采取必要措施的，就扩大的损失部分，由网络用户与网络服务提供者承担连带责任。

3. 网络用户收到转送通知：

（1）网络用户的权利：向网络服务提供者提交不存在侵权行为的声明，（如5.2）声明应当包括不存在侵权行为的初步证据及网络用户的真实身份信息。

4. 网络服务提供者接到未侵权声明：

（1）**转送**发出通知的权利人，（如6）**告知**权利人可向有关部门**投诉**或向人民法院提起**诉讼**；（如7.1）

（2）**合理期限内**未收到权利人已采取投诉或提起诉讼的通知，应当**及时终止**所采取的措施。（如7.2）

五、精神损害赔偿与惩罚性损害赔偿

（一）精神损害赔偿

1. 适用范围

（1）侵害自然人**人身权益**造成**严重**精神损害的；

（2）因**故意或重大过失**侵害自然人具有**人身意义的特定物**（如已逝的父母和子女唯一的合照）；

（3）侵害监护权（非法使被监护人脱离监护，造成亲子或亲属关系遭受严重损害的）；

（4）侵害死者人格利益。

【注意】仅自然人有权主张精神损害赔偿。

2. 起诉

（1）起诉主体

原则上由**受害人本人**起诉，本人因侵权致死或死者人格利益受损侵害的，近亲属按照下列顺位起诉：①第一顺位原告：配偶、父母、子女。②第二顺位原告：其他近亲属。

（2）起诉途径

①侵害自然人人身权益造成**严重精神损害**的，提起**侵权之诉可以**请求精神损害赔偿。

②如因**违约损害对方人格权**并造成**严重精神损害**，提起违约之诉也可请求精神损害赔偿。

（二）惩罚性损害赔偿

1. 限于**法律明文规定**的特定情形。

2. 常考的惩罚性赔偿情形：

（1）生产者和销售者**明知**缺陷存在，仍然生产、销售或者在发现缺陷时没有**及时**采取有效补救措施或补救措施**不力**；造成受害人**死亡或者健康严重损害**的后果。

（2）经营者**欺诈**时，消费者可主张**价款 3 倍**的惩罚性赔偿。

（3）经营者**明知**存在缺陷，仍然向消费者提供，造成消费者或者其他受害人**死亡**或**健康严重损害**的，有权要求**所受损失 2 倍以下**的惩罚性赔偿。

（4）生产或经营**明知**是不符合食品安全标准的**食品**，消费者可向生产者或经营者要求支付**价款 10 倍**或者**损失 3 倍**的赔偿金。

六、违约责任与侵权责任的竞合

因当事人一方的违约行为，损害对方人身权益、财产权益的，受损害方有权选择请求其承担违约责任或者侵权责任。

【示例】王某在酒店住宿。因洗澡时热水器突然爆炸，王某被烫伤，花去医疗费 3000 元。经查，酒店未对热水器进行定期安全检查。王某可以请求酒店承担违约责任，也可以请求酒店承担侵权责任。

【知识点分析思路总结】

是否承担责任？承担什么责任？对于某损害是否应当赔偿？

第一步，双方是否存在合同关系？NO→进入第二步，YES→合同是否成立并生效？

YES→考虑违约责任（注意违约责任的相对性）

1. 是否成立违约责任：违约行为+（例外过错）？损害赔偿尚需满足：损害+违约行为与损害之间的因果关系。

行使抗辩权的行为不构成违约。

2. 是否存在不影响违约责任承担的因素？

合同解除不影响违约责任的承担；风险负担转移不影响违约责任的承担。

3. 是否存在免责事由？

不可抗力与约定免责事由（效力如何？）。

4. 违约损害赔偿范围：包括因违约所造成的直接损失+可得利益（合同履行后可获得的利益）。

NO→判断是否成立缔约过失责任？

1. 构成要件：违反先合同义务+损害+因果关系+过错

2. 赔偿范围：赔偿信赖利益损害，包括所受损害与所失利益，不应超过合同履行利益。

第二步，判断是否成立侵权责任？

1. 是否满足侵权责任的构成要件？加害行为+损害+因果关系+主观过错/无过错

纯粹经济损失通常不赔；第三人侵害债权通常不成立侵权。

2. 是否存在免责事由？

【总结】侵权责任的免责事由（注意并非在任何情况下均可免责）：

1. 不可抗力与意外事件

2. 职务授权行为

3. 正当防卫、紧急避险与自助行为

4. 第三人原因

5. 受害人同意与受害人过错、自甘风险

第三步，如果同时成立违约责任和侵权责任，需要注意只能择一主张。

【主观题小案例】

案例 1： 张三和李四签订借款合同，约定张三向李四提供借款 100 万元，借期一年，利率 10%。其后，因妻子坚决反对，张三未将 100 万元转账给李四。

问题： 张三的行为是否构成违约？为什么？

案例 2： 甲从乙公司处购买房屋后，发现房屋的面积、容积率、配套设施等均与宣传不符。

问题： 甲可以寻求何种法律救济？

案例 3： 甲于 2022 年 1 月 1 日与乙签订棉花买卖合同，约定甲于 2022 年 5 月 1 日之前向乙交付 100 吨棉花，单价 15000 元。次日，乙与丙签订棉花买卖合同，约定乙于 2022 年 6 月 1 日之前向丙交付 50 吨棉花，单价 18000 元，任何一方违约均应向对方支付 20 万元违约金。后，因甲未按时交付棉花，乙无法按时向丙交付棉花且无力支付违约金。

问题：丙能否请求甲承担违约责任？

案例4：甲于2022年1月1日与乙签订棉花买卖合同，约定甲于2022年5月1日之前向乙交付100吨棉花，单价15000元；任何一方违约，应支付违约金20万元；乙应于合同签订三日内交付10万元定金。次日，乙交付10万元定金。其后，甲未按时交付棉花。

问题：乙可否在没收定金的同时要求甲支付违约金？为什么？

案例5：甲知道乙有转让餐馆的意图，甲并不想购买该餐馆，但为了阻止乙将餐馆卖给竞争对手丙，甲假意与乙进行了长时间的谈判。当丙买了另一家餐馆后，甲中断了谈判，乙只得以更低的价格转让餐馆给丁。

问题：乙可以寻求何种法律救济？

案例6：甲向经销商乙公司购得一台丙公司生产的铲车。因铲车存在设计缺陷，甲的手臂被突然砸下的铲车车斗斩成三截。

问题：甲应当向谁主张权利？为什么？

案例1——问题：张三的行为是否构成违约？为什么？

答案：不构成。自然人之间的借款合同，自贷款人提供借款时成立。因张三未向李四提供借款，借款合同未成立，不存在违约的问题。法条依据为《民法典》第679条。

案例2——问题：甲可以寻求何种法律救济？

答案：请求乙公司承担违约责任。关于房屋的面积、容积率、配套设施等内容的宣传构成要约，即使未载入商品房买卖合同，也应当为合同内容，当事人违反的，应当承担违约责任。法条依据为《商品房买卖合同》第3条。

案例3——问题：丙能否请求甲承担违约责任？

答案：不能。基于债的相对性，合同一方当事人因第三人的原因造成违约的，另一方只能请求该方当事人承担违约责任。法条依据为《民法典》第593条。

案例4——问题：乙可否在没收定金的同时要求甲支付违约金？为什么？

答案：不可以。违约金和定金只能择一适用。法条依据为《民法典》第588条第1款。

案例5——问题：乙可以寻求何种法律救济？

答案：乙可以请求甲承担缔约过失责任。甲假借订立合同，恶意进行磋商，造成乙的损失，符合缔约过失责任的成立要件。法条依据为《民法典》第500条。

案例6——问题：甲应当向谁主张权利？为什么？

答案：甲可以请求乙公司承担违约责任或者侵权责任，也可以请求丙公司承担侵权责任。铲车存在设计缺陷，作为出卖人的乙公司应当承担违约责任；因产品存在缺陷造成他人损害的，被侵权人可以向产品的生产者（丙公司）请求赔偿，也可以向产品的销售者（乙公司）请求赔偿。法条依据为《民法典》第577条、第1203条。